以投资退出视角论
PE/VC股权投资协议条款设置
及争议解决

杨敏 于赓琦 编著

上海社会科学院出版社
SHANGHAI ACADEMY OF SOCIAL SCIENCES PRESS

前　言

投资退出是 PE/VC 股权投资的核心环节，是 PE/VC 实现投资收益和回收投资资金的途径，也是 PE/VC 评价投资绩效和提高投资效率的重要标准。投资退出对于 PE/VC 有多重意义，包括实现投资价值、回收投资资金、优化投资结构等。实践中，基于不同的投资项目背景，其投资退出通常会面临不同的问题，由此引发的各类争议在司法审判环节往往会回溯各方最初投资时点的交易文件（也即，PE/VC 股权投资协议），以期寻求依据以定分止争，鉴此，PE/VC 股权投资协议的条款设置对于投资退出环节的重要性自不必多言。

笔者作为长期从事公司证券、私募股权基金、并购等相关领域业务的执业律师，担任多家私募股权基金的法律顾问，自 2009 年从事私募股权基金业务以来经历大小数百起投资项目，并见证了多起案例从投资到退出的全过程，这其中不免遇到部分投资项目因履行投资协议条款产生争议纠纷的情形。通过对这些争议纠纷案件的思考，笔者于 2021 年开始筹划撰写本书，以期通过对当前股权投资协议中常见的条款设置的梳理及司法审判的观察总结为读者揭示 PE/VC 股权投资协议条款设置的现状和挑战，为相关从业者提出建议并提供理论依据。

在体例上，本书共分为三个部分。第一部分"投资退出对于 PE/VC 的重要性"，主要介绍了 PE、VC 的基本概念及其投资退出的主要方式，界定概念并厘清论述边界；第二部分"投资协议条款设置及争议解决"，则针对股权投资协议的常见条款（包括先决条件、股东资格、承诺与保证、对赌条款）逐项进行梳理分析，详细阐述了各条款设置目的及重要性、常见内容与注意点以及实践建议,并后附相关司法审判实践。其中,特别针对实践中产生争议较多的对赌纠纷案件,笔者对"对赌条款"进一步深入探讨了不同要素设置对该条款法律效果的影响,具体包括对赌主体的选择、对赌主体与股东身份的关系、对赌条件的设置、回购价款的安排、行使对赌权利的期限以及对赌发生竞合时的适用等;第三部分"PE/VC本土化过程中的探索与发展",则重点介绍了作为"舶来品"的股东特殊权利条款,并对常见的反稀释条款、随售权与拖售权条款、优先清算权条款的含义与司法实践中的认定进行了解读。

本书中的案例均由笔者团队通过公开渠道检索整理,其中部分案例亦为本团队承办案件。结合本书第二部分与第三部分的总结,笔者希望本书能为PE/VC投资者、被投资企业、律师等相关人员提供PE/VC股权投资协议条款设置的实用指导。

本书由杨敏、于赓琦编著,参与本书案例检索的团队成员包括李政倩、唐木、李真、徐晨等法律专业人士,张雅慧负责英美法系案例检索。徐晨、徐晓航、顾杰、郁静等亦为本书的统稿付出努力,向他们一并表示感谢!

今年正值德恒上海律师事务所成立25周年,本书的出版得到德恒上海管委会的大力支持,在此感谢管委会的各位同仁!

本书凝聚了作者的大量心血和努力,但鉴于作者时间、水平和精力有限,书中存在不足之处在所难免,敬请各位读者原谅并加以批评指正。此外,鉴于私募股权投资的复杂性,本书任何内容在任何情况下均不应视为作者本人或作者所在单位对有关问题的法律意见或建议,建议读者在做出相关商业或法律决策之前征询专业人员意见,而非直接根据本书所载内容进行决策,本书作者及作者所在单位不对这种决策产生的后果承担任何责任。如读者对本书有任何意见或建议,欢迎通过致信作者工作电子邮箱与作者联系。

2023年8月于上海

目 录

前言 ·· 1

投资退出对于 PE/VC 的重要性 ·································· 1
    一、概念辨析与本书范围 ·· 3
        （一）PE、VC 概念的起源 ·· 3
        （二）PE、VC 概念的国内发展 ·· 4
        （三）小结 ··· 5
    二、美国风险投资协会与创业投资"最佳实践" ················ 7
    三、创业投资的主要退出方式 ·· 8
        （一）上市退出 ·· 8
        （二）收并购退出 ·· 8
        （三）回购退出 ·· 9
        （四）清算退出 ·· 10
        （五）争议解决方式退出 ·· 10
    四、小结 ·· 12

投资协议条款设置及争议解决 ······································ 13
    一、先决条件 ·· 15
        （一）条款设置目的及重要性 ·· 15
        （二）条款常见内容及注意要点 ···································· 16
        （三）案例分析及实操建议 ·· 18

二、股东资格 ·· 38
（一）条款设置目的及重要性 ··· 38
（二）常见问题分析及案例解读 ··· 40
（三）结论及实际操作建议 ··· 52

三、承诺与保证 ·· 74
（一）条款设置目的及重要性 ··· 74
（二）条款常见内容及注意要点 ··· 75
（三）"承诺与保证"条款与投资退出的关系 ··························· 92

四、对赌概述 ·· 114
（一）对赌的定义 ··· 114
（二）对赌的海外渊源 ··· 118
（三）对赌在本土化探索中体现出的复杂性 ··························· 121
（四）小结 ·· 124

五、如何选择对赌主体 ··· 125
（一）问题提出与司法观点沿革 ··· 125
（二）实务中与目标公司对赌的"迂回"解决思路 ··················· 135

六、对赌主体与股东身份 ·· 162
（一）持股比例的变更 ··· 162
（二）实际控制权的变更 ·· 166
（三）总结与建议 ··· 170

七、对赌条件 ·· 194
（一）常见的对赌条件 ··· 194
（二）对赌条件触发的判断标准 ··· 197
（三）引申问题："无条件回购"的效力 ································· 199

八、回购价款 ·· 212
（一）投资收益能否适用复利 ··· 212
（二）投资收益与民间借贷利率上限 ···································· 214

(三) 总结与建议 …………………………………………… 217

九、对赌权利的行使期限 ……………………………………… 229
    (一) 对赌权利的行使期限能否自由约定 ……………………… 229
    (二) 对赌权利法律性质的实务认定 …………………………… 232
    (三) 总结与建议 …………………………………………… 237

十、对赌方式的竞合 ……………………………………………… 252
    (一) 对赌方式竞合被裁判机构支持的"典型模型" ………… 252
    (二) 总结及建议 …………………………………………… 257

PE/VC本土化过程中的探索与发展
——作为"舶来品"的特殊权利条款解读 ……………………… 267

一、特殊权利条款概述 ………………………………………… 269
    (一) 特殊权利条款的含义 ………………………………… 269
    (二) 国内司法实践对于特殊权利条款效力的认可程度 …… 270
    (三) "写进公司章程"是否为特殊权利条款可执行性的
        必要条件 ……………………………………………… 271

二、反稀释条款 ………………………………………………… 298
    (一) 内涵及核心要素 ……………………………………… 298
    (二) 反稀释条款司法实践 ………………………………… 303
    (三) 总结 …………………………………………………… 304

三、随售权与拖售权 …………………………………………… 320
    (一) 随售权与拖售权的内涵及异同 ……………………… 320
    (二) 随售权条款 …………………………………………… 321
    (三) 拖售权条款的底层逻辑与司法实践 ………………… 325

四、优先清算权 ………………………………………………… 331
    (一) 优先清算权的内涵 …………………………………… 331
    (二) 优先清算权条款要素解读 …………………………… 331

投资退出对于 PE/VC 的重要性

一、概念辨析与本书范围

（一）PE、VC 概念的起源

PE(Private Equity，通常翻译为"私募股权投资")与 VC（Venture Capital，通常翻译为"创业投资"或"风险投资"）这两个概念在国内的股权投资实务中时而并列，时而混用。若以严谨而论，这两个概念其实存在本质上的不同，其背后的投资逻辑也存在较大的差异。

VC 的起源，一说为源自 1492 年哥伦布与西班牙王室在圣塔菲城签订《圣塔菲协定》，由王室给予资金支持，并从探险事业所得中抽成。这笔投资"高风险，高收益"的特点，正是人们对于创业投资最直观的认知。

按照通说，VC 作为一个专业领域，诞生并成熟于美国，且对美国的发展产生了较大的推动力。1946 年，经历了经济大萧条的美国正处于第二次世界大战后重建的关键时期，时任美联储波士顿分行行长、麻省理工学院校董的 Ralph Flanders、哈佛商学院工业管理教授 Georges Doriot 等人共同创办了世界上第一家公司制的创业投资基金"美国研究与开发投资公司"（American Research and Development Corporation，ARDP），其宗旨即为募集资金并投资于"新事业"（New Undertakings），以提高国民生活水平，促进国家经济繁荣。[①] 1973 年，美国风险投资协会(The National Venture Capital Association，NVCA)成立，标志着创业投资在美国发展成为专门行业。

20 世纪 70 年代以后，随着并购浪潮的兴起和业务拓展的需求，美国创

[①] Hsu D H, Kenney M. "Organizing Venture Capital: the Rise and Demise of American Research & Development Corporation，1946-1973". *Industrial and Corporate Change*，2005.

业投资机构的领域拓展到了对大型成熟企业的并购投资，此类并购投资也被归入广义"创业投资"。① 基于并购投资与创业投资在交易对象、杠杆运用、投资退出思路等方面的本质区别，学界及实务中将前者称为"并购投资"或"私人股权投资"（Private Equity），以与投资于创业企业、以期被投企业发展增值之后以高额溢价退出的传统"创业投资"做区分。在此背景下，2007年，KKR、黑石、凯雷、德太投资等并购基金管理机构脱离美国风险投资协会，另行发起设立了美国私人股权投资协会（PEC）。自此，VC与PE被明确区分。

按照NVCA的定义，创业投资（Venture Capital）"作为一种机构投资者投资的资产类别，有其独特性。创业投资基金对发展初期的目标公司进行股权投资，该公司的股权在初创期流动性较弱。随着目标公司业务的发展，后续融资将继续进行——通常每一两年发生一次，同时根据各方商定的'估值'，将目标公司股权在投资者和管理团队之间进行分配。但是，除非公司被收购或公司公开发行股票，该股权的实际价值仍难以体现"。②

（二）PE、VC概念的国内发展

PE、VC的概念于20世纪80年代被引入国内后，由于依据直译推测含义等原因，一种较为普遍的理解为："私募股权投资"（PE）即对于股权的投资，"创业投资"（VC）亦是对于股权的投资，而股权投资伴随着风险，所以"私募股权投资"和"创业投资"都属于"风险投资"的范畴。基于文本翻译、法律和文化环境存在差异等因素，国内股权投资领域产生了将PE与VC混用的认知。

---

① 对于相关观点，可参见［美］W. D. 比格利夫：《处于十字路口的风险投资——美国风险投资的回顾与展望》，刘剑波译，山西人民出版社2001年版，第52—55页。
② https://nvca.org/about-us/what-is-vc/.

国内相关规定对于"创业投资"或"创业投资基金"的定义在国家发改委等部门于2005年发布的《创业投资企业管理暂行办法》中有迹可循。[①] 该办法第二条将"创业投资"定义为"向创业企业进行股权投资,以期所投资创业企业发育成熟或相对成熟后主要通过股权转让获得资本增值收益的投资方式",并进一步将创业企业定义为"在中华人民共和国境内注册设立的处于创建或重建过程中的成长性企业,但不含已经在公开市场上市的企业"。证监会于2014年发布的《私募投资基金监督管理暂行办法》第三十四条明确规定:"本办法所称创业投资基金,是指主要投资于未上市创业企业普通股或者依法可转换为普通股的优先股、可转换债券等权益的股权投资基金,"由此可以看出,相关规定中表现出的主管部门对于"创业投资"的理解与美国式的理解基本是一致的。

然而对于"私募股权投资"或"私募股权投资基金",根据中国基金业协会发布的《有关私募投资基金"基金类型"和"产品类型"的说明》,[②] "私募股权投资基金"与"创业投资基金"的主要区分在于是否对"处于创业各阶段的未上市成长性企业"进行投资。而"股权投资基金"包含"并购基金""上市公司定增基金""房地产基金""基础设施基金"等多个子概念,文义上理解即为将"除了创业投资基金以外的股权投资基金"一揽子地归为"股权投资类基金"。

(三) 小结

整体来看,中美两国对于PE、VC的理解差异性是基于分类视角的不

[①] 2013年6月27日中央机构编制委员会办公室发布的《关于私募股权基金管理职责分工的通知》中明确证监会负责私募股权基金的监督管理,私募股权基金管理权限从发改委正式划归证监会,http://www.scopsr.gov.cn/jgbzdt/gg/201811/t20181119_325719.html(中央机构编制委员会办公室官方网站)。

[②] 《有关私募投资基金"基金类型"和"产品类型"的说明》,https://ambers.amac.org.cn/web/app/static/publicTemplate/productInfo.html。

同,而对于两者分属不同概念基本没有疑义。从国内的相关规定、文件来看,监管部门主要根据目标公司所处的阶段来区分 PE 与 VC,而对于究竟何为"成长型企业""创业各阶段",其实并没有足以参照的、统一的严谨标准。

根据 NVCA 的定义,VC 相较于 PE 的主要区分并非在于目标公司处在什么阶段,而是从投资人视角出发,以其取得投资收益的基础是否为"基于目标公司经过长期发展后股权增值而得以溢价将股权转让"来进行划分。相较而言,笔者认为从本书写作的视角而言,NVCA 的分类更加能够反映交易实质,相对不易引发分类上的困惑。

为形成较为通顺的写作逻辑,真正起到指导实务的作用,本书虽然是针对国内司法环境下的创业投资,但仍将基于美国式分类中的"Venture Capital"情形下投资协议条款设置及争议解决进行论述。具体而言,其对应的应是国内分类中的"创业投资基金(VC)"的全部、"私募股权投资基金(PE)"中除了"并购基金""上市公司定增基金""房地产基金""基础设施基金"的部分,以及其他从事创业投资的投资机构的投资行为。以下为表述简洁,非经特指,统一使用"创业投资"代指本书所针对的投资情形。

二、美国风险投资协会与创业投资"最佳实践"

NVCA作为美国创投界极具影响力的行业协会,其会员包含创业投资合伙企业/公司、种子基金、大学创新基金等投资机构,协会为其提供与政府协商税收政策、发布行业研究成果、协调行业资源等多种服务。NVCA对创投行业的一大贡献在于,组织包含风险投融资律师在内的行业专家,起草了一整套创业投资标准合同文本,并免费开放给公众使用。这套文本以美国特拉华州法为背景起草,并根据最新立法、司法环境定期进行更新,可以说代表了美国创业投资实际操作的"最佳惯例"和"行业标准"。虽然中美法律基础及行业成熟度有较大差异,但是创业投资的商业实质在各国存在共性。我们目前在国内创业投资中运用的交易文件模板及条款设计理念,可以说离不开前述美国标准文本的影响。

前述标准文本共21份文件,涵盖了创业投资中的投融资双方权利义务、目标公司章程、目标公司劳动人事合规等多个领域,与国内创业投资实践操作比较相关的有《投资条款清单》(Term Sheet)、《公司章程》(Certificate of Incorporation)、《投资者权利协议》(Investors Right Agreement)、《优先购买权和共同出售权协议》(Right of First Refusal and Co-sale Agreement)等。在这些文件中,我们可以看到投资人的诸多特殊权利在其"发源地"的惯常表述,以及该等权利得以实现的制度和协议基础。

鉴于本书主要探讨的对象是国内的创业投资实践,不会过多地涉及"比较法"的领域,笔者仅在相关条款在国内实践中发生但缺乏相关的立法及司法支持时,参考域外实践加以分析、探讨。

三、创业投资的主要退出方式

笔者认为,对于为投融资活动提供法律服务的法律工作者而言,其所起草、修订的投资交易文件如果脱离了"投资退出"这个最终目的,意味着其将与创业投资的商业目的割裂,失去最根本的价值。具体而言,创业投资常见的主要退出方式有以下几种。

(一) 上市退出

受上市后高回报的诱惑,大量投资人将目标公司上市后通过二级市场退出作为终极目的。受益于注册制改革等因素,近年来国内创业投资基金通过公开市场退出比例及回报倍数均不断上升。根据《中国私募股权投资基金行业发展报告(2021)》[①]公布的数据,2020年通过公开市场退出(统计时包括境内外IPO上市、新三板挂牌)占行业内成功退出的总金额比例高达27.95%,但对应的项目数量仅占17%。就绝对数量而言,被投企业成功上市毕竟还只是小概率事件,大多数投资人仍需要通过其他方式完成退出。

(二) 收并购退出

因上市往往耗时、耗力较大,且存在较高的不确定性,故而部分投资者

[①] https://www.amac.org.cn/researchstatistics/report/zgsmjjhybgfz/202109/t20210923_12980.html。这里基金业协会使用的是广义的"私募股权投资基金"概念,包括创业投资类基金、私募股权类投资基金以及相应FOF(含母基金和单一资管计划)基金。

倾向于寻求潜在买家,通过股权的协议转让或公司收购来完成退出。这种退出思路将面临收并购交易能否顺利进行的不确定性,且回报率通常相对上市退出较低,但实践中这已是投资人所能获得的较好的退出方式之一。根据前述报告,以收并购退出的案例占行业内成功退出的总金额比例及项目数量比例均为近40%,为各退出方式之冠。

(三) 回购退出

近年来,出现了不少诸如"某企业家因对赌失败而赔尽身家、被列为失信被执行人"的新闻报道,"对赌"这一概念从而为公众所知。对赌与回购的关系众说纷纭,有部分观点认为两者的内涵并无交集,故为并列的概念。如按最高法院于2019年11月8日发布的《九民纪要》之观点,回购是"对赌"的主要实现方式之一,而对赌的本质是估值调整。投资人通过与目标公司、创始团队等主体约定如未能满足某一回购条件,则回购义务人应以约定价格(通常为投资本金加一定比例的年化投资利息)购买投资人所持的目标公司股权,从而使得投资人完成退出。根据前述报告数据,对赌相较于上市、收并购,其回报率更低,常作为企业经营不善后的投资人退出方式之一。

虽然回购退出的回报率低,其重要性却不容忽视。不同于拖售权、随售权等"舶来品"法律效力与可执行性的尚存争议。自21世纪初"对赌"的概念被摩根士丹利等国外投资机构引入国内并产生诸如蒙牛、永乐电器、俏江南等几个典型的对赌案例后,以股权回购、业绩补偿等方式为代表的"对赌"在国内投资界蓬勃发展,其司法认定也在众多学者、实务工作者的贡献下逐渐得以完善。正是由于对赌有着相对充足的本土化基础,该方式被越来越多的投资机构所采用。在此基础上,中国化的"对赌"在发展中,相较于美国式的"赎回权"(Redemption Rights)已经产生了相当的差异性。

（四）清算退出

在国内法律环境的语境下，狭义的"清算退出"往往指因目标公司经营不善，不得不通过解散清算、破产清算等方式，使公司财产在支付清算费用、职工工资、社会保险费用和法定补偿金，缴纳所欠税款，清偿公司债务后，剩余的部分按照持股出资比例或约定比例向投资人分配。清算退出往往是投资人最不愿意看到的情况，这是因为若公司经营不善导致清算，公司在清偿完毕法定各项债务后，剩余财产往往微乎其微。此时即使投资人为自己事先约定了"优先清算权"等条款，其实际意义也十分有限。鉴于此，投资人有时会在投资协议中要求目标公司的控股股东、实际控制人对于投资人足额获得清算财产承担连带保证责任。

然而，基于对国外创业投资经验的借鉴，投资机构往往对于"清算退出"有着更广义的理解，例如将公司正常经营过程中发生的一些情形（如控制权转移、核心资产转移等）在投资交易文件中约定为"清算事件"，一旦触发该等约定则投资人即可因之获得清算，收回出资额及一定比例的投资收益。然而，这样的投资人权利是否能够在中国的司法环境下顺利实施，是很值得商榷的问题。

（五）争议解决方式退出

之所以将争议解决单列为一种退出方式，其逻辑在于：基于商业道德或者契约精神，理想化的状态是通过事先约定法律允许、切实可行的退出方式并及时进行相关的商业沟通，投资人就足以正常退出。但是一旦相关方不配合，就不得不考虑寻求司法救济的可行性。反之，如果某种退出方式相关条款的效力得不到法律保障，又或虽有法律保障却难以执行，那么各方在

"和平谈判"的基础上遵照商业道德而执行的动力也将大幅消减。

如在创业投资较为发达的美国,"拖售权"(Drag Along)这一投资人特殊权利也并未在成文法中明确规定,而是通过诸如 Minnesota Invco of RSA #7, Inc. v. Midwest Wireless Communications LLC 案件、Halpin v. Riverstone National, Inc. 案件等判例,使得投、融资双方得以对相关条款的可执行性有一个预期,并据之调整相关条款。国内同样如此,"海富案""华工案"等一系列经典的对赌类纠纷中,司法机关表明了对于此类退出方式的观点。司法机关对于投资人为实现投资退出而约定各项权利的肯定性(甚至是否定性)认定,其本身就会加强投、融资双方的可预期性,并在法律人士的协助下催生出能够公平反映各方利益且可执行的交易文件条款,促进本国创业投资市场的发展。

四、小　结

对于法律工作者而言，惯常的思维方式是将涉及创业投资的"诉讼业务"与"非诉业务"区分开来。"非诉业务"如基金管理人登记、产品备案、投资标的尽调、交易文件起草、商业谈判等；"诉讼业务"则如投资项目管理、退出过程中的民商事纠纷代理。笔者认为，这从专业化、精细化的角度区分固然没有错，然而从业务实践角度出发，非诉律师若不基于诉讼可行性起草合同条款，诉讼律师如不理解投、融资的商业实质而仅依靠传统民商事诉讼的思维处理投资类纠纷，均犹如无源之水、无本之木，难以取得较好的效果。事实上，在接受法律服务的客户看来，也仅存在自身权益能否得以充分保障的问题，而不存在所谓诉讼、非诉的区别。

作为执业律师，笔者团队的业务集中在私募基金（包括创业投资、并购投资）、境内外资本市场、员工股权激励、收购兼并等领域，同时也涉及相关商事纠纷的争议解决。本书主要基于目前国内已有的司法实践，并结合团队从事创业投资业务的诉讼、非诉经验，从创业投资退出的视角，对于相关的重要条款及法律问题进行解读，并探讨行之有效的操作方式。

投资协议条款设置及争议解决

纵观创业投资的全流程，伴随着投资意向书签订、尽职调查、正式交易文件签订、投资款支付、股权交割、股东资格工商登记等重要节点，投资人与目标公司、创始股东①之间的法律关系从单纯的民事关系（基于合同的债权债务关系）转为投资人一身兼具债权人、债务人、股东等多重身份的复杂关系。而随着投资人的成功退出，其股东身份虽已消灭，各方的债权债务关系却可能仍有余存。正是这些法律关系的存在与变更，构成了创业投资退出问题复杂性的基础。法律工作者对投资协议各条款的设置，应建立在准确理解前述复杂性的基础上，如此方能最大限度地保证投资人得以按照预想的途径顺利退出。

本部分，笔者将以创业投资交易文件中与投资退出相关的重要条款为视点，结合相关理论分析、实务案例与自身业务经验，对相关问题进行详细解读，并提出操作建议。

---

① 本书会同时使用"创始股东"与"创始团队"两种用词。当使用"创始股东"时，主要指公司的创始团队、核心人员在公司层面直接或间接持股的情况，但鉴于实践中也存在创始团队中的成员不持股的情况，故有时也使用"创始团队"表达更大的集合。

一、先决条件

（一）条款设置目的及重要性

实践中投资人对目标公司股权投资，主要采取受让目标公司创始股东或其他股东的股权/股份（"老股转让"）或认购目标公司新增注册资本/股本（"认购新股"）的方式进行，也有采取老股转让和认购新股相结合的方式。在创业投资的视角下，投资人通常倾向于采取认购新股方式，或以认购新股为主、老股转让为辅的方式进行。

投资人通过认购新股，将投资款直接支付给目标公司，目标公司获得资金支持，促使业务健康发展。而如通过老股转让，投资款支付给创始股东或者其他股东，对目标公司却并无直接益处。这与通常情况下创业投资的交易目的也存在一定的冲突：创业投资机构出于对创始团队的信任和认同作为财务投资者入股（所谓"投资就是投人"），并不参与公司实际经营，也无意"控制"目标公司，而是事实上"委托"创始团队进行公司管理，并依托于创始团队的运营、管理，得以获利退出。在这种逻辑基础上，维持创始股东在股权层面对公司的实际控制就成为投资人的诉求之一。具体在交易文件层面，投资人可能会为创始团队约定服务期及竞业限制，要求目标公司实施员工股权激励，或对创始股东施加股权转让限制等，从而将创始团队及公司其他核心人员与自身一同"捆绑"在目标公司这艘"战船"上。

无论老股转让还是认购新股，投资人通常都希望自身的付款义务以目标公司、创始股东对一些条件的促成为前提。反映在投资协议中，主要体现在"先决条件"条款。先决条件决定了目标公司/股权转让方得以收取投资款/股权转让款的时点,故往往是商业谈判中的分毫必争之地,也是相关争议较为集中的地方。

(二) 条款常见内容及注意要点

1. 先决条件的确定

先决条件条款反映了投资人对于交易可行性与交易目的的基本判断。先决条件往往与投资人对目标公司尽职调查过程中发现的问题以及投资人为保证交易安全而提出的其他要求相关,如要求目标公司或创始股东解决较为严重的诸如重大诉讼或仲裁、资金占用、对外担保、核心资产共有、股权质押、劳动人事等问题,完成相关的投资审批、决议、登记程序等。先决条件均得以满足或被豁免后,投资人方对目标公司、创始股东承担支付投资款的合同义务。

对于分期支付投资款的交易,投资人则可能会对于各笔款项约定不同的先决条件。这种情况下,首笔投资款项支付后的先决条件条款可以理解为另一种形式的"对赌",以期对于目标公司及创始股东起到一定的激励作用。如在笔者代理的某一对赌纠纷案件中,投资人投资于某化工企业,投资协议中为投资人三笔投资款的支付设置了不同的先决条件。对于第一笔投资款支付,其先决条件着眼于满足投资人的尽职调查及整改需求,解决目标公司知识产权、域名、劳动人事等方面的瑕疵;对于第二笔投资款支付,着眼于某核心生产设备(压滤机)运行达标;对于第三笔投资款支付,着眼于目标公司核心化工产品的年产能达到约定标准,且完成对于关联方的收购(作为公司IPO申报的重要基础)。前述三项不同的先决条件,较好地促进了投资人投资目的的逐步达成,并使其得以在发现投资目的难以实现后及时止损。

2. 先决条件的豁免与转化

出于促进交易考虑,对于在前期尽调过程中发现目标公司存在的、各方预估在短时间内难以解决的问题,投资人可以选择不将其约定在"先决条件"条款中,而是约定在"承诺与保证"条款中,以免影响投资款的现时支付。投资人通过约定单方解除权、违约金等配套条款来促使目标公司及创始团队在合理期限内尽力解决相关问题。

对于目标公司、创始股东迟迟无法达成先决条件情况下的救济方式,基于投资人的实际需求考量,有些投资协议中不会进行明确约定,另一些投资协议中则会为合同当事人(或仅投资人一方)约定持续无法满足先决条件达一定期限后的单方解除权,从而使其能够主动地从各方僵局中解脱出来。如以下条款:

> 在本次交易交割前,若于本协议签署日后六十(60)日期满之日仍未实现全部先决条件的满足,公司和创始股东或投资方(为免疑义,公司和创始股东应共同视为一方,投资方视为一方)有权提前至少十(10)个工作日以书面形式通知其他各方解除本协议,并于通知中载明解除生效日期。

此外,在合同签订后,如投资人认为某一未达成的先决条件不会对此次交易产生实质影响,仍愿意主动推动交易,则可能希望豁免该先决条件。基于"权利可以放弃,而对应义务并不随之消灭"的基本法理,投资人豁免后便难以"反悔",故部分投资协议中会约定投资人对部分先决条件的"豁免"产生的实际效果,如以下条款:

> 如果投资方基于创始股东和公司的承诺而豁免了任何先决条件,该项被豁免的先决条件应自动转为创始股东和公司于交割日后在投资方认可的期限内完成的事项,且创始股东和公司应遵守该等承诺,在投资方同意的时间期限内继续履行该等承诺的义务。
>
> 为免疑义,任一投资方豁免任何先决条件,不视为其他投资方豁免该等先决条件,创始股东和公司仍应按照本协议及其他未豁免该等先决条件的投资方的要求,于交割日前完成该等先决条件。

(三) 案例分析及实操建议

经检索相关案例并结合笔者业务经验,围绕先决条件条款的诉讼案件争议焦点主要集中在以下方面:

1. "先决条件"是否已成就

交易文件签订前,就合同条款进行沟通时,投资人当然是希望能够在不阻碍正常交易的前提下,尽可能全面地反映自己的诉求。在投资人较占谈判优势的情况下,融资方可能会被迫接受一些较为苛刻的先决条件。一旦合同履行中各方就此类条件理解不同,就易于产生争议。

如在上海市第一中级人民法院〔2018〕沪01民终5365号朗天健康科技(上海)有限公司诉中奥国蕴(上海)投资管理有限公司增资纠纷中,目标公司起诉投资人,要求其支付增资款。本案中,投资人在投资协议中约定了"尽职调查的结果令投资者满意"这个先决条件,两审法院均据此认为:第一,虽然目标公司向投资人提供了尽调材料,但投资人明确提出了异议;第二,即使投资人完成尽调,目标公司也无证据证明投资人对于尽调结果是"满意"的。由此,法院驳回了目标公司的诉讼及上诉请求。

在前述案件中,投资人通过约定带有主观性质的"先决条件",争取了付款的主动权,但这并不意味着投资人可以随意地利用先决条件条款延迟付款,使得目标公司、创始股东陷入长久的等待。为了"惩罚"这种带有恶意的行为,《中华人民共和国民法典》第一百五十九条明确规定:"附条件的民事法律行为,当事人为自己的利益不正当地阻止条件成就的,视为条件已经成就;不正当地促成条件成就的,视为条件不成就。"

如在上海市第一中级人民法院〔2019〕沪01民终7837号贾某某与张某股权转让纠纷中,股权受让方与转让方均为目标公司的股东,《股权转让协议》中约定的先决条件为"办理股权转让工商变更手续"。合同实际履行中,经转让方多次催告,受让方仍不配合进行工商变更,并提出"自身与公司其他股东签有协议,其他股东基于协议享有优先于该受让方的优先购买权",故无法办理工商变更。本案两审法院均认为:(1)即使股权受让方确与其他股东签有前述协议,该协议也并非股权转让方所能够预料,故不能对抗转让方;(2)股权受让方作为付款义务人,故意拖延,使得付款条件不成就,应视为已成就。由此,法院判决股权受让方支付股转价款及违约金,并配合办理工商变更登记。

由上可知,投资人从自身利益出发设置先决条件,可以在一定限度上占据支付投资款的主动权,但在合同履行中也应注意,这种主动权需以民法上的"诚实信用原则"[①]为限度。对于融资方,则有必要尽量避免接受投资人足以单方控制其结果的先决条件,并在合同履行中积极促成先决条件的满足,及时对需投资人配合的事项进行督促与催告。

2. 先决条件约定不完整的救济

即使投资人在先决条件中尽可能地写进了自身的关注点,基于客观情况、谈判地位、专业人员业务能力等因素影响,还是有可能遗漏一些关键的先决条件。当投资人突然发现遗漏了关键条件时,各方容易就付款义务的生效与否产生争议。

如在青海省高级人民法院〔2016〕青民终181号何某某、大通清鑫混凝土科技搅拌有限公司与赵某某合同纠纷案件中,投资人以老股转让的方式投资目标公司,并在股权转让价款支付后以"原股东未实缴出资"为由,起诉要求撤销股权转让协议,并由原股东退还投资款。本案中一、二审法院均未支持投资人的诉请,其主要理由在于:(1)作为投资人,有义务对于股权转让方的出资情况进行核实,且投资人无证据证明转让方存在故意隐瞒出资瑕疵或虚假陈述的情形;(2)对转让方出资不到位的情形,投资人可按公司

---

① 《中华人民共和国民法典》第七条规定:"民事主体从事民事活动,应当遵循诚信原则,秉持诚实,恪守承诺。"

法关于股东瑕疵出资的规定要求其承担相应责任——因有其他救济途径，故该出资不到位的情形不对交易产生实质影响。

而在贵州省高级人民法院〔2019〕黔民终1089号陈某某、杨某某股权转让纠纷中，情况有所不同。在这个案件中，股权转让方（原股东）起诉要求投资人支付股权转让款，投资人在一审中以原股东出资瑕疵为由反诉要求解除投资协议。一审法院基于前述类似的理由，认为股权转让合同的合同目的即为投资人取得股权，原股东取得价款——现合同已签订，且原股东已就股权转让办理完毕工商变更登记，投资人的合同目的已然实现，故即使合同中已约定原股东"保证所转让的股份是在目标公司的真实出资，是其合法拥有的股份，其拥有完全的处分权。由此引起的所有责任，由原股东承担"，也不构成投资人拒绝付款的理由，故判决投资人全额支付股权转让款。但本案在二审中却迎来了转机：投资人补充相关证据及通过法院调查证明，投资人的合同目的不仅在于取得股权，而是在于通过投资目标公司进行危险化学品生产经营。因原股东未将目标公司经营所必需的资质、专利技术、场地如约（该"约定"指双方另行签署的相关协议，同时也是投资人上诉时补充的重要证据之一）向目标公司转让，也没有完成实缴出资，致使投资人相当于买了一个"空壳公司"。二审法院以此认为原股东的违约行为已致使投资人合同目的无法实现，最终改判支持了投资人的反诉请求。

采取老股转让的投资方式，却不对股权转让方实缴出资情况进行核实，这样的案例对于专业投资机构而言或许并不具有代表性，但类似情况的不同认定却很明确地反映出裁判机构的思路：如果相关条件没有在"先决条件"条款中明确约定，裁判机构就需要就相关方是否存在比较严重的违约行为，以及这种行为是否与投资人的"合同目的无法实现"存在法律上的因果关系进行认定。因果关系的认定往往是案件的重难点。

出于"维护交易稳定性"的考虑，裁判机关通常不会在有其他救济途径的情况下轻易地否定商业交易的存续。但如一方存在欺诈、胁迫或疑似为欺诈、胁迫的情形，导致另一方作出付款或股权交割行为的，则这种基于错误意思表示而作出的协议，往往是可以撤销或解除的。如在前述的〔2019〕黔民终 1089 号案件中，作为股权转让方的原股东就存在向目标公司支付了一笔出资款，隔日又转出的疑似伪造已实际出资的行为。从二审法院的判决书来看，该行为一定程度上使得法院倾向于认为原股东存在不诚信乃至欺诈的恶意。

由上可知，对于投资人而言，虽然"人力有时而穷"，通常难以在尽调中发现目标公司的所有合规问题，但如果能够在协议起草或修订的过程中体现出投资人的"合同目的"，甚至（如有必要）约定独立的"合同目的"条款，则或许能够在可能发生的争议解决中占据主动权，成功终止整场交易，或取回投资款。这也要求投资方律师不能够简单地"套模板"，而需要在此基础上基于具体交易背景做出一些特殊化的设计。而对于融资方，如投资协议中存在较多先决条件，则建议在投资人付款时向其取得确认先决条件已全部满足/豁免的书面材料，以避免后续争议的发生。

刘某、刘某某与北京伏农科技有限责任公司股权转让纠纷案

案件要点：

1. 当股权转让协议对主合同义务（支付股权转让款）附加某种先决条件时，应当对该条件理解为付款时间的约定。故受让方认为先决条件未成就，不应支付股权转让款，实质上是在行使先履行抗辩权。

2. 只有该先决条件规定的义务在客观上能够为股权转让方所履行，受让方才可以行使先履行抗辩权拒绝支付投资款。

诉讼背景：

原告刘某、刘某某与被告伏农公司签订《股权转让协议》，约定刘某、刘某某将其持有的盛丰公司100%股权转让给伏农公司，股权支付款采取分期支付的方式。后伏农公司因管理混乱、决策失误导致经营搁浅，在付清第二期转让款后无法支付尾款。故原告提起诉讼，要求伏农公司支付200万元股权转让款及400万元股权回购款，共计600万元，并要求伏农公司赔偿因其违约造成的损失200万元。

裁判索引：

北京市昌平区人民法院一审并作出〔2020〕京0114民初402号民事判决书。

主要问题：

（1）被告伏农公司支付最后一期股权转让款的前提条件是否已满足？

（2）原告刘某、刘某某主张的违约金及200万元的数额是否能得到支持？

（3）原告刘某、刘某某主张的400万元股权回购款能否得到支持？

事实认定：

一审法院根据当事人提供的证据及当庭陈述，认定事实如下：

(1) 2016年7月22日，甲方刘某（转让方1）、乙方刘某某（转让方2）、丙方伏农公司（受让方）共同签订《股权转让协议》，协议约定的主要内容如下：

盛丰公司为股权转让的目标公司，刘某持有盛丰公司70%股权，刘某某持有目标公司30%股权。

北京中广核盛丰光伏科技有限公司（以下简称中广核公司）是项目公司，盛丰公司持有中广核公司100%股权；中广核公司在北京市昌平区申报了10兆瓦分布式光伏电站，并已取得编号为京昌平发改（备）〔2015〕80号的《项目备案通知书》，项目名称为中广核公司分布式光伏发电项目。

在满足本协议所规定的前提条件并符合本协议其他条款和条件的前提下，作为基于本协议的条款受让转让股权的对价，受限于2.2条的规定，受让方应向各转让方支付股权转让价款共计2,500万元的现金和价值400万元的目标公司股权回购权；受让方向转让方1支付1,750万元，向转让方2支付750万元。

协议2.2条约定，转让价款按照以下方式分四期进行支付：① 受让方自本协议签订生效后3日内且转让方将目标公司和项目公司100%股权质押给受让方当日将第一笔转让款1,500万元汇入转让方指定账户；② 本协议6.2.1至6.2.8条规定的先决条件已完全满足或被放弃后且转让方完成工商登记后的3个工作日内，受让方支付第二笔800万元；③ 在本协议6.2.9条至6.2.12条规定的先决条件已完全满足或被放弃之后且在目标项目全部竣工，并网发电后的3个工作日内，受让方支付第三笔转让款200万元；④ 受让方持有目标公司100%股权，目标项目建成运营，并网发电后1个月内且目标公司将项目公司完全剥离后，且本协议第6.2.13条规定的全部先决条件已完全满足或被放弃之后，受让方将允许转让方1按约定份额回购目标公司股权。

协议 6.2.9—6.2.12 条约定了受让方履行合同义务的先决条件,6.2.9 条规定,目标项目手续办理完毕,转让方完成了以下事项:① 取得接入批复,转让方向受让方提供目标公司剩余 4 兆瓦的接入批复;② 办理项目公司电力经营资质——受让方已为项目公司办理了电力业务经营资质,即取得了电力业务许可证;③ 增加项目公司经营范围——受让方已将项目公司的经营范围增加了"发电、售电"项目;④ 目标项目备案变更——根据受让方实施方案,办理京昌平发改(备)〔2015〕80 号《项目备案通知书》的变更手续。6.2.10 条规定,目标项目 10 兆瓦已全部建成和并网发电,受让方就此取得电力公司对于目标项目并网的确认函或类似文件。6.2.11 条规定,完成已对外长期及短期出租大棚的调换或腾退工作,目标公司和项目公司签订免费使用棚顶协议。6.2.12 条规定,目标公司已将项目公司完全剥离完毕。

在各转让方未违约的前提下,如受让方未按照本协议的规定在约定期限内向各转让方履行支付任何一期付款的,则就任何未按照本协议规定按期支付的部分,每延期支付一天,受让方应向转让方支付未支付部分 1‰ 的违约金。

协议第 10 条对股权回购进行了约定。第 10.1 条约定,受让方持有目标公司 100%股权且目标项目建成运营、并网发电后 2 个月内,完成项目公司完全剥离后(回购基准日),受让方将向转让方股东 1 转让 400 万元对应的目标公司股权。10.2 条约定,回购份额及回购款计算方式为:① 回购基准日目标公司第三方评估值小于等于 2,000 万元时,转让方 1 回购份额为 20%,且受让方向转让方 1 支付金额=400 万元－评估值×20%;② 回购基准日目标公司第三方评估值大于 2,000 万元小于 8,000 万元时,转让方 1 回购份额=400 万元÷评估值,不支付回购款;③ 回购基准日目标公司第三方评估值大于等于 8,000 万元时,造成转让方可回购的份额低于 5%时,转让方可选择兑现 400 万元或跟投。10.3 约定,在受让方按照本协议第 2.2(2)条约定向转让方支付第二笔转让款时,受让方向转让方1开具金额为800万元的有条件银行履约保函,保障转让方1的回购权。如受让方违反约定,未在本协议约定条件全部满足时向转让方1转让10.2条份额的目标公司股权,转让方1有权兑付银行保函;在满足回购条件情况下,受让方应于银行保函有效期内出具是否同意转让方1回购的函件。

(2)《股权转让协议》签订后,伏农公司按照约定向刘某、刘某某支付了前两笔股权转让款共计2,300万元。

(3) 2016年7月28日,双方办理了股权变更登记,刘某、刘某某将其持有的目标公司股权全部变更登记到伏农公司名下。

(4) 2016年12月31日,甲方刘某、乙方刘某某、丙方伏农公司签订《补充协议书》,协议约定,甲、乙、丙三方于2016年7月签订《股权转让协议》,约定甲方和乙方将盛丰公司股权转让给丙方,丙方向甲方、乙方支付转让款且应向甲方开具800万元的有条件银行履约保函,经三方协商一致,达成如下补充协议:① 甲方同意删除转让协议10.3款"回购保障:在受让方按本协议……出具是否同意转让方1回购的函件",即丙方无需向甲方开具800万元有条件银行履约保函,且不承担任何违约责任;② 丙方同意向甲方借款,具体金额、借款期限、利率、还款等以甲、丙双方另行签订的《借款合同》为准;③ 乙方同意甲方、丙方的前述约定;④ 甲方和乙方同意以转让协议中应收款项和股权作为借款担保。如果甲方未按《借款合同》约定履行还款义务,除按《借款合同》约定承担违约责任外,甲方、乙方同意丙方无需按转让协议2.2款(3)项支付剩余200万元股权转让款,也无需按10.1款向甲方转让400万元对应的盛丰公司股权。

(5) 2016年12月31日,刘某与伏农公司签订《借款合同》,约定刘某向伏农公司借款400万元用于资金周转,借款期截止到2017年8月26日,借款期限内的年利率为5%,如到期未足额还款,按照每日0.1%的标准计算违约金。借款期限届满后,刘某、刘某某未偿还借款,伏农公司已经在本案立案前向山东省即墨市人民法院提起诉讼,要求刘某、刘某某偿还借款本金并支付利息、违约金。

法院观点：

(1) 刘某、刘某某与伏农公司签订的《股权转让协议》系各方当事人真实意思表示,且不存在影响合同效力的法定情形,应予认定合同有效。

(2) 关于刘某、刘某某要求伏农公司支付 200 万元股权转让款的诉讼请求,本院认为,股权转让合同中,支付股权转让款系股权受让方的主合同义务,当合同约定对主合同义务附加某种前提条件时,应当对该附加条件理解为付款时间的约定,如果该附加条件构成相对方的主合同义务,股权受让方可主张同时履行抗辩权或先履行抗辩权。本案中,伏农公司认为 6.2.9 至 6.2.12 条约定的先决条件未成就,不应支付股权转让款,实质上是在行使先履行抗辩权。

(3)《中华人民共和国合同法》第六十七条规定:"当事人互负债务,有先后履行顺序,先履行一方未履行的,后履行一方有权拒绝其履行要求。先履行一方履行债务不符合约定的,后履行一方有权拒绝其相应的履行要求。"根据该条规定,先履行抗辩权的行使,需要双方当事人互负债务。质言之,合同约定的"先决条件"必须在客观上构成股权转让方的合同义务,否则先履行抗辩权没有适用余地。

(4) 回归到本案,分析《股权转让协议》第 6.2.9 至 6.2.12 约定的先决条件可以看出,取得接入批复、取得电力业务许可证、变更经营范围、办理目标项目备案变更、完成并网发电等先决条件,均应当以目标公司为主体提交相关申请或完成相关事项;虽然合同约定由股权转让方完成部分事项,但在双方已经完成目标公司股权转让的情况下,刘某、刘某某在客观上没有能力完成上述事项,因此,伏农公司无权以上述先决条件作为行使先履行抗辩权的依据。

(5)《股权转让协议》6.2.9 至 6.2.12 关于先决条件的约定,应当视为双方对于200万元股权转让款付款时间约定不明。对于付款时间约定不明时的法律后果,因股权转让合同并未在《中华人民共和国合同法》分则中予以具体规定,根据《中华人民共和国合同法》第一百二十四条的规定,本法分则或者其他法律没有明文规定的合同,适用本法总则的规定,并可以参照本法分则或者其他法律最相类似的规定。本院认为,与股权转让合同最为类似的有名合同为买卖合同,因此可以参照买卖合同的相关规定予以处理。《中华人民共和国合同法》第一百六十一条规定:"买受人应当按照约定的时间支付价款。对支付时间没有约定或者约定不明确,依照本法第六十一条的规定仍不能确定的,买受人应当在收到标的物或者提取标的物单证的同时支付。"参照该条规定,伏农公司应当在办理股权变更登记手续的同时支付股权转让款。

(6)伏农公司另主张根据《补充协议书》的约定,无需支付剩余200万元股权转让款。对此本院认为,根据《补充协议书》的约定,刘某、刘某某将其对伏农公司的债权作为借款担保,债务人以应收账款作为担保,符合权利质押的规定,对此本院予以认可。但权利质押的法律后果,是在债务不能按期清偿时对应收账款享有优先受偿权;协议中关于伏农公司无需偿还200万元股权转让款的约定,实质上是双方关于抵销权的约定,鉴于伏农公司已经在本案之前另案起诉要求刘某、刘某某偿还全部借款本金并支付利息、违约金,故对于伏农公司的该项抗辩本院不予支持。

(7)关于刘某、刘某某主张的违约金200万元,本院认为,根据《股权转让协议》约定,股权受让方逾期支付股权转让款的,应按每日1‰的标准支付违约金。伏农公司认为其不应当支付违约金,对此本院认为,双方约定的违约金计算标准过高,应当予以调整;鉴于伏农公司依据《借款合同》向刘某、刘某某主张违约金的计算标准为年利率24%,本院将伏农公司向刘某、刘某某支付违约金的计算标准调整为以未付款为基数,按年利率24%为标准计算,但违约金总额不超过刘某、刘某某主张的200万元。

（8）关于刘某、刘某某主张的400万元股权回购款，本院认为，根据《股权转让协议》的约定，刘某、刘某某享有回购权，即根据回购基准日目标公司的估值确定回购份额；仅当回购基准日目标公司估值大于等于8,000万元，造成转让方可回购的份额低于5%时，转让方才可选择兑现400万元现金。本案中，刘某、刘某某在未向伏农公司申请回购股份的情况下，径行要求兑现400万元现金，该主张缺乏依据，本院不予支持。

（9）刘某、刘某某对伏农公司的债权属于多数人之债，对于伏农公司应当支付的200万元股权转让款，应当按照刘某、刘某某分别享有的债权份额予以分配。根据《股权转让协议》的约定，刘某享有70%的份额、刘某某享有30%的份额，故伏农公司应当向刘某支付140万元及相应违约金，应当向刘某某支付60万元及相应违约金。

综上，一审法院判决结果如下：

（1）北京伏农科技有限责任公司于本判决生效后10日内支付刘某股权转让款140万元，并支付以该款为基数，自2016年7月29日起至付清之日止，按年利率24%为标准计算的违约金，违约金总额不超过140万元。

（2）北京伏农科技有限责任公司于本判决生效后10日内支付刘某某股权转让款60万元，并支付以该款为基数，自2016年7月29日起至付清之日止，按年利率24%为标准计算的违约金，违约金总额不超过60万元。

（3）驳回刘某、刘某某的其他诉讼请求。

中国西部国际控股公司与高某某
股权转让纠纷案

案件要点：

1. 股权转让协议中，先决条件约定目标公司无债务遗留问题属于对转股前债务承担的约定，不是为股权转让设置条件，不影响股权转让效力。

2. 即便先决条件未满足，即目标公司在转股前有未披露的债务，投资方也有其他救济途径，故投资方仍应支付股权转让款。

诉讼背景：

本案原告高某某按照《合作协议》《711协议》及《817协议》的约定，将其对格瑞公司享有的18.87%的股份转让给被告西部控股并办理了工商登记，而西部控股未如约向高某某支付股份转让款。高某某遂向法院提起诉讼，请求判令西部控股支付股权转让费人民币56.61万元及逾期付款违约金。

一审宣判后，被告西部控股上诉称：(1) 一审法院认定《711协议》"所约定的股份转让意思表示真实，已经有关部门批准，股份转让合法有效"，但其并未经有关部门批准，也未在工商登记机关备案，一审判决认定事实错误，适用法律错误；(2)《817协议》约定：转让方转股前的债权债务由受让方享有和承担，高某某不享有诉权。故请求撤销原判，驳回高某某的诉讼请求。

裁判索引：

重庆市第五中级人民法院一审并作出〔2007〕渝五中民初字第162号民事判决书；重庆市高级人民法院二审并作出〔2008〕渝高法民终字第113号

民事判决书

主要问题：

一审法院：(1)《合作协议》《711 协议》及《817 协议》的效力及相互间的关系如何？(2) 高某某的债权请求权能否得到支持？

二审法院：(1)《合作协议》《711 协议》及《817 协议》的效力及相互间的关系如何？(2) 高某某对西部控股的债权请求权能否得到支持？以及得到多大程度的支持？(3) 西部控股关于股份转让的前提条件未满足的抗辩是否成立？

事实认定：

一审法院查明事实如下：

(1) 2005 年 5 月 25 日，陈某某（格瑞公司股东之一）与西部控股签订《合作协议》。约定：① 西部控股以人民币 200 万元受让陈某某及其他格瑞公司股东 51％的股份。② 在转让股份的同时，陈某某将其所有的属于塑料型材螺旋缠绕管的全部发明专利和专有技术无偿转让给格瑞公司。③ 西部控股受让股份的前提条件为：格瑞公司没有公司及与公司关联个人的税务遗留问题，原公司及公司关联个人以重组后持有的股权对此提供不可撤销担保；格瑞公司没有隐性债务和对外担保，陈某某以重组后持有的股权对此提供不可撤销担保；对于格瑞公司的现有债务，人民币 20 万元以内经双方确认作为新公司债务，超过部分由公司原股东承担，原公司现有债权作为新公司债权。

(2) 2005 年 7 月 11 日，格瑞公司全体股东（高某某、陈某某、徐某某、瞿某某、郭某某）与西部控股签订了《重庆格瑞工业技术有限责任公司股权转让协议》（下称《711 协议》）。约定：① 高某某、陈某某、徐某某、瞿某某、郭某某分别将各自持有的 18.87％、15.30％、6.12％、2.04％、8.67％的股份转让给西部控股。转让价为人民币 200 万元。该转让价在股权出让方内部的分配比例由股权出让方自行协商。② 股权受让方与股权出让方授权代表陈某某就上述股份转让已于2005年5月25日签署了具有法律约束力的《合作协议》。③ 股权转让的先决条件：格瑞公司没有公司自身及与公司关联个人的税务遗留问题，公司及公司关联个人应交税款已足额交清，否则由格瑞公司原股东自行承担；格瑞公司没有未披露债务和对外担保，否则由格瑞公司原股东自行承担；本协议附件2所列格瑞公司的债务作为重组后新公司的债务，西部控股承担其中的51%，格瑞公司现有债权作为重组后新公司的债权……④ 根据《合作协议》，西部控股已于2005年5月30日通过陈某某向股权出让方支付股权转让价的50%，计人民币100万元整，转让价余款将在西部控股成为股东后7个工作日内支付。⑤ 本协议经签署即生效，在股权转让所要求的各种变更和登记等法律手续完成之日，西部控股即取得转让股份的所有权，成为格瑞公司股东。⑥ 合同附件：《目标公司全部资产清单》《目标公司全部债务清单》《合作协议》《重庆格瑞工业技术有限公司原股东承担前期公司债务的处理意见》。

(3) 2005年7月13日，前述原格瑞公司全体股东又与西部控股签订《重庆格瑞工业技术有限公司原股东承担前期公司债务的处理意见》(简称《债务处理意见》)，约定：① 2005年7月31日以前产生并存在的格瑞公司债权债务，由原全体股东承担。2005年8月1日起的债权债务由新公司承担。②《711协议》与本处理意见矛盾的地方，以本处理意见为准。③ 本处理意见作为《711协议》的附件四，与其具有同等效力。

(4) 2005年8月16日，原格瑞公司全体股东召开股东大会并形成决议(下称《816决议》)，再一次确认了《债务处理意见》中对债权债务的处理原则，同时，对西部控股支付的股份转让款进行了分配，其中153万元按股份份额支付股东，剩余47万元作为螺旋缠绕管专利使用费支付给陈某某。具体明细为：应支付陈某某股权转让费及"螺旋缠绕管专利使用费"人民币92.9万元(已领西部控股公司人民币100万元，应退回人民币7.1万元)；应支付"高某某等三人"人民币56.61万元；应支付郭某某人民币26.01万元；

应支付徐某某人民币 18.36 万元；应支付瞿某某人民币 6.12 万元。西部控股完清手续后，直付 100 万元，退还除陈某某外的全部股东。

(5) 2005 年 8 月 17 日，原格瑞公司全体股东召开股东会并作出决议（简称《817 决议》），同意高某某、陈某某、徐某某、瞿某某、郭某某将持有的部分公司股份转让给西部控股，其中高某某转让 18.87% 的股份。各股东还分别签署了说明，放弃对前述转让股权的优先购买权。

(6) 2005 年 8 月 17 日，各股东根据《816 决议》对股份转让款所进行的分配，分别与西部控股签订了《重庆格瑞工业技术有限公司股份转让协议》（简称《817 协议》），其中高某某与西部控股签订的《817 协议》约定：① 高某某将其对格瑞公司享有的 18.87% 的股份转让给西部控股；② 股权转让价为人民币 56.61 万元，于合同签订之日起 10 日内支付；③ 转让方转股前的债权债务由受让方享有和承担。

(7) 2005 年 9 月 26 日，格瑞公司就新增西部控股作为股东等情况办理了工商变更登记。

二审法院认可一审法院查明的事实，并补充查明事实如下：

(1) 2005 年 8 月 17 日，西部控股与高某某等格瑞公司股东签订了《重庆格瑞工业技术有限公司合同》，对共同投资设立中外合资经营企业的有关事宜进行了约定。

(2) 2005 年 8 月 24 日，格瑞公司取得批准其成为中外合资企业的批准证书。

(3) 2005 年 11 月 9 日，高某某等股权出让方向西部控股送达了要求西部控股支付购买股份余款的函，该函称西部控股应按照合同约定在确认持有重组后新公司 51% 股权后 7 个工作日内付清购买股份余款，现西部控股已取得股权 30 日，仍欠 100 万元未付，要求其在三日内履约。

(4) 2005 年 11 月 17 日，西部控股回函，该函提及格瑞公司债务的承担按《711 协议》及《债务处理意见》处理。

(5) 2005年11月22日,高某某等股权转让方又向西部控股发送回函,该函也提及格瑞公司7月31日前的债务由原股东承担。

(6) 山东省乐陵市人民法院以〔2004〕乐民二初字第1165号民事判决书判决格瑞公司返还山东国强五金制品集团有限公司加盟合作费49万元及损害赔偿费;2005年8月8日,山东省德州市中级人民法院作出驳回上诉,维持原判的二审判决。2006年12月12日,在该案执行过程中,西部控股被追加为被执行人。

法院观点:

一审法院判决观点如下:

(1) 本案是转让股权的合同纠纷,西部控股虽然是外国公司,但依涉案合同成立的是中外合资企业,根据《中华人民共和国民事诉讼法》第二百四十四条的规定,此类纠纷应由中华人民共和国法院管辖,且本案合同签订地、合同履行地均在重庆市,因此本院依法有权管辖。涉案合同的内容涉及设立中外合资企业,对此纠纷依法应适用中华人民共和国法律。

(2)《711协议》所约定的股份转让意思表示真实,已经有关部门批准,合法有效。该合同确认了《合作协议》是陈某某作为股权出让方授权代表签订的,并将其作为附件之一,因此该《合作协议》应作为《711协议》的补充。对于《711协议》没有约定而《合作协议》有约定的,应以《合作协议》为准。

(3) 高某某签订的《817协议》是其按照股份转让款在各股东之间的约定分配金额而与西部控股公司签订的,属于对《711协议》和《合作协议》的补充,对《711协议》没有作出修改的部分,应以《711协议》和《合作协议》为准。

(4) 西部控股受让股份后,格瑞公司根据股份变动和经营管理人员的变动情况办理了工商变更登记,西部控股已经取得股权,高某某已经履行了转让股份的合同义务。按照《817协议》的约定,西部控股应于合同签订之日起10日内支付约定款项人民币56.61万元,该约定未再附加《711协议》

和《合作协议》中的相应条件,并且对付款期限作了相应变更。因此西部控股应按双方修改后的付款期限履行付款义务。西部控股至今未履行付款义务构成违约,高某某有权要求其支付约定价款,并支付逾期付款滞纳金。按照约定,西部控股应于2005年8月27日内付款,因此西部控股应从2005年8月28日起支付逾期付款滞纳金。

一审法院判决如下:

被告中国西部国际控股公司于本判决生效后15日内支付高某某人民币56.61万元,并从2005年8月28日起至付清时止按中国人民银行规定的同期逾期贷款利率支付逾期付款滞纳金。

二审法院判决观点:

(1)《合作协议》作为《711协议》的附件之一,是《711协议》的组成部分,两者在内容上基本一致。

(2)《817协议》内容较简单,与《711协议》有两处冲突:一是转让款的支付时间,《711协议》约定西部控股在成为格瑞公司股东后7个工作日内将股权转让余款100万元支付给股权出让方;而《817协议》约定股权转让款在该协议签订日起10日内以现金方式支付。二是转股前债权债务的承担,《711协议》及其附件4《债务处理意见》约定2005年7月31日前格瑞公司已产生的债权债务,由股权出让方承担,次日起产生的债权债务由转股后的格瑞公司承担;而《817协议》约定西部控股成为格瑞公司股东后将承担高某某转股前的债权债务。

由于《817协议》签订的时间在后,那么《817协议》是不是对《711协议》的修改呢?一方面,从双方于2005年11月9日、17日、22日的往来函件内容来看,双方对付款时间、债权债务的承担等问题均引用了《711协议》条款,丝毫没有提及《817协议》;另一方面,从《817协议》约定高某某转股前的债权债务由西部控股承担这一点来看,协议双方对该合同均不重视且没有认真研究协议条款。同时,高某某、瞿某某等4名股权出让人均承认

《817协议》的签订是为了满足工商登记机关办理变更工商登记手续的要求。此外,在《817协议》签订当日,还形成了原格瑞公司股东同意转让股权的《817决议》、各股东放弃股权优先购买权的《说明》以及格瑞公司新的全体股东签订了《重庆格瑞工业技术有限公司合同》等工商登记所需文件材料。

由此可以认定,《817协议》是为了满足办理股权转让登记的要求而签订的,《711协议》才是股权转让双方的真实意思表示,且符合法律规定,应当得到法律保护。

(3) 根据《711协议》第4.1条的约定,西部控股已支付股权转让款人民币100万元给股权出让方,余额人民币100万元将在西部控股成为格瑞公司股东后7个工作日内支付。2005年9月26日,格瑞公司就新增西部控股作为股东等情况办理了工商变更登记,至此,西部控股取得格瑞公司股权,成为该公司股东。按照双方的约定,西部控股应在2005年10月5日前向股权出让方支付股权转让余款人民币100万元,但西部控股至今没有支付该笔款项,因此,高某某及其他股权出让方享有要求西部控股支付转让余款的债权请求权。

(4) 高某某诉请的56.61万元能否得到支持,能得到多大程度的支持,必须以确定该债权是按份债权还是连带债权为基础。由于除陈某某之外的所有股权出让人均认可《816决议》的真实性,而该决议有陈某某的签字,因此,可以确定《816决议》的真实性。《816决议》对股权转让款在各股权出让人之间进行了分配:股权转让款中的人民币47万元作为螺旋缠绕管专利使用费支付陈某某,余下的人民币153万元按转让股份份额支付股权出让人。可见,股权出让人之间已就分配股权出让金确定了份额,本案债权是按份债权,各股权出让人可依据股权出让份额分别向西部控股主张权利。

按照《816决议》,陈某某已实际领取股权转让款人民币100万元,应向其他股权出让人退回人民币7.1万元。因此,对于西部控股应支付的股权转让余款人民币100万元,高某某享有按其出让股权数在其与瞿某某、徐某某、郭某某等4人出让股权总数中的比例要求西部控股支付相应股权转让款的请求权,即高某某享有要求西部控股支付股权转让款人民币52.8571万元[18.87%÷(18.87%+2.04%+6.12%+8.67%)×100＝52.8571]的债权请求权。因此,本院对高某某要求西部控股支付股权转让款人民币52.8571万元及逾期付款违约金的诉讼请求,予以支持,计算逾期付款违约金的起始时间应为2005年10月6日。对高某某诉请的超过人民币52.8571万元的部分不予支持。

(5) 在《711协议》中,双方约定了"股权转让之先决条件",体现在3.1条"股权出让方确认:目标公司没有公司自身及公司关联个人的税务遗留问题;目标公司及公司关联个人应交纳的各项税收已足额交清,否则,目标公司现有全体股东自行承担"及3.2条"股权出让方确认:目标公司没有未披露债务,没有对外担保事项,否则,由目标公司现有全体股东自行承担"。这样的约定虽从形式上看是对股权转让前提条件的约定,但究其内容,其实质是对格瑞公司转股前债务承担的约定,并不是对股权转让设定条件。如果格瑞公司在转股前有税务遗留问题或未披露的债务,在格瑞公司对外承担责任后,西部控股可要求格瑞公司原股东(股权出让方)按照《711协议》承担相应责任。

由此,格瑞公司与山东国强五金制品集团有限公司经营合同纠纷案反映出来的格瑞公司在转股前有未披露的债务,并不影响股权转让的效力,也不能在本案中作为对抗高某某债权请求权的抗辩。关于该项债务的承担,属另一个法律关系,西部控股可以另行提起诉讼。

综上,西部控股的上诉理由虽然缺乏事实和法律依据,不能成立;但是,原审判决认定事实确有部分错误,本院在查清事实的基础上依法给予改判,判决结果如下:

（1）撤销重庆市第五中级人民法院〔2007〕渝五中民初字第162号民事判决。

（2）中国西部国际控股公司于本判决生效后15日内支付高某某人民币528,571元,并从2005年10月6日起至付清时止按中国人民银行同期逾期贷款利率支付逾期付款滞纳金。

二、股东资格

(一) 条款设置目的及重要性

在投资交易的语境下讨论股东资格问题的意义在于：对于投资人而言，一方面，具备股东资格意味着得以行使种种股东权利，实现股权投资的直接目的；另一方面，是否已成为目标公司的股东，与能否基于约定或法定事由要求返还投资款有极为密切的关系。在笔者参与的一些投资项目中，曾遇到因投资人不理解前述关系，而在投资协议中约定事实上很难执行的投资退出条款的情况。

投资协议中，各方通常会通过约定交割条款来界定投资人付款义务、创始股东/目标公司"交割"股权义务、投资人取得股东资格的时点。因为这三个时点常常有各自独立的指代，为免歧义，以下笔者将采用"投资人付款日""股权交割日""取得股东资格日"对应投资协议中的前述三个时点。

对于投资人付款日，在前面"先决条件"中已进行了说明，本部分不再赘述。是先付款还是先完成股权交割，完全可以由各方自主协商确定。那么，股权的"交割日"与投资人"取得股东资格日"又有什么关联呢？

实务中使用"交割"这个词，在语感上似乎是将股权拟制为一种类似于法律意义上"物"的性质。基于这种思路，投资协议在合同类型上就类似于"以金钱为对价购买股权"的买卖合同。[①] "股权交割日"并非一个严格意义

[①] 类似思路可见于本书"先决条件"部分的案例"刘某、刘某某与北京伏农科技有限责任公司股权转让纠纷案"之"法院观点"部分。

上的法律概念,在投融资实务中,协议各方往往会根据交易背景来定义合适的"股权交割日",如将合同签订日、投资人付款日、付款先决条件达成之日、工商变更完成日等时点作为交割日,并无定数。究其本意,各方想表达的真实意思往往是:在某一约定的"交割日",作为交易标的的股权相伴的所有权益及风险,概括而言,即自一方(目标公司/转让方)转移至另一方(投资人)。下面笔者将论述这种意定的"股权交割"有时未必能达到各方预期的法律效果。

前文已述,股权的"交割"在语感上隐含了股权为"物"的意思。但在学术观点上,对于股权的法律性质其实多有争论,有人认为是债权,有人认为是物权的标的,还有人认为是一类新型权利,[1]本书不对此多加赘述。从法律规定及司法案例角度来看,股权确实因适用"善意取得"制度[2]且可以进行担保物权登记而和法律上的"物"存在一定的相似性。同时因其外观的无形性,《公司法》等法律规定中又将"登记"作为其生效的要件。然而"登记"究竟指哪种登记程序,"登记生效"的具体效果又是什么?正是这些问题最终导致了人们的认知及司法实践中的分歧,也影响到了不同情况下投资人能否得以退出的认定。

---

[1] 之所以不讨论股权是不是"物权",而讨论是不是"物",是基于《民法典》第一百一十五条规定:"物包括不动产和动产。法律规定权利作为物权客体的,依照其规定。"中国法下的物权理论沿袭德国民法典等"物必有体"的传统理念,对于将权利这种"无体物"是否由物权法(民法典物权编)规制持谨慎态度。基于中国法下的"物权法定主义",在实然的角度讨论股权是否为"物"并无意义,其在现行立法下显然并非法定之"物"。而在应然的角度,对于股权性质的讨论主要是在争论其究竟应受哪种部门法规制及适用哪些法律规则、法律原则的问题,比如一些学者认为,应将股权作为"无体物"规定在物权编中,一些学者认为股权由《公司法》等特别法进行规定即可,不必要将其定性为"物",或讨论其是物还是债。笔者认为该等学术观念的争论,对于国家立法进程的推动有重要意义,而对于诉讼、非诉讼律师解决实际业务虽然也有一定的参考意义,但解决实际问题时往往不必过分纠结。

[2] 《最高人民法院关于适用〈中华人民共和国公司法〉若干问题的规定(三)》(2020 修订)第二十七条规定:"股权转让后尚未向公司登记机关办理变更登记,原股东将仍登记于其名下的股权转让、质押或者以其他方式处分,受让股东以其对于股权享有实际权利为由,请求认定处分股权行为无效的,人民法院可以参照民法典第三百一十一条的规定处理。"(股权可以参照适用物权法中的善意取得制度)

（二）常见问题分析及案例解读

1. 股权登记的"对抗"效力

根据《中华人民共和国公司法》及其司法解释规定，涉及公司股东的"登记"主要分为两类：目标公司将股东信息登记于"股东名册"，以及前往市场监督管理部门办理"工商登记"。[①] 单从规定文义上来看，如完成股东名册登记，则投资人仅在公司内部享有股东资格，得以对抗其他股东；如完成工商登记，则形成对世效力，得以对抗（善意）第三人。然而在实践中出现的种种特殊情况对该规定的解释和适用提出了更高的要求。以下以笔者团队参与办理的一件诉讼案件为例。

该案件的案由为股东资格确认纠纷。笔者团队代理的投资人（投资人A）通过认购新股方式入股目标公司，当时的公司全体股东召开了股东会同意该次认购。在投资人A后，又有数轮投资人（后轮投资者）通过老股转让的方式成为目标公司股东。然而，因为公司控股股东的股权被司法冻结，故无论是投资人A还是后轮投资者，均无法完成工商变更登记，甚至后轮投资者并不知道投资人A的存在。后轮投资者均取得了目标公司出具的股东名册。而后，因目标公司将被第三方收购，投资人A急欲证明自身的股东资格，故起诉要求确认其股东资格，并要求目标公司对其出具出资证明，而不要求办理工商变更登记。

在该案中，通过投资款支付记录等证据明显可以看出投资人A的投资时间早于后轮投资者，因其为通过认购新股投资，故一旦确认投资人A的股东资格，必然导致后轮投资者持股比例的集体稀释。因基于现有证据无

[①] 《公司法》第三十二条规定："有限责任公司应当置备股东名册……记载于股东名册的股东，可以依股东名册主张行使股东权利。公司应当将股东的姓名或者名称向公司登记机关登记；登记事项发生变更的，应当办理变更登记。未经登记或者变更登记的，不得对抗第三人。"

法证明后轮投资者在入股时知晓投资人Ａ的存在，且投资人Ａ在本案审理中也并未取得后轮投资者对于其股东资格的认可，故可以说前述股权稀释一定程度上损害了后轮投资者合理信赖利益的。如果是基于《公司法》第三十二条规定，投资人Ａ既没有完成股东名册登记，也没有完成工商登记，理应是不能够对抗已完成了股东名册登记且作为"第三人"的后轮投资者的。

然而该案件仍以投资人Ａ胜诉告终。这一方面是因为代理律师通过组织、提交投资协议、投资款支付凭证、股东会决议、审计报告等证据，充分证明了交易的真实性；另一方面也说明本案法院并非仅基于法律规定的字面意思判断股权登记的法律效果。

该案判决书中，法院并未进行十分详细的说理。笔者对其内在逻辑的推测是：该案中后轮投资者与投资人Ａ一样，均未完成工商登记，其受让老股亦并未取得投资人Ａ放弃优先购买权的意思表示，即可理解为并不存在后轮投资者优先于投资人Ａ而获得法律保护的足够理由，其作为后轮投资者的权利也不得对抗投资人Ａ这个"第三人"（如认为后轮投资者相对于投资人Ａ是"第三人"的话，基于相同逻辑，投资人Ａ对于后轮投资者也是"第三人"），双方的优先地位是平等的——基于这种平等的地位，投资人Ａ提起了股东资格确认之诉。即使后轮投资者已经完成了股东名册登记，在该案的特殊情境下也不必然得以对抗投资人Ａ，即该股东名册登记并未取得通常理解中"对抗公司其他股东"的效力。这种情况下确认投资人Ａ的股东资格，是法院在公平原则下权衡各方利益的结果。而后轮投资者若认为利益受损，也可通过起诉要求其合同相对方承担违约责任等方式，获得一定程度的救济。

本案反映出，股权登记的所谓"对抗效力"，是一种"相对"的效力，有时需在个案中结合各方利益、交易背景等情况进行综合判断。而对于前述"对抗效力"所产生的逻辑基础，以下就"股东名册登记"与"工商登记"分别进行论述。

2. 股东名册登记的效力

"股东名册登记"作为一种产生实际法律效力的制度,在国内法律层面首次出现于2005年修订的《公司法》中。① 股东名册是目标公司向股东出具的一种记载有股东信息、出资额、出资证明书编号等基本信息的文件,其实际表现形式并无硬性规定,常见的形式为一个盖有公司公章的表格。与此同时,虽然《公司法》明确规定有限责任公司、发行记名股票的股份有限公司"应当制备股东名册",但实践中相当一部分公司存在设置不规范,甚至不设置股东名册的情况。

(1) 老股转让中的股东名册登记

论及老股转让中股东名册登记的法律效力,因《公司法》仅正面表述为"记载于股东名册的股东,可以依股东名册主张行使股东权利",引发了学术及实践中对于"未取得股东名册,是否影响股东资格"的讨论。在本书写作的当下,司法实践中的通说可参考最高院民二庭于2019年11月8日发布的《全国法院民商事审判工作会议纪要》(后文中均简称为"《九民纪要》")② 中的观点。对于"老股转让交易中投资人何时取得股东资格"这个问题,最高院认为股东名册属于"设权登记",故股权转让合同生效并不会自动使得投资人取得股东资格。只有当股东名册记载了投资人的姓名/名称后,投资人才算是取得了股权,才能以股东身份对公司主张行使股东的权利。而对于前述"股东名册不规范、不存在"的情况,最高院认为只要存在如公司章程、会议纪要等能够证明公司认可受让人为新股东的,都可以使得投资人获

---

① 事实上,"股东名册"早在1993年发布的《公司法》中便有规定,但是首次对其法律效果进行规定是在2005年修订的版本中,其中在描述股东名册记载事项的条款中增加了"记载于股东名册的股东,可以依股东名册主张行使股东权利"的表述。

② 对于《九民纪要》有必要加以说明:纪要内容主要是最高院民二庭对于民商事审判中出现的一些疑难问题提出的观点。纪要本身并非具有法律强制力的规定,实践中也并非一定被各级法院所沿用。但其反映了最高院经仔细研讨后"一时的""最佳"裁判观点,有较强的实务参考意义。民二庭配套本纪要编写了《〈全国法院民商事审判工作会议纪要〉理解与适用》一书,对于纪要中的观点、论证逻辑进行了更为详细的阐述。

得股东资格。①

由此可见，在最高院看来，"股东名册"的实质就是目标公司作出的一个认同投资人成为公司股东的意思表示。实践中应当采取"实质重于形式"的倾向性观点，即不纠于外在形式，只要公司行为能够体现这种意思表示，均能产生类似于"股东名册"的效果。此外，一旦实质上完成了"股东名册"登记，就同时完成了"股权交割"和"股东资格的取得"。换句话说，在当前的司法观点看来，"股权交割"和"取得股东资格"应当是同时发生的，不存在取得了股权却并无股东资格的情况。这对于实务的指导意义在于：协议各方当事人固然可以在投资协议中将不同时点约定为"交割日"，但如产生相关纠纷，法院仍倾向于以是否完成了"股东名册登记"②为标准进行审查，并将完成股东名册登记之日认定为真正的"交割日"及"取得股东资格日"。

基于前述观点，对于仅由转让方、受让方双方签署的《股权转让合同》，其合同本身的效力并不需要得到目标公司的同意，而是只要转让方、受让方合意，并（如受让方并非目标公司现有股东）取得现有其他股东放弃优先购买权的意思表示，即可生效——但股权转让合同的生效与股权的"交割"（同时也是投资人股东资格的取得）并不是同一个问题。在这种交易模式下，因为合同当事人只有转让方、受让方，故即使在合同中约定诸如投资人自"支付投资款""协议签订"等时点取得股东资格，这种约定也并不会自动产生相应的法律效力。也即，仅凭股权转让合同的签署及转让款的支付，尚难以证明投资人取得了股东资格。故对于该种情形下的投资人而言，为转让方约定"促使目标公司如期提供股东名册"的义务及相关违约责任就显得十分重要。

而对于由转让方、受让方、目标公司三方作为主体签署的《股权转让合

---

① 关于该观点的内容，可参见最高人民法院民事审判第二庭编著：《〈全国法院民商事审判工作会议纪要〉理解与适用》，人民法院出版社 2015 年版，第 135 页。

② 前文已述，按照当下司法观点，合法的股东名册登记不拘于形式。故本书下文提及"股东名册登记"时，包含具有法定形式的股东名册，以及事实上存在目标公司认同投资人成为公司股东的意思表示两种情况。而单独提及"股东名册"时，仅指满足法定形式的股东名册。

同》，笔者认为不存在前述问题。这是因为目标公司作为合同主体参与签署的行为，即可认为是对于投资人受让股权、成为股东的认可，可以视为完成了实质意义上的"股东名册登记"。另外，投资人还可在该协议中为目标公司约定限期完成股东名册登记、工商登记的合同义务及相应的违约责任。

其实早在《九民纪要》前，最高院在类似案例中就表达了对于"股东名册登记"认定标准的观点。如在最高院〔2019〕最高法民终1149号武汉冷储物流管理有限公司、昆明食品（集团）冷冻冷藏有限公司股东资格确认纠纷中，对于股权受让方未能完成全部付款义务而主张确认股东资格的诉请，一审云南省高院、二审最高院均认为，"是否具有成为股东的意思表示是当事人是不是公司股东的重要标准；公司章程或股东名册中是否对股东进行记载在股东资格认定中具有法律效力；股东是否出资、出资瑕疵不能成为否认股东资格的唯一标准"，并最终认为目标公司出具的盖有公章及法定代表人签名的《公司章程》中记载的股权名录"其实质相当于股东名册"，从而承认了投资人享有完整的股东资格。

而不论是前述三方签署的，还是两方签署的《股权转让合同》，对于目标公司迟迟不提供股东名册的，投资人除可以根据合同相关条款要求目标公司履行相关登记义务（仅指签署三方协议并为目标公司约定进行股东名册登记义务时）、追究转让方违约责任外，还可以根据《公司法》等法律法规，[①]起诉要求目标公司履行签发出资证明书、办理股东名册变更、修改公司章程等义务。

---

① 《公司法》第七十三条规定："依照本法第七十一条、第七十二条转让股权后，公司应当注销原股东的出资证明书，向新股东签发出资证明书，并相应修改公司章程和股东名册中有关股东及其出资额的记载。对公司章程的该项修改不需再由股东会表决。"

《最高人民法院关于适用〈中华人民共和国公司法〉若干问题的规定（三）》第二十三条规定："当事人依法履行出资义务或者依法继受取得股权后，公司未根据公司法第三十一条、第三十二条的规定签发出资证明书、记载于股东名册并办理公司登记机关登记，当事人请求公司履行上述义务的，人民法院应予支持。"基于此，因相关事项并不需要股东会表决，不涉及"司法不介入公司自治"问题，故该等行为的实际执行在法律层面并无障碍。

起诉要求目标公司履行法定登记义务,在股东资格确认纠纷中较为常见。对于股东名册登记,因目标公司单方行为即可作出,实际执行基本不存在法律上的障碍。而对于工商登记,虽然相关法律法规明确规定相关事项不需股东会表决,但仍可能存在不同地区的工商行政部门要求,甚至"窗口意见"与法律规定不一致的情况。该种情况下,部分法院还是以法律规定为准,要求目标公司履行法定的登记义务。如在广州市中级人民法院〔2019〕粤01民终3740号广州市春渔坊食品有限公司、朱某股东资格确认纠纷中,投资人与目标公司签订《股权转让合同》后,因目标公司不进行工商登记而诉请目标公司履行法定登记义务。目标公司以"工商行政管理部门对于变更股东登记的,需要提交合法有效的股东会决议。目标公司已经组织过股东召开股东会,对股权转让事宜作出决议,因其他股东拒不参加目标公司的股东会,而导致无法形成决议,无法办理股权变更手续,责任不在目标公司"进行抗辩。两审法院对此均认为"于法无据",并最终作出了要求"目标公司于判决发生法律效力之日起十五日内向公司登记机关申请办理工商变更登记手续"的判决。

(2)认购新股中的股东名册登记

对于认购新股投资与老股转让投资在"股东名册登记"层面的不同,可以参考《最高人民法院关于适用〈中华人民共和国公司法〉若干问题的规定(三)》第二十二条的规定:

> 当事人之间对股权归属发生争议,一方请求人民法院确认其享有股权的,应当证明以下事实之一:
>
> (一)已经依法向公司出资或者认缴出资,且不违反法律法规强制性规定;
>
> (二)已经受让或者以其他形式继受公司股权,且不违反法律法规强制性规定。

明显可以看出,前述条款中的第(一)项即指认购新股的情形,第(二)项即指老股转让的情形。在老股转让交易中,目标公司并不必是《股权转让协议》的当事人,故而对于双方(而非三方)签署《股权转让协议》的情形,投资人股东资格的取得需要另行获得目标公司的确认。但是在认购新股交易中,其交易实质可以理解为目标公司先新增注册资本/股本,而后由投资人对其进行定向认购,故目标公司必然是相关《增资协议》的当事人。如果参考前述《九民纪要》中的观点,则笔者认为,认购新股交易中《增资协议》的签署行为本身就表明了目标公司对于投资人在未来某一时点("取得股东资格日"或"股权交割日")取得股东资格是认可的,即产生了类似于股东名册"预登记"的效力。基于这种观点,《增资协议》中约定投资人在某一时点取得股东资格在法律上就完全是可行的。当然,基于谨慎原则,笔者还是建议相关交易中的投资人及时督促目标公司出具具备法定外观的"股东名册"并完成公司章程的修订。

对于笔者的前述观点,可以参考江苏省高院〔2015〕苏商再提字第00037号李某与徐州市恒扬化工有限公司股东资格确认纠纷案件。该案件的再审判决发生于2016年,完全推翻了一审、二审判决,反映出了当时的裁判机关对于"股东名册登记"问题的观点碰撞。该案件中,原告李某于2002年以认购新股的方式投资目标公司,投资款已由投资人直接支付给目标公司,目标公司向其出具注明为"募股款"的收条,后又出具股权证。该股权证记载的股权人为"员工持股会",但事实上该持股会始终未成立。后李某被任命为目标公司副总经理,参与公司的经营管理,并参与公司的生产经营决策等会议。

一审、二审法院否认原告股东资格的主要理由在于:第一,目标公司未出具具备法律外观的"股东名册"或修订公司章程,也未办理工商登记;第二,目标公司提供的股权证载明股权人为"员工持股会",并非原告自身;第三,虽然原告已支付过投资款,但该款项尚未经过验资程序并记载于其名下;第四,无法区分原告是以股东身份还是副总经理身份参与公司管理。此外,本案的一审法院还认为,"出资凭证仅仅是一种证明出资人已经出资的物权凭证,只是证明投资人是出资额或股份的合法所有人,并非证明投资人与公司之间存在某种成员关系",即将"取得"[1]股权的时点与取得股东资格的时点作了割裂。

而再审法院之所以完全推翻一、二审判决,改判支持了李某关于确认股东资格、要求目标公司配合工商变更的诉请,其观点的根本性差异在于:再审法院认为是否获得股东资格的实质,就是在于"李某与目标公司之间是否关于通过出资取得股东资格形成过合意"。在本案中,因采取的是认购新股而非老股转让的投资方式,投资款是由李某直接付给目标公司,而非通过某一自始便未成立过的"员工持股会",目标公司也出具收条明确了款项性质。而且在投资后,原告也参与了目标公司的经营管理,故法院认为原告与目标公司间事实上已经形成了充分的合意。目标公司出具股权证记载权利人为"持股会"的行为是单方行为,不能仅据此否认原告的股东资格。至于办理股东名册登记、修改公司章程、工商登记、验资手续,则是目标公司的义务,不应影响原告股东资格的获取。

正是基于这种认知及股东资格的重要性,在投资实务中,各方常常对于《增资协议》中股东资格取得的细节问题展开谈判与沟通。从投资人的角度,有时会希望将完成股权交割、取得股东资格的时点放在支付投资款之前,甚至约定目标公司应先完成相关工商登记(股权变更、董事变更等)并提供股东名册,投资人后完成付款。而从目标公司或创始团队的角度,往往希望尽量将投资人付款的节点提前。

同时也可以看到,司法实务中对于股东资格可由"目标公司与投资人合意"的认知倾向,从另一个角度来看似乎较少考虑公司其他善意股东的利

---

[1] 前文已述,"股权"究竟是不是一种物权,或者可不可以视为物权来考虑,理论和实务中都是存在不同观点的。如本案中一审法院认为股权是一种物权或类物权,其取得与股东资格的取得是两个不同的问题。这种观点和前文所述《九民纪要》反映的最高院观点是不一致的。

益。在前述〔2015〕苏商再提字第00037号案件判决后，投资人李某申请强制执行，目标公司的工商登记股东林某就提起了执行异议，因为李某的股东资格确认将稀释林某的持股比例，且与确认林某出资比例的另案生效判决①相矛盾。在前述笔者团队代理的股东资格确认纠纷中，目标公司亦答辩称"如果确认投资人股东身份则必然导致其他股东的股权比例稀释，需要股东会重新确认，但所有股东能否达成一致意见无法确认"。但从两案件的结果而论，提起股东资格之诉的投资人均实现了自身的诉求。② 至于其他公司股东利益的损害，或许只能由其自身寻求其他途径进行救济。

3. 工商登记的效力

公司股东工商登记的效力问题常被放在"隐名股东"问题下讨论：名义股东并非实际出资人，但出于某种考虑而与实际出资人达成合意，由名义股东为工商登记股东，实际出资人直接或间接享受股东权利。这种情况下，名义股东不得以其是名义股东而对抗善意第三人；相对地，名义股东对于所持股权的处分，也适用《民法典》物权编中"善意取得"制度。

然而，本书探讨的重点不在于"隐名股东"问题，而在于工商登记对于投资人投资退出的影响。以下为笔者参与的某项目《投资协议》中真实出现的条款，该项目采取老股转让、认购新股结合的交易方式，投资先决条件之一为目标公司、原股东配合投资人完成工商登记。笔者团队代表投资人审阅该协议。读者可以思考如下条款可能存在的问题：

"协议解除后，本协议各方应本着公平、合理、诚实信用的原则返还从对方得到的本协议项下的对价、尽量恢复本协议签订时的状态（其中，公司应向投资者返还其已缴付的投资款并按该投资款每年12%的

---

① 可参见江苏省徐州市鼓楼区人民法院〔2015〕鼓商初字第0054号一审民事判决书。需注意，本案案由并非股东资格确认纠纷，而是股东出资纠纷。原告林某诉请确认其实际拥有目标公司100%的出资，法院判决原告胜诉。

② 如对于〔2015〕苏商再提字第00037号案件，通过查阅徐州市恒扬化工有限公司工商登记信息，李某胜诉后，于2018年3月14日工商登记为徐州市恒扬化工有限公司股东。

利率向投资者支付利息,自该等款项从投资者付至公司账户之日起算至该投资款全额返还至投资者账户之日截止)。"

前文已述,该项目的特点在于,《投资协议》签订后,投资人将在付款之前就成为目标公司工商登记的股东。这乍看来对投资人是比较有利的,但也会产生一定的问题:《投资协议》中综合了老股转让与认购新股两种方式,可理解为"股权转让协议"与"增资协议"结合的复合协议。股权转让款是由投资人支付给公司原股东,如"股权转让协议"解除,则股权转让款返还,这基本不存在问题。然而增资款是由投资人直接支付给目标公司,如"增资协议"解除,则投资人将投资款从目标公司账上取回,这从外观上看来就存在"抽逃出资"之嫌。① 从实务观点来看,相当一部分法院认为一旦完成了投资人入股相关的工商登记,投资人便无权直接解除"增资协议"并取回增资款项。

(1) 认购新股中的工商登记

前文已述,在认购新股交易中,办理工商登记与否会影响到投资人投资退出的路径。如在以下的案例中,最高院就认为能否直接返还出资给投资人,不由其是否已取得股东资格决定,而由是否已办理工商变更登记②决定。

如在最高院〔2019〕最高法民申 1738 号韩某某、邬某某公司增资纠纷案件中,投资人支付了投资款,股东身份已记载于公司章程,并以股东身份参与股东会及董事会,而目标公司存在"未按照合同约定用途使用投资款"及"未按时办理工商登记"两项违约行为,投资人据合同约定要求解除增资协议并返还投资款。投资人一审、二审胜诉后,目标公司在再审中提出:投资人已取得股东资格,二审判决解除投资协议及返还投资款属于错误适用公司法有关"股东不得抽逃出资"的规定。再审法院对此认为:"公司法规定股东不得抽逃出资,以及公司减少注册资本应当履行相应的法定程序并依法

---

① 《公司法》第三十五条规定:"公司成立后,股东不得抽逃出资。"
② 此处具体指关于目标公司注册资本增加、股东信息变更的工商登记。

向公司登记机关办理变更登记,主要目的之一在于保护公司债权人的利益""案涉增资款尚未在工商登记部门办理变更登记,该增资款对公司债权人尚未产生公示效力,公司债权人尚无需要保护的信赖利益,投资人依约定条件解除案涉《增资协议》并请求返还投资款,并不涉及因抽逃出资或不按法定程序减资损害公司债权人利益的问题。"

前述说理很清楚地表明了,最高院以"增资是否办理工商登记"而并非股东资格的取得与否,来判断投资人能否通过解除投资协议而获得投资款的返还。相应地,即使目标公司存在根本违约行为,如果增资已经完成了工商登记,则基于保护公司债权人利益的考量,裁判机构也应当不会支持投资人要求解除合同的诉请。当然,投资人还可以通过目标公司减资的方式退出目标公司,但基于尊重"公司自治"的考量,即使合同中有明确约定,裁判机构往往也不会作出强制要求公司限期完成减资的裁判。①

在广州市中级人民法院〔2020〕粤01民终9899号王某、杨某某与公司有关的纠纷中,投资人以认购新股方式入股目标公司,并已办理完毕工商登记,后投资人以目标公司原股东存在转移公司资产等违约情形使得合同目的无法实现,起诉要求解除增资协议并返还出资。法院以投资人"提出的诉讼主张等同于撤资""所支付的增资款在协议签订并经实际履行后已转化为目标公司的资本,依法不可随意撤回,即便拟退出目标公司,也应依照法定程序,通过股权转让、减资等方式处理",驳回了原告起诉及上诉。在〔2020〕最高法民终223号海南天然橡胶产业集团股份有限公司、海南华阳投资集团有限公司新增资本认购纠纷、买卖合同纠纷中,最高院也做出了类似说理:"公司以资本为信用,公司资本一经增加,非依法定程序不可随意变更……不能以目标公司的履约瑕疵要求返还其已经工商变更登记的出资。"

以上案例均说明,对于采取认购新股方式投资的投资人,必须认识到

---

① 对该项结论的具体论证过程可见于本书后文"如何选择对赌主体(上)"部分。

"资本维持原则"对投资退出带来的影响。而事实上,一些地区的法院也对此问题提出了书面的意见。① 故对于前述笔者参与项目中《投资协议》的相应条款,笔者对客户(投资人)的修改建议即为:在协议中增加"如工商登记完成后发生法定或约定的根本违约情形,则创始团队应促成目标公司完成定向减资程序、使得投资人足额受偿退出"的机制。经各方沟通,目标公司、创始股东及其律师也充分理解了笔者提出的修改建议。修订后的条款如下:

> 协议解除后,本协议各方应本着公平、合理、诚实信用的原则返还从对方得到的本协议项下的对价、尽量恢复本协议签订时的状态,其中,公司应向投资者返还其已缴付的投资款并按该投资款每年12%的利率向投资者支付利息(自该等款项从投资者付至公司账户之日起算至该投资款全额返还至投资者账户之日截止)。
>
> 为保证投资者全额取得该等投资款及利息,如届时投资者已成为公司工商登记的股东,则创始股东承诺届时将签署并促使公司各董事、其他股东等签署令投资者满意的关于公司减资的文件(包括但不限于董事会决议、股东会决议、减资公告、清算报告以及市场监督管理部门等政府部门不时要求提供的必要和合理的文件等,如公司以定向减资的方式回购投资方全部/部分股权的,前述股东会决议应该取得全体股东一致同意)。② 创始股东进一步承诺将促使前述减资事项所需要履行的登记和备案等手续尽快完成。如公司未在投资者要求的期限内完成前述手续,或通过前述减资后投资者所获金额不足前述投资款及利息总额的,差额部分由创始股东补足。

---

① 《山东省高级人民法院关于审理公司纠纷案件若干问题的意见(试行)》第三十三条规定:"公司经股东会决议增资,并与第三人签订增资协议收取股款后,拒不办理股东名册和工商登记变更手续的,该第三人申请解除增资协议,要求收回出资并支付相应利息的,人民法院应予支持。但第三人已经实际行使股东权利的,公司可以要求该第三人退还行使股东权利期间所取得的财产利益。"

② 对于相关问题,笔者会在本书的"如何选择对赌主体(上)"部分展开论述。

对于认购新股出资的"返还"问题,在笔者写作本书的当下,虽然司法(法院)裁判方面存在基本一致的观点,但理论和实务[①]中都还存在一定的争议。这种争议本质上就是对"法定资本制"与"资本维持原则"的理解与批判。对于这个问题,笔者会在本书的"对赌"部分展开论述。

(2) 老股转让中的工商登记

以老股转让形式完成的投资,因投资款并不进入目标公司的账户,所以对于《股权转让协议》的解除不会影响外部债权人的利益,不存在违反"资本维持原则"的问题,故可以参考单纯的合同解除问题来考虑。因不具备特殊性,笔者在本部分不做过多论述,仅作以下说明:

相较于其他民事合同的解除,在股权投资交易中,既然投资人已通过工商登记成为目标公司股东,通常而言其合同主要目的即已实现,此时若轻易根据约定事项解除合同,受让方返还投资款,工商登记回转,则似损害了当事人的信赖利益。故司法实践中《股权转让协议》的解除,常涉及对违约行为的严重程度、因果关系以及是否影响合同目的的实现等方面考量,而并非只要合同中约定了解除事项,即便是一些较为轻微的情形,权利人也可以解除合同并要求股权转让方退还投资款。对于合同得以解除的具体标准,难以用一两句话简单概括,需参考司法案例进行理解,详情可参阅本书"承诺与保证"部分。

(三) 结论及实际操作建议

综上所述,根据笔者写作本书当下的司法观点及笔者理解:在股权转让投资交易中,投资人于《股权转让协议》约定的条件成立且股东名册登记完成时取得股东资格,于完成工商变更时其股东权益取得对世效力,其投资

[①] 这里的"实务"主要指商事仲裁实务中。

款的返还以股权转让协议的合法解除为前提;在认购新股交易中,投资人于《增资协议》约定的时点取得股东资格,于完成工商变更时其股东权益取得对世效力,同时其投资款的返还也开始受到"资本维持原则"的限制。

而不论是老股转让,还是认购新股,投资交易中的"股权交割"与"取得股东资格"的时点在当前的最高院观点看来是重合的,两者互为表里。如在投资协议中需要使得"交割日"发挥预期的法律效力,则各方当事人需要确保交割日当日完成相应的股东名册登记。且为免歧义,建议不要将"股东资格取得日"与"股权交割日"约定为不同的时点。

作为投资协议的审阅者、起草者,有必要基于己方的诉求及整体交易背景,对于股东资格的确定时点、相关登记义务、投资款的返还机制等重要问题提出合理的方案,促成各方友好协商,并在投资协议条款中得以体现。

青海黄南州华帝矿业有限责任公司、陶某某与安徽蓝德集团股份有限公司、李某某新增资本认购纠纷、买卖合同纠纷案

案件要点：

目标公司未完成《增资协议》约定的股权变更及股东登记手续，增资协议可解除，合同解除的后果由违约方承担，故目标公司应返还已付投资款并支付利息。

诉讼背景：

原告蓝德公司、被告1华帝公司、被告2陶某某以及施某某（案外人）签订《5.4增资协议》，其中陶某某、施某某为华帝公司的股东。协议约定原告向华帝公司（标的公司）投资人民币6,050万元，占70%的股权。后蓝德公司的法定代表人李某某、陶某某以及华帝公司签订《6.8增资协议》，约定华帝公司将1,766.25万元股权过户给李某某，在当地工商主管部门进行股权变更登记、股东登记，并将李某某变更为公司的法定代表人。

后各方就该两份协议的效力和履行情况发生争议，蓝德公司向一审法院提起如下诉讼请求：（1）解除《5.4增资协议》，并确认《6.8增资协议》无效，若有效，要求解除。（2）华帝公司返还蓝德公司投资款35,262,063.39元及利息5,289,309.50元，并承担违约金352.6万元，赔偿损失769.5万元。（3）陶某某和华帝公司承担共同责任。

一审宣判后，两被告不服判决结果，并对蓝德公司及其法定代表人李某某提起上诉。上诉人认为，一审法院对两份协议的事实认定和判决结果均有错误，请求有两个：（1）撤销一审判决，依法发回重审；（2）请求二审法院

在查明案件事实的基础上予以改判,驳回蓝德公司的全部诉求。

裁判索引:

青海省高级人民法院一审并作出〔2019〕青民初9号民事判决书;最高人民法院二审并作出〔2019〕最高法民终1993号民事判决书。

主要问题:

一审法院:(1)《5.4增资协议》和《6.8增资协议》是否成立,是否有效,应否解除?(2)华帝公司和陶某某是否应向蓝德公司共同退还投资款,支付利息并承担违约金?

二审法院:(1)案涉《6.8增资协议》是否应予解除?(2)华帝公司、陶某某对蓝德公司已付投资款是否应予返还?

事实认定:

一审法院认定事实如下:

1. 关于案涉《5.4增资协议》的签订情况及内容

(1)2016年5月4日,蓝德公司作为甲方和陶某某作为乙方、施某某作为丙方签订《5.4增资协议》,约定标的公司为华帝公司,其中乙方和丙方为标的公司的现有登记股东(丙方所持股权,在本协议生效后工商增资变更登记时由乙方全额吸收并变更法定代表人)。

(2)协议第一条约定:"各方同意,标的公司的注册资本变更为8,650万元。甲方向标的公司投资人民币6,050万元,占标的公司70%的股权。乙方向标的公司增加投资人民币1万元。投资后,乙方与丙方占标的公司的注册资本合计为2,595万元,占公司30%的股权。"

(3)协议第二条约定:"甲方的投资款投入前置条件为在当地工商主管部门股权变更完毕。"

(4)协议第七条约定了违约责任,本协议的违约金为甲方出资额的10%。一旦发生违约行为,违约方应当向守约方支付违约金,并赔偿因其违约而给守约方造成的损失。

（5）协议第九条约定："本协议自各方签字、盖章后成立并生效。"《5.4增资协议》由甲方蓝德公司法定代表人李某某签字,未加盖公司印章,乙方陶某某签字按手印,丙方施某某未签字;标的公司华帝公司盖章并有法定代表人陶某某签字。

2. 关于案涉《6.8增资协议》的签订情况及内容

（6）2016年6月8日,李某某作为甲方和陶某某作为乙方,华帝公司作为标的公司签订《6.8增资协议》。

（7）协议第一条1.1款中约定："本协议签订后标的公司将1,766.25万元股权过户给甲方,甲方暂不支付该股权转让款。完成过户后乙方持有的标的公司827.75万元股权,标的公司按此持股比例在当地工商主管部门进行股权变更登记、股东登记,并将甲方变更为标的公司的法定代表人,同时办理变更标的公司其他各项资质证照"。1.2款约定："各方增资后,甲方实际出资额为6,055万元,占变更后总注册资本的70%,乙方实际出资额为2,595万元,占变更后总注册资本的30%,标的公司总注册资本变更为8,650万元,标的公司按此持股比例在当地工商主管部门再次进行股权变更登记。"

（8）协议第四条4.3款约定："自本协议生效之日起五年内甲方和乙方不得将其持有的标的公司的股权以转让或以其他任何方式退出。一旦有股东退出,退出股东的股权全部无偿划归未退方"。4.4款约定："乙方承诺标的公司如未能实现本协议第二条之2.1款和2.2款规定内容,则本协议无效,标的公司和乙方收到的甲方增资款及借款乙方必须负责足额退还,并按年利率15%计算占用期间之利息。"

（9）协议第九条9.1款约定："甲方在本协议签订前以蓝德公司名义向标的公司汇款600万元,乙方予以承认并同意计入甲方投资款内,由标的公司财务进行账务处理。"9.2款约定："本协议替代本协议签署之前就本次交易事项所达成的一切口头或书面意见。"9.3款约定："本协议自各方签字、盖章后成立并生效。"协议最后有作为甲方的李某某签字,乙方陶某某签字,标的公司华帝公司未盖章。

3. 关于协议履行过程中的其他事实情况

(10) 2016年5月21日,蓝德公司向华帝公司发送蓝德字〔2016〕23号《通知》。载明了蓝德公司派驻华帝公司参与三会一层(股东大会、董事会、监事会和高级管理层)的人选,其中股东人选为李某某等内容。

(11) 2017年8月2日,蓝德公司作为甲方与华帝公司作为乙方签订《结算对账单》。载明主要内容有:对账结算期2016年4月1日至2017年7月31日。本期甲方应收乙方款项合计35,262,063.39元。

(12) 华帝公司系注册资本2,594万元的自然人独资有限责任公司。2016年6月8日,股东由陶某某和施某某两人变更为陶某某一人。

二审法院查明的事实与一审查明的事实一致,予以确认。

法院观点:

一审法院的判决观点如下:

1.《5.4增资协议》和《6.8增资协议》是否成立,是否有效,应否解除

(1) 华帝公司股东陶某某和施某某分别作为乙方和丙方与蓝德公司作为甲方于2016年5月4日签订了《5.4增资协议》,该协议约定"自各方签字、盖章后成立并生效"。而协议签署页除了华帝公司盖章,并有华帝公司股东陶某某和蓝德公司的法定代表人李某某签名外,蓝德公司未盖章,华帝公司另一股东施某某也未签名。故该合同因缺乏合同当事人施某某的签名,不符合合同成立要件而未成立。

(2) 华帝公司经股权转让变更,陶某某成为华帝公司的一人股东,并于2016年6月8日作为乙方与蓝德公司法定代表人李某某个人作为甲方签订了《6.8增资协议》,该增资协议书内容与《5.4增资协议》内容基本一致。《6.8增资协议》还约定"本协议替代本协议签署之前就本次交易事项所达成的一切口头或书面意见(注:原文"一致"应为"意见"一词的笔误)"。因此,

应认定《5.4 增资协议》由之后的《6.8 增资协议》替代。《5.4 增资协议》不成立且合同签署主体和相关内容已被《6.8 增资协议》替代的情况下，不存在是否解除的问题。蓝德公司主张解除《5.4 增资协议》不能成立。

（3）《6.8 增资协议》4.4 款约定："乙方承诺标的公司如未能实现本协议第二条之 2.1 款和第 2.2 款规定内容，则本协议无效，标的公司收到的甲方增资款及借款乙方必须负责足额退还，并按年利率 15% 计算占用期间之利息。"该条款中虽有"无效"之表述，但协议 9.3 款明确约定协议自各方签字、盖章后生效，且合同无效与否不属于当事人意思自治的范畴，不能由当事人自行约定，因此该约定不应理解为合同效力之约定。

（4）《6.8 增资协议》2.1 款约定的内容为，"甲方的投资款投入前置条件为：按本协议书第一条第 1.1 款之相关规定，标的公司完成在当地工商主管部门股权变更、股东登记、法定代表人变更、公司各项资质证照变更等"。2.2 款约定内容为，"甲方在投资期间，乙方在 30 日内负责办理完毕采矿生产许可证件延续，取得相关有效正式文件"。而协议书第一条 1.1 款约定内容为，"各方同意……办理变更标的公司其他各项资质证照"。从以上合同内容的文义理解以及合同目的来看，上述条款的订立目的应当在于敦促乙方（陶某某）和目标公司华帝公司依照合同约定履行承诺，及时办理股权变更、股东登记、法定代表人变更，负责办理完毕采矿生产许可证件延续，取得相关有效正式文件等合同义务。因此 4.4 款的约定应理解为当事人之间所约定合同解除条件的条款。

（5）蓝德公司和李某某认为华帝公司和陶某某以便于上级检查为由，欺骗李某某以个人名义签订了《6.8 增资协议》，且根据协议约定，陶某某承诺标的公司如未能实现本协议第二条之 2.1 款和 2.2 款规定内容，则协议无效的内容，《6.8 增资协议》应为无效的主张，并不能提供证据证明，不能成立。

（6）《6.8 增资协议》应为合法有效，但由于至今标的公司华帝公司仍为陶某某一人股东，陶某某和华帝公司并未按约定将股权变更至李某某名下，亦未办理公司法定代表人变更等约定事项,合同约定的解除条件成就。

(7)从合同签订至今已近两年,蓝德公司、李某某无意与华帝公司继续增资合作,陶某某与华帝公司也认为蓝德公司与李某某缺乏继续增资的能力,各方已丧失增资扩股继续合作的信赖基础,现蓝德公司与李某某主张在合同有效的情况下,要求解除合同,《6.8增资协议》应予解除。

2. 华帝公司和陶某某是否应向蓝德公司共同退还投资款,支付利息并承担违约金?

(1)依照《中华人民共和国合同法》相关规定,合同解除的法律效果是使合同关系归于消灭,解除合同的后果,违约方的责任承担方式也不表现为支付违约金。依前所述,《5.4增资协议》未成立未生效,因此,蓝德公司依据该协议要求华帝公司和陶某某支付违约金的主张,不能支持。

(2)关于《6.8增资协议》的合同主体和履行主体的问题。《6.8增资协议》虽系李某某以个人名义与陶某某签订,但蓝德公司和李某某均认可系由李某某代蓝德公司持股,且蓝德公司向华帝公司发出的"蓝德字〔2016〕23号《通知》"内容也显示李某某系受蓝德公司指派持股,蓝德公司作为甲方和华帝公司作为乙方签订的《结算对账单》也载明有"甲方应收乙方款项从2016年4月1日截至2017年7月31日,共计为35,262,063.39元"的内容,说明华帝公司认可蓝德公司的投资主体身份,并依据本案增资转入华帝公司的资金均来源于蓝德公司的事实,应予确认本案李某某拟代蓝德公司持股的事实成立。《6.8增资协议》的合同主体和履行主体实际应为蓝德公司,合同后果应由蓝德公司承担。华帝公司作为增资协议的标的公司,接受了蓝德公司的增资,在协议解除后,应向蓝德公司退还增资款并支付利息。

(3)《6.8增资协议》除了增资扩股内容外,还包括股权转让内容,也即陶某某作为股权转让的合同相对方,亦承担合同权利和义务。根据《中华人民共和国合同法》第五十七条,合同无效、被撤销或者终止的,不影响合同中独立存在的有关解决争议方法条款的效力规定,陶某某作为协议签署的乙方,亦是协议约定的股权转让当事人,应依约承担共同返还投资款并支付利息的责任。华帝公司和陶某某认为原告以及第三人的投资款是针对目标公司,不是陶某某个人,陶某某不具备主体资格的抗辩意见与事实不符,不能成立。

3. 蓝德公司主张华帝公司和陶某某共同赔偿其他损失769.5万元是否成立的问题。

(1) 该款项系李某某向案外人王某借款3,000万元产生的利息,蓝德公司和李某某认为该3,000万元投入了对华帝公司的增资,华帝公司和陶某某应承担该款的利息损失。但蓝德公司和李某某在庭审中,除认为该3,000万元包括在对账结算的35,262,063.39元数额中外,并不能提供其他证据证明该借得的3,000万元款项投入了华帝公司。

(2) 即便依蓝德公司和李某某所述,该款已包括在35,262,063.39元中,因一审法院已认定华帝公司和陶某某对35,262,063.39元负有返还并支付利息的责任,蓝德公司再对其中3,000万元主张利息损失,构成重复主张,不应再予支持。

综上所述,一审法院判决结果如下:

1. 解除李某某和陶某某、华帝公司《6.8增资协议》。

2. 华帝公司和陶某某于本判决生效后30日内共同返还蓝德公司投资款35,262,063.39元,并自2017年7月31日起至实际偿清时止,按年利率15%支付利息。

3. 驳回蓝德公司其他诉讼请求。

二审法院的判决观点如下:

1. 案涉《6.8增资协议》是否应予解除

(1)《6.8增资协议》系当事人真实意思表示,内容上并不违反法律、法规的禁止性规定,一审判决认定《6.8增资协议》有效,并无不当。

(2) 关于《6.8增资协议》的履行主体问题。虽然该协议是由李某某和陶某某签订,但蓝德公司和李某某均认可系由李某某代蓝德公司持股,而且从蓝德公司向华帝公司发出的"蓝德字〔2016〕23号《通知》"内容看,也证明李某某系受蓝德公司的指派持股。特别是在2017年8月2日蓝德公司作为甲方和华帝公司作为乙方签订《结算对账单》时也明确载明"甲方应收乙方款项从2016年4月1日截至2017年7月31日,共计为35,262,063.39元"的内容,进一步证明华帝公司、陶某某对李某某代持股的事实是知晓的,华帝公司、陶某某认可蓝德公司的投资主体身份。故一审判决确认《6.8增资协议》的履行主体为蓝德公司依据充分。

(3) 关于《6.8增资协议》是否应予解除问题。从《6.8增资协议》第4.4款约定的内容看,"乙方承诺标的公司如未能实现本协议第二条之2.1款和第2.2款规定内容,则本协议无效,标的公司和乙方收到的甲方增资款及借款乙方必须负责足额退还,并按年利率15%计算占用期间之利息",该条款是双方对合同解除条件的约定。本案中,由于华帝公司的股东仍为陶某某一人、至今未完成股权变更登记、股东登记等,未能实现《6.8增资协议》第二条之2.1款规定的情形,且双方均认可目前矿山由华帝公司的债权人控制、蓝德公司无法参与经营,故蓝德公司起诉解除《6.8增资协议》,有事实和法律依据。一审判决解除《6.8增资协议》,并无不当。

2. 华帝公司、陶某某对蓝德公司已付投资款是否应予返还

(1) 根据《中华人民共和国合同法》第九十七条的规定,"合同解除后,已经履行的,当事人可以请求恢复原状、采取其他补救措施,并有权要求赔偿损失"。双方在《6.8增资协议》第4.4款中约定了合同解除后,标的公司(华帝公司)和乙方(陶某某)收到的甲方(李某某)增资款及借款,乙方必须负责足额退还,并按年利率15%计算占用期间之利息。

(2) 根据蓝德公司(甲方)和华帝公司(乙方)2016年4月1日至2017年7月31日的结算对账单看,双方认可甲方应收乙方累计欠款共35,262,063.39元。故根据《中华人民共和国合同法》第五十七条规定,"合同无效、被撤销

或者终止的,不影响合同中独立存在的有关解决争议方法的条款的效力",一审判决华帝公司、陶某某共同返还蓝德公司投资款35,262,063.39元,并按年利率15%支付利息,有事实和法律依据。

综上,一审判决认定事实清楚,适用法律正确,应予维持。故二审法院判决如下:驳回上诉,维持原判。

上海富电科技有限公司与西北工业集团有限公司等公司增资纠纷案

案件要点：

1.增资协议书解除并不当然发生股东退出、公司资本变更、股东出资返还的效果，投资方因协议解除而要求返还出资，从本质上说，系基于其股东身份的退出，应受《公司法》特别规定的规制。

2.投资方经目标公司工商变更登记后取得股东资格，且投资款已成为公司资产，取回投资款实质上等于抽回出资，有悖于资本维持原则。

诉讼背景：

物华公司（目标公司）及其股东（原告北方能源公司、西北工业公司、第三人10名自然人股东）与被告上海富电公司（投资方）签订增资协议书，约定被告通过直接增资方式对目标公司进行增资，8,400万元增资款分3次到位。本次增资完成后，被告成为目标公司控股股东及实际控制人，持有目标公司66.667％的股权，而被告仅按约支付了第一期增资款和第二期部分增资款，合计3,250万元，至今未支付完其余增资款，故原告提起本案诉讼。

一审审理过程中，被告提起反诉：(1)请求确认增资协议书解除；(2)原告及10名自然人第三人连带返还被告增资款本金3,400万元或赔偿等额损失，并连带赔偿被告资金占用损失。而原告也对其诉讼请求进行了变更，最终确定为请求判决被告支付违约金（计算至2018年4月20日止为690.15万元；2018年4月21日之后，以5,150万元为基数，算至判决生效日止，按照日5‰计算）。

一审宣判后，被告对判决结果不服，称一审法院对违约行为的认定是错误的,并认为判决违约金数额过高,遂提起上诉:请求改判驳回原审原告的全部本诉请求,支持上诉人的反诉请求。

裁判索引:

上海市松江区人民法院一审并作出〔2018〕沪 0117 民初 15120 号民事判决书;上海市第一中级人民法院二审并作出〔2019〕沪 01 民终 11265 号民事判决书。

主要问题:

一审法院:(1)系争增资协议书是否已解除?(2)如果增资协议书解除,上海富电公司已付增资款应否返还、返还主体如何确定?(3)上海富电公司逾期支付增资款是否构成违约,违约责任如何承担?

二审法院:(1)上诉人是否构成违约,其关于已方系行使不安抗辩权和先履行抗辩权的理由能否成立?(2)增资协议书解除后,在上诉人出资已经完成认缴及工商变更登记的情况下,能否主张由合同相对方返还已实际缴付的出资款,并承担连带赔偿责任?

事实认定:

一审法院认定事实如下:

(1) 2017 年 5 月 9 日,上海富电公司(投资方,甲方)与北方能源公司(乙方,目标公司原股东)、西北工业公司(丙方,目标公司原股东)、10 名自然人第三人(丁方,目标公司原自然人股东)、物华公司(目标公司)签订增资协议书,载明:甲方通过直接增资方式对目标公司进行增资,本次增资完成后,甲方成为目标公司控股股东及实际控制人,持有目标公司 66.667% 的股权,各方依据法律就增资事宜达成协议。

(2)"一、增资具体方案。各方确认,……各方同意甲方以 8,400 万元对目标公司增资,乙、丙、丁方放弃本次新增资本优先认缴权;甲方 8,400 万元增资款分 3 次到位,第一笔 2,520 万元在本协议签署生效后 3 个工作日支付,第二笔 2,940 万元由甲方在 2017 年 5 月 31 日前支付,第三笔 2,940 万元在 2017 年 9 月 29 日前支付；甲方第二笔和第三笔增资款需按银行同期贷款利率向目标公司支付延期付款利息，支付期限为首笔增资款支付之日起到第二、三笔款约定的支付时间为止……"

（3）"八、协议的解除。任何一方未按本协议约定履行义务、承诺、保证的，逾期超过 30 日或经另一方催告后仍未完成的，守约方可以解除本协议并要求违约方赔偿损失；因本条约定导致协议解除的，本协议自解除方发出的解除通知送达被通知方之日起解除。"

（4）"九、违约责任。因任何一方违反本协议导致协议无法履行的，守约方有权解除本协议并要求违约方赔偿损失；由于甲方原因未能按约支付增资款的，每逾期一日，应共计按逾期支付金额的日 5‰ 支付乙、丙方违约金。"

（5）"十二、附则。为方便办理工商变更登记，各方同意签署工商备案认可格式的增资协议以办理增资变更手续，但不影响本协议项下各方权利义务，如备案协议与本协议有冲突，以本协议为准。"

（6）2017 年 5 月 8 日，上海富电公司支付北京××有限公司保证金 2,520 万元，同年 5 月 22 日，北京××有限公司将该款 2,520 万元作为上海富电公司增资转账支付物华公司；同年 8 月 15 日，上海富电公司支付物华公司增资款 550 万元；同年 11 月 16 日，上海富电公司支付物华公司增资款 180 万元。

（7）2017 年 5 月 9 日，物华公司作出董事会决议，选举庞某 1 为公司董事长，出任法定代表人，李某担任总经理。同日，上海富电公司与北方能源公司、西北工业公司及 10 名自然人第三人重新作出物华公司章程，载明：公司注册资本 12,600 万元，股东 13 个，分别为上海富电公司（2017 年 5 月 9 日货币出资 2,520 万元，2017 年 5 月 31 日货币出资 2,940 万元，2017 年 9 月 29 日货币出资 2,940 万元）出资比例 66.667%，北方能源公司、西北工业公司及 10 名自然人第三人已于 2008 年 12 月 31 日以货币或设备等出资，合计出资比例 33.333%；自然人股东转让股权由上海富电公司优先收购；上海富电公司按实缴出资比例分取红利;股东在公司办理注册登记后,不得抽逃出资。

(8) 2017 年 5 月 17 日,物华公司完成公司变更登记,法定代表人变更为庞某 1,公司注册资本变更为 12,600 万元,上海富电公司登记为物华公司股东,享有 66.667％股权。

(9) 2017 年 6 月 16 日,物华公司以公司文件形式作出通知,称公司财务总监由股东上海富电公司委派的庞某 2 担任,各部门报销付款审批流程中财务负责人由曹某副总转交庞某 2 总监。

(10) 2017 年 11 月 12 日,庞某 1、庞某 2 在物华公司董事会决议表决票上签字,同意物华公司向兵工财务有限公司申请 2,500 万元流动资金贷款并由股东按股权比例提供反担保等议案。

(11) 2017 年,物华公司多位工作人员通过电子邮件向庞某 1 请示或报告公司有关经营管理事务,庞某 1 也通过邮件作出过工作指示。

(12) 2018 年 8 月 8 日,庞某 1 在物华公司关于聘请李某为公司代理总经理的董事会决议上签字。后李某、朱某等向西安市高陵区人民法院起诉物华公司,要求确认该董事会决议无效,该院经审理,于 2018 年 12 月 24 日判决物华公司于 2018 年 8 月 8 日形成的董事会决议无效,判决现已生效。

(13) 2018 年 1 月 25 日,北方能源公司、西北工业公司、10 名自然人第三人及物华公司共同委托律师向上海富电公司发出律师函,称各方签订增资协议书,因上海富电公司违约,经多次催告,第二、三笔增资款仍未能按约如期足额到位,故通知解除该协议。上海富电公司于 2018 年 1 月 26 日收到该律师函。

二审法院经审理查明,一审法院认定的事实无误,并补充查明事实如下:

(1) 2018 年 1 月 2 日,物华公司向上海富电公司、西北工业公司、北方能源公司、董事长及董事会成员提交《关于公司运营状况的特急报告》,其中述及:"目前,因控股股东上海富电科技有限公司未按照约定节点履行增资义务,参股股东西北工业集团、特种能源集团从公司抽取流动资金贷款,以及欠缺股东其他资源支持等原因的影响,公司资金状况不但未按照预期改善,而且还减少了自身流动资金1,000万元,资金状况的恶化严重打乱了2017年运营计划的执行节奏,从而导致物华公司在原有资金匮乏的基础上无法进行资金调整及正常经营。"

(2) 2018年1月19日,西北工业公司、北方能源公司分别向物华公司发函,均表示:鉴于上海富电公司未按照增资协议书的约定履行增资义务,且明确表示不再履行协议并提出退出物华公司股东序列,目前各股东方正在商议上海富电公司退出问题。为保证公司正常经营,维护股东利益,过渡期内任何资金往来须同时经各方股东同意后方可办理。

法院观点:

一审法院的判决观点如下:

1. 系争增资协议书于2018年1月26日解除,理由如下:

(1) 合同解除包括合意解除、约定解除与法定解除,解除权是形成权,以通知的方式行使,享有解除权一方解除通知到达相对方即解除合同。系争增资协议书第八条解除条款约定了协议守约方的合同解除权。2018年1月25日,北方能源公司、西北工业公司及10名自然人第三人委托律师以律师函形式向上海富电公司发出解除协议书的通知,上海富电公司于次日收到该律师函。北方能源公司、西北工业公司系行使合同约定解除权,系争增资协议书解除与否关键在于北方能源公司、西北工业公司发出解除通知时是否享有解除权。

(2) 按增资协议书的约定,上海富电公司分三期缴纳增资款8,400万元,而上海富电公司仅按约支付了第一期增资款和第二期部分增资款合计3,250万元,至今未支付完其余增资款,显然超出约定的付款时间,故北方能源公司、西北工业公司依约享有合同解除权。解除通知于2018年1月26

日到达上海富电公司时,增资协议书即解除,一审法院对此予以确认。

(3) 对于被告确认解除增资协议书的反诉请求,原告称被告收到解除通知后委派人庞某1继续行使总经理权利,系其在继续履行合同,故被告无权要求解除增资协议书。法院认为,享有解除权一方作出解除通知到达相对方时,合同即解除,合同解除是不可逆的……即便庞某1继续在履职属实,也应是物华公司依公司董事会决议选任庞某1为总经理而赋予其的职权,并不当然理解为上海富电公司在继续履行增资协议。另原告在最初起诉之时,诉讼请求明确包含确认增资协议书解除,后上海富电公司予以确认,增资协议书亦合意解除,北方能源公司、西北工业公司再否认增资协议书已解除,系为反言,有违诚信。

(4) 被告答辩中称其逾期付款系行使不安抗辩权和先履行抗辩权,因原告未按约移交物华公司财务控制权和经营权,其只是名义股东。法院认为,系争增资协议并未约定物华公司财务控制权和经营权的移交具体问题,公司股东对公司的控制权主要是通过股权结构影响公司权力机构股东会、决策机构董事会的表决权进而控制公司关键岗位等得以实现。

(5) 按增资协议书的约定,被告有权向物华公司派出4名董事,在7名董事组成的董事会中占绝对多数。事实上,物华公司于2017年5月9日新的公司章程中也作出与系争增资协议相同的规定,上海富电公司的合同权利已经得到物华公司的章程确认,应已实现。

(6) 上海富电公司无论在股东会、董事会还是财务人员管理上均实际取得对物华公司的控制,至于上海富电公司所称的财务控制权移交问题完全可以通过公司治理形式得以实现。上海富电公司关于行使不安抗辩权和先履行抗辩的意见不能成立。

2. 增资协议书虽解除,但未解除上海富电公司作为物华公司的股东资格,上海富电公司无权要求返还或赔偿增资款。

(1) 依据我国《合同法》第九十七条规定,合同解除后,尚未履行的终止履行,已经履行的根据履行情况和合同性质,当事人可以要求恢复原状、采取补救措施并有权要求赔偿损失。……增资协议签订后,上海富电公司缴纳第一期增资款,物华公司完成对上海富电公司的股东登记,上海富电公司实际取得物华公司股东资格。增资协议书虽解除,上海富电公司尚未履行的缴纳增资款义务可以终止履行,不再缴纳,但上海富电公司合同解除前所缴纳增资款3,250万元已转化为物华公司资产。

(2) 我国《公司法》第三十五条规定,公司成立后,股东不得抽逃出资。根据该条公司资本维持原则的规定,作为物华公司股东的上海富电公司,在物华公司未经对上海富电公司除名及减资情况下,显然无权要求目标公司物华公司连带返还增资款,否则构成抽逃出资。

(3) 上海富电公司亦无权要求北方能源公司、西北工业公司及10名自然人第三人返还增资款,因北方能源公司、西北工业公司及10名自然人第三人并未收取上海富电公司缴纳的增资款,亦未受让上海富电公司股权。增资协议书解除不产生股权转让强制缔约的效果。

(4) 至于上海富电公司主张的要求增资协议相对方赔偿增资款本金等额损失的请求,因上海富电公司仍登记为物华公司股东,亦无证据证明其增资款产生了损失。即便上海富电公司增资款有损失,即上海富电公司所享有的物华公司股权价值严重贬损,基于上海富电公司投资后,物华公司已由上海富电公司控制,该股权价值贬损损失也应由上海富电公司自行承担。

(5) 如果物华公司其他股东有损害上海富电公司股东利益情形的,上海富电公司可通过股东直接诉讼等方式主张赔偿,而非基于增资协议书的解除要求赔偿。系争增资协议书解除依据的是《合同法》规则,而协议解除后可否恢复原状、赔偿损失等在本案中依增资协议书性质,应根据《公司法》规则确定。上海富电公司要求赔偿等额损失的主张无理,一审法院不予支持。

3. 增资协议书中约定的违约责任作为清算条款不因合同解除而失效，被告逾期缴纳增资款应承担相应违约责任。

（1）增资协议书约定，上海富电公司分三期支付增资款，未能按约支付增资款的，每逾期一日，按逾期支付金额的日5‰支付违约金。上海富电公司确实逾期支付增资款，应承担违约责任，该违约条款系合同清算条款不因协议解除而失效。

（2）在增资协议书解除之后，上海富电公司尚未缴纳的增资款不再缴纳，物华公司及北方能源公司、西北工业公司、10名自然人第三人等其他股东应通过公司减资、股东除名或引入其他投资方补缴出资等方式予以处理，在合理期间内违约金应停止计算。故一审法院确定上海富电公司逾期支付增资款违约期间自2017年6月1日起至2018年3月30日。

（3）因各方当事人就上海富电公司逾期缴纳增资款给北方能源公司、西北工业公司造成损害情况均未举证证明，而上海富电公司辩称，北方能源公司、西北工业公司主张的违约金过高，一审法院结合各方合同履行情况、违约程度、过错等因素，根据公平原则和诚实信用原则予以综合考量，并酌情确定上海富电公司应支付北方能源公司、西北工业公司违约金300万元。

据此，一审法院作出判决如下：（1）确认增资协议书于2018年1月26日解除；（2）上海富电科技有限公司于判决生效之日起10日内支付西北工业集团有限公司、北方特种能源集团有限公司违约金300万元；（3）驳回西北工业集团有限公司、北方特种能源集团有限公司其余诉讼请求；（4）驳回上海富电科技有限公司其余反诉请求。

二审法院的判决观点如下：

1. 关于上诉人是否构成违约，其关于己方系行使不安抗辩权和先履行抗辩权的理由能否成立的问题

（1）被上诉人并未违反增资协议书中的相关约定。系争增资协议书签订后，涉及目标公司原股东西北工业公司、北方能源公司及10名自然人股

东的有关合同事项,如目标公司的工商变更登记、股权比例调整、公司董事会、监事会的人员委派组成、公司财务总监的提名确认等,均已履行完成。如一审判决认定,上诉人的合同权利已经得到物华公司修改后章程的确认,应已实现。而上诉人主张行使抗辩权所针对和指向的目标公司实际经营权移交问题,在增资协议书中并无约定。

(2)根据协议约定,上诉人支付首期增资款后,下一期增资款2,940万元应于2017年5月31日前支付。现上诉人既主张行使不安抗辩权,其作为先履行合同义务的一方,应当提供确切证据证明,作为后履行一方的被上诉人在其出资之前就已发生前述法律规定的情形。但在本案中,即便上诉人认为被上诉人存在掌控公司印章、财务账簿等不当行为构成违约,也未就该事实提供充分证据……反之,在案证据表明,2017年,上诉人委派人员担任物华公司财务总监、参加物华公司董事会并作表决、日常处理物华公司经营及财务审批事务;8月15日和11月16日,上诉人还两次支付合计710万元的增资款,可见上诉人其时亦在继续行使自身权利、履行约定义务,合同履行尚未出现重大的风险和瑕疵。

(3)上诉人关于移交控制、经营权的主张,属于公司内部治理范畴。2017年5月17日,物华公司完成工商变更登记,根据调整后的股权比例、股东会、董事会的人员结构,以及董事长、法定代表人、财务总监等公司高级管理人员的委任,上诉人已实际取得对物华公司决策、管理上的控制权。即使上诉人认为物华公司内部存在运作不畅、实施不力、新老股东之间不协调、不配合的问题,其亦可通过公司治理、正当行使法律及公司章程赋予的权利,实现对物华公司的规范管理和有效控制。现上诉人称其虽已登记为大股东,却依然无法实际行使权利,对此本院难以认同。

(4)综上所述,上诉人关于其逾期支付增资款的抗辩理由依据不足,应当承担相应的违约责任。依据合同约定,被上诉人有权行使合同解除权。但本院也注意到,本案二审期间,被上诉人西北工业公司表示,就上诉人的出资期限,其当时同意延迟到2017年底;而从物华公司提交上诉人与被上诉人三方股东及董事会的《特急报告》中,亦反映出目标公司的运营状况受到影响,对此三方股东均有各自的原因。综合考虑本案的合同履行情况、上诉人逾期出资的过错程度、违约的实际损失等具体因素,本院酌情对上诉人承担的违约金数额调整为100万元。

2. 关于增资协议书解除的法律后果,包括增资款的返还及赔偿问题

(1) 系争增资协议书系各方当事人真实意思表示,并不违反法律、行政法规的强制性规定,对其合同效力应予认可。首先,该协议中,各方当事人约定了合同解除条件,依据《合同法》第九十三条、第九十四条的相关规定,该增资协议书可予解除。其次,《合同法》第九十七条规定:"合同解除后,尚未履行的,终止履行,已经履行的,根据履行情况和合同性质,当事人可以要求恢复原状、采取其他补救措施,并有权要求赔偿损失。"因此,本案中上诉人虽主张恢复原状、返还钱款,但仍须基于系争合同的性质、钱款的性质,依照法律的具体规定处理解除后果。

(2) 从增资协议书的约定来看,上诉人投入的3,250万元是其作为目标公司新股东所需缴纳的出资,并非对被上诉人西北工业公司、北方能源公司享有的普通债权。在经过公司章程修改及工商变更登记后,其股东身份、认缴数额、股权比例及公司注册资本均已对外公示,该3,250万元转化为公司资本性质,已形成公司资产。

(3) 上诉人因增资协议书解除而要求返还出资,从本质上说,系基于其股东身份的退出。但正如上述认缴、出资、登记等均需由各方当事人按照《公司法》关于公司增资的程序完成,股东退出公司,包括采取何种退出方式、资本、股权的处分等,亦应当适用《公司法》作为特别法的相关规定。……现本案各方当事人虽均确认协议解除,但未予明确上诉人退出的具体方式,如通过股权转让、股权回购、公司减资、公司解散等,更未经相应的法定程序,上诉人仅就返还出资一节单独提出主张,不符合《公司法》的规定,本院不予

支持。

（4）上诉人要求将其出资直接返还以"恢复原状"，实质上等同于股东未经法定程序任意抽回出资，将造成公司资产的不当减少，显然有违公司资本的确定、维持和不变原则，直接影响公司的经营能力和债权人利益保护。

（5）关于上诉人诉请返还、赔偿的责任主体，上诉人提出根据增资协议书应由合同相对方承担，并主张适用《合同法》关于违约责任的相关条款。对此本院认为，如前所述，系争增资协议书虽然受到合同相对性的约束，但该协议的解除并不当然发生股东退出、公司资本变更、股东出资返还的效果，此应属于《公司法》适用规制的范畴。

（6）3,250万元系上诉人缴付的增资款，与上诉人在目标公司的股东地位和占股比例直接对应，上诉人与被上诉人西北工业公司、北方能源公司同为物华公司股东，相互间并不存在给付、占用、返还增资款的权利义务和债权债务关系，而10名自然人作为小股东、物华公司作为目标公司，上诉人向其主张所谓连带还款责任，亦没有任何法律依据。至于上诉人同时主张相当于增资款的等额损失，对此一审判决已作充分阐释，本院予以认同，不再赘述。

综上所述，上诉人的上诉请求部分成立。二审法院作出判决如下：

（1）维持上海市松江区人民法院〔2018〕沪0117民初15120号民事判决第一、三、四项。

（2）变更上海市松江区人民法院〔2018〕沪0117民初15120号民事判决第二项为：上海富电科技有限公司于本判决生效之日起10日内支付西北工业集团有限公司、北方特种能源集团有限公司违约金100万元。

三、承诺与保证

(一) 条款设置目的及重要性

笔者在"股东资格"部分中提出了一种思路,即将投资协议作为类似于以"股权"为标的的买卖合同来考虑:对于投资人而言,签订投资协议的直接目的即为通过支付对价,买受符合约定"质量"的股权。

虽然如此,创业投资中的投资协议与传统意义上的买卖合同还是存在诸多不同。如在合同标的方面,相较于质量易于界定的有型货物,股权作为一种人为创设的、概念上的"物",代表了股东对公司享有的人身和财产权益的份额,其"质量"受目标公司经营现状及发展前景、外部市场状况等复杂因素的影响;在交付后义务方面,相较于交付时即完成所有权与风险转移、主要通过"质保期""保修期"等约定持续保障买方利益的买卖合同,投资协议在股权交割[①]完成后,创始股东往往并不退出,而是继续控制目标公司,故投资人投资目的之实现离不开目标公司、创始股东的配合;而在合同目的方面,买卖合同的目的往往自买受人取得标的物所有权时便已基本实现,而对于投资协议,则如笔者在"先决条件"部分所提到的,投资人以溢价投资入股,其最终目的在于目标公司股权增值后,通过各种方式退出以获取差额利益,而并非止步于"取得"标的股权。

基于前述种种,投资协议相较于传统的买卖合同,需要对目标公司以及创始股东这些相关方课以更加复杂的义务;同时出于对各方的共同利益考

[①] 如本书"股东资格"部分所述,"股权交割"一词在商业惯例中的含义,主要指一种将股权拟制为"物"前提下的交付行为。

虑,有时也需要对于投资人附加一定的特别义务。在较为标准的投资交易文件中,出于对各方权益的维护,这些义务应贯穿投资始终;从表现形式上来看,则往往表现为投资协议中的"承诺与保证条款"。

(二) 条款常见内容及注意要点

1. 投资协议中常见的条款体例

如前所述,投资协议中的"承诺与保证条款"指的通常是贯穿投资始终的一系列义务条款。笔者结合实务经验及业内常用的投资协议模板,将相关条款内容整理如下。本部分所述仅包含较为常见的条款内容,实务中各方会结合特定的交易背景等情况对相关条款进行增减、修订。

(1) 合同签署时、股权交割时目标公司及创始股东的承诺与保证

为了保障标的股权"质量"及合同目的实现,投资人需要确保在合同签订时、支付投资款时、股权交割时等多个环节,目标公司、标的股权的状态均符合己方的预期。为此,在"先决条件"之外,还需要目标公司及创始股东对其他相关事项作出承诺与保证。

如关于投资协议签署的效力,目标公司及创始股东通常需要承诺并保证:

具有签署协议的民事主体资格及民事行为能力、签字人具有效授权。

关于股权交割的效力,目标公司及创始股东通常需要承诺并保证:

涉及股权转让的,转让方为标的股权的实际出资人,有权对标的股权进行处分;标的股权并无出质、冻结等权利瑕疵;涉及增资的,已经过公司内部有权机关决议;公司限期出具股东名册、完成工商登记。

关于目标公司的经营情况,目标公司及创始股东通常需要承诺并保证:

信息披露真实、完整、有效;具备经营相关业务所需资质;注册资本实缴到位;股权结构清晰、稳定;财务状况、重大债权债务与披露情况一致;资产权属清晰、稳定;无重大劳动纠纷,或已解决;无关联交易,或具

备合理性;目标公司创始股东及核心人员不存在同业竞争情况,并已签订服务期、保密、竞业协议;合规经营,业务稳定,不存在重大行政处罚等情况;无重大诉讼、仲裁,或已如实披露。

(2)"过渡期"中目标公司及创始股东的承诺与保证

投资协议中的"过渡期"可由各方自行定义,但比较常见的是将从"合同签署日"到"股权交割日"的期间定义为"过渡期"。此时投资协议已生效,而投资人尚未取得股东资格。基于对"股权交割日"的不同定义,投资款在过渡期内可能已支付,也可能尚未支付。

过渡期内,目标公司及创始股东的义务主要是维持目标公司的经营现状,且不损害投资人的实际利益及期待利益,以使得目标公司及标的股权在交割时能保持如同合同签订时的状态。视情况而定,部分投资人还会要求目标公司及创始股东不得在过渡期内接洽其他投资人,或与其签订交易文件。基于该等目的,目标公司及创始股东通常需要承诺并保证:

> 目标公司正常运作;不分红;不进行资本公积转增股本、不新增注册资本;不改变股权结构;不提前偿还债务;不对外担保;重大事项及时通知投资人;不在标的股权上设置权利限制;不摊薄投资人(预计)持股比例;不接洽其他投资人。

(3)股权交割后目标公司及创始股东的承诺与保证

股权交割后,投资人正式成为目标公司的在册股东,投资人"取得股权"的直接目的已经实现。然而正如前文所述,取得股权并非投资人的最终目的。为了实现投资获利,投资人需要目标公司及创始股东尽到必要的注意义务,勤勉、尽责经营公司业务,并继续解决在股权交割时尚存的问题。基于该等目的,目标公司及创始股东通常需要承诺并保证:

> 限期解决相关问题(如资金占用、对外借款、税款欠缴、资质欠缺等);将投资款用于约定用途;执行员工股权激励计划;完善公司内控制度;合规经营,保持业务稳定发展;相关主体遵守服务期及竞业约定。

(4) 投资人的承诺与保证

在投资协议中,投资人的主要义务是"支付投资款",故若涉及"投资人的承诺与保证",通常主要围绕签署资格、授权情况、款项来源合法性等一般事项进行约定。但在部分投资协议中,也会对其他事项要求投资人作出承诺,如:

> 尽力协助目标公司如期上市;配合目标公司进行以上市为目的的核查;自身不属于公务员及限制投资的主体,且投资人各级主体符合上市企业股东要求,不对目标公司未来的上市存在实质性障碍。

(5) 小结

在投资协议条款设置上,"承诺与保证"条款通常与违约责任、合同解除、对赌等条款相联系,故对于承担义务的一方,有必要评估相关条款的必要性与合理性。如对于融资方(目标公司/创始股东),要尽量避免接受过于宽泛的表述(如"令投资方满意""不存在任何"等词汇)或确定难以达成的条件。如有可能,对此类条款应争取删除,或增添限定用语。

而对于投资人,要谨慎承担非典型的合同义务,以免对于己方权利的行使造成潜在的妨碍。如在笔者参与的某项目《投资协议》中,约定了投资人承诺"应调动最大资源,积极有效地为公司上市进行协调、协助工作"的条款。鉴于该协议中投资人针对目标公司的上市时间与创始股东进行了"对赌",如届时目标公司未如期上市,该条款就极有可能成为创始股东减免己方义务的有力依据,故笔者提示投资人,应争取删除该条款。

2. 重要条款:服务期与竞业条款

"服务期与竞业"是承诺与保证条款项下的重要子条款,有时也会作为单独的"服务期与竞业条款"列出。鉴于其相关问题较为复杂,实务中认识不一,笔者认为有必要展开论述。

服务期与竞业条款的设置目的在于:基于"投资就是投人"的理念,专业的投资机构通常需要在投资协议中为目标公司创始团队、核心人员等约定一定期限的"服务期",以免目标公司因重要人员在投资期内离职而失去核心竞争力及持续经营能力;为相关人员约定"竞业义务",要求其在职期间及离职后的一段时间内不应经营与目标公司有竞争关系的业务,以免相关主体将从目标公司获得的资源对外输送,使得投资功亏一篑。将前述两种约定相结合,就是服务期与竞业条款。服务期与竞业条款与目标公司对于创始团队、核心人员的股权激励一同,分别从正、反两方面促进人才的长期留存。如下述范例:

>　　某某应将其全部工作时间及主要精力完全投入公司的经营,尽其最大努力促进公司的发展并为公司谋利,且某某承诺自本协议签署日起在公司全职工作直至服务期届满。除非投资方另行同意任何替代安排,服务期自本协议签署日直至公司合格首次公开发行后两(2)年届满("服务期")。

>　　在某某持有公司股权期间和不再直接/间接持有公司任何权益之日起的两(2)年内,某某应严格遵守《中华人民共和国公司法》、交易文件及其他协议中规定的竞业义务等相关规定,不能单独或与他人共同、直接或间接从事任何与公司所从事的主营业务同类的、相似的或处于竞争关系的业务(竞争性业务),亦不得直接或间接地在任何以竞争性业务为主营业务的主体中持有任何权益,或向其提供任何顾问或咨询服务,或在其中任职、兼职,或从事其他有损于公司利益的行为。

"服务期与竞业条款"相关问题复杂性的根源在于:其涉及目标公司、投资人、创始团队、核心人员等多方主体间的多重法律关系,同时受《公司法》《劳动合同法》《劳动法》《民法典》等法律的规制。笔者将在下文就相关重要问题展开论述。

(1)"服务期"的本质及执行问题

创业投资语境下的"服务期"约定不同于《劳动合同法》层面(以用人单位提供专业技术培训为前提)的服务期,亦不同于员工股权激励中(以授予、保留激励股权为前提)的服务期,①而通常指针对投资协议主体(创始股东/核心人员),要求其在一定时期内在目标公司全职工作的条款,其服务期义务的相对方为投资人/目标公司。从投资目的考虑,如投资人顺利退出(目标公司成功上市,或以较高价格被第三方收购等)前,创始股东/核心人员即退出公司,公司业务发展将会受到一定程度的影响,从而导致投资人利益受损。故投资人很有必要通过约定对赌、合同解除或违约金条款,要求创始股东或目标公司届时支付金钱,以弥补投资人因此遭受的损失。

故而,司法实务中裁判机构对于"创始股东/核心人员违反服务期义务是足以导致合同目的无法实现的根本违约行为"这个观点的认同程度,就会影响到"服务期"及其配套条款的实际效果。基于平等民事主体通过签订协议对各自权益的处分,笔者倾向于认为相关约定可以在司法层面达到其目的,但这要建立在《投资协议》中对于交易背景、交易目的交代清楚的基础上。②

(2)"竞业义务"的本质及执行问题

在现行法律法规中,主要存在两类明确规定的"竞业义务":其一为《劳动合同法》第二十三条③所规定的基于劳动合同关系的"竞业限制义务";其二为《公司法》第一百四十八条所规定的基于公司董事、高级管理人员身份④的"竞业禁止义务"。而除此以外,从理论上而言,投资协议的各方、股权激励的各方也完全可以根据民法上的"意思自治原则",约定基于合同关系的

---

① 如投资人需要采取前述两种方式对于非《投资协议》缔约主体的目标公司重要员工进行"服务期"约束,则可采取在交易文件中,对目标公司对其员工采取的劳动合同、股权激励协议之必备条款进行约定的方式,为此则需遵守《劳动合同法》等相关法律法规的约束。本书中不再就此展开论述。

② 相关反例(法院不支持因违反服务期而解除合同、退还投资款)可参考后文将介绍的〔2020〕粤01民终5591号案件中的法院观点。

③ 《劳动合同法》第二十三条规定:"用人单位与劳动者可以在劳动合同中约定保守用人单位的商业秘密和与知识产权相关的保密事项。对负有保密义务的劳动者,用人单位可以在劳动合同或者保密协议中与劳动者约定竞业限制条款,并约定在解除或者终止劳动合同后,在竞业限制期限内按月给予劳动者经济补偿。劳动者违反竞业限制约定的,应当按照约定向用人单位支付违约金。"

④ 根据相关案例体现的司法观点,通常认为此处所讲的董事、高管与公司间成立委托关系与劳动合同关系的竞合。

"竞业义务"。将投资协议中的竞业条款解释为前述三种中的哪一种或哪几种义务的竞合,将很大程度上影响其执行的方式及效果。

① 基于劳动关系的竞业义务

《劳动合同法》《最高人民法院关于审理劳动争议案件适用法律问题的解释(一)》等法律法规、司法解释与各省市地方性法规[①]一起,构成了中国法下的劳动者竞业义务(简称劳动者竞业)制度。在创业投资实践中,不论是投资人还是目标公司,均需关注单独使用劳动者竞业的局限性。这是因为在劳动合同关系中,公司与劳动者处于管理与被管理的"不平等"地位,故为了平衡这种地位上的不平等,立法层面规定了劳动纠纷的仲裁前置程序,并对劳动者竞业的实施进行了比较严格的规制,这可能导致相关主体在劳动者违反竞业义务后较难获得足够的救济。为了便于对相关问题展开论述,现对劳动者竞业相关规定进行简要介绍(见表1)。

表1 劳动者竞业相关规定

事项	具体规定	法律法规依据
定义	对负有保密义务的劳动者,用人单位可以在劳动合同或者保密协议中与劳动者约定竞业限制条款,并约定在解除或者终止劳动合同后,在竞业限制期限内按月给予劳动者经济补偿	《劳动合同法》第二十三条
竞业主体	限于单位的高级管理人员、高级技术人员和其他负有保密义务的人员	《劳动合同法》第二十四条
竞业期限	不得超过离职后两年	《劳动合同法》第二十四条
补偿款	原则上离职后按月支付;不低于离职前12个月平均工资的30%	《最高人民法院关于审理劳动争议案件适用法律问题的解释(一)》第三十六条

---

① 劳动法实务的特点之一在于,各地出台适用于当地的地方法规等规定。该等规定有时会与全国性规定存在不同。在当地的劳动争议中,地方规定及当地裁判机构司法观点往往成为劳动仲裁机构、司法机构裁判的重要依据。

续　表

事　项	具　体　规　定	法律法规依据
竞业义务的解除	离职后,因用人单位的原因导致三个月未支付经济补偿,劳动者可单方解除竞业义务;离职后,用人单位可随时解除竞业义务,但需额外支付三个月的竞业限制经济补偿	《最高人民法院关于审理劳动争议案件适用法律问题的解释(一)》第三十八、三十九条
违约责任	支付违约金,继续履行竞业义务;违约金数额无明确规定①	《最高人民法院关于审理劳动争议案件适用法律问题的解释(一)》第四十条

基于表1并结合笔者所办理的相关劳动争议案件来看,采取劳动者竞业方式给目标公司、投资人带来的风险主要在于:第一,相关规定在文义上只规制劳动者离职后的竞业行为,如对于劳动者在职期间的竞业行为主张相关责任,将存在较大的不确定性②;第二,用人单位需要支付一定数额的竞业限制补偿金才得以要求劳动者履行竞业义务,且该补偿金数额会严重

---

① 在2006年发布的《劳动合同法(草案)》中曾规定,竞业限制违约金应以"用人单位向劳动者支付的竞业限制经济补偿的3倍"为限。在后续的正式实施版本中,该规定被删除,且并未出现在相关司法解释中。但在司法实践中,仍可结合劳动者岗位职责、主观恶性、工资情况、公司实际损失等因素,参考该"3倍"的基数认定竞业限制违约金的合理性。

② 约定在职期间竞业义务带来的不确定性存在一定的地域特征,如苏州市中院〔2020〕苏05民终6596号案件中,法院的思路在于论证"法不禁止在职期间竞业义务",且在职期间违反竞业义务相较离职后违反,主观恶性更重,"举轻以明重",从而认同了违反在职期间竞业义务及支付违约金的主张;然而,在上海市一中院〔2017〕沪01民终10050号等案件中,法院则认为在职期间竞业义务约定违约金,违反了《劳动合同法》规定,相关合同条款无效,故不支持在职期间竞业义务的效力。

按笔者个人观点,在职期间"竞业义务"与劳动法体系下的"竞业限制义务"为完全不同的义务,因其设置目的不同:在"全职劳动"的前提下,在职竞业属于劳动者遵守劳动纪律、服从目标公司管理之范畴,离职后竞业限制义务则为公司基于商业目的,通过支付金钱为对价,换取劳动者同意在一定限度内放弃其择业自由的意思表示。因两者性质不同,故也不存在所谓"举轻以明重"。约定在职期间竞业义务并不违反法律强制性规定,应属有效,为在职期间"竞业义务"约定违约金却因违反了《劳动合同法》第25条而无效。然而,这并不影响用人单位基于劳动者违反在职期间竞业义务而就其实际损失要求赔偿的权利。问题在于,实务中,该等实际损失往往较难举证,而是否可以事先在《劳动合同》中约定赔偿计算标准,该等计算标准是否会被认定为事实上的"违约金",各地裁判机构也存在不同观点。

影响能够得到裁判机构支持的违约金数额；第三，因投资人并非劳动合同当事人，故难以直接向违反竞业义务的主体追责，而只能通过目标公司追究劳动者责任。即使主张成功，获赔金额也是向目标公司支付，无法直接用于填补投资人的损失。

总结

基于以上原因，在笔者看来，是否有必要适用劳动者竞业，需考虑以下条件：（1）相关人员是否掌握公司的商业秘密或重要资源，从而有令其承担离职后竞业义务的必要性；（2）相关人员是否为股权激励对象、公司现有股东、董事、高管、投资协议签订主体，是否存在其他方式规制其竞业行为。投资协议中对于劳动者竞业的常见表述如下：

> 公司与附件所列关键员工已签署符合附件要求的劳动合同、竞业限制协议、保密协议和员工知识产权归属协议，该等协议均持续有效，且公司与关键员工之间不存在劳动纠纷等争议。

实务中，在劳动者竞业的执行层面还存在一种操作方式，即目标公司与存在竞业必要性的、与目标公司建立劳动关系的所有主体均签订《保密协议》与《竞业限制协议》。如后续评估认为无需要求其承担离职后的劳动者竞业义务，则目标公司在该等人员离职前向其送达《解除竞业限制义务通知书》，不必额外支付三个月的竞业限制补偿金。如目标公司评估认为需执行竞业安排，则依约定或相关法律规定办理。

该做法的法律依据在于，《最高人民法院关于审理劳动争议案件适用法律问题的解释（一）》第三十九条赋予了目标公司在竞业限制期间单方解除竞业限制协议的权利，但如在竞业限制期限内解除，用人单位需要额外支付三个月的竞业限制补偿金。基于保护劳动者择业自由的立场，"举重以明轻"，笔者认为目标公司在竞业限制期限开始前（竞业限制义务生效前，即劳动者离职前）也应具备单方解除权。而对于该单方解除行为产生的缔约过失责任问题，笔者理解劳动者并不存在任何期待利益的损害（即使劳动者在离职当天才得知不需遵守竞业义务,其因此而"耽误寻找工作"的期待利益损害也应交由离职经济补偿金制度填补),故不产生金钱赔偿责任。该观点已在江苏省高院〔2016〕苏民再26号再审判决书、上海市一中院〔2018〕沪01民终7131号二审判决书、2017年海淀区人民法院《海淀区劳动争议审判情况白皮书》竞业限制涉诉情形分析暨十大典型案例之四"法官释法"部分[①]被相关法院所认同,存在一定的操作可行性。

② 基于合同关系的竞业义务

在本部分所讨论的"服务期与竞业限制条款"语境下,基于合同关系的竞业义务又主要可分为两类情形:一为参与股权激励计划的公司核心员工与公司间通过签署《股权激励协议》确立的竞业义务;二为创始股东(投资协议的合同主体)对于目标公司、投资人基于《投资协议》所承担的竞业义务。

其一,基于《股权激励协议》的竞业义务。

参加股权激励计划后,劳动者与目标公司存在基于《劳动合同》的劳动关系、基于《股权激励协议》的合同关系之双重关系。这两种关系彼此独立,又互有关联。在本书写作当下的司法案例中,法院对于相关问题尚存在一定的分歧:如对基于《股权激励协议》的竞业义务(简称股权激励竞业),部分法院认为其为纯粹基于合同的义务,可直接提起诉讼,部分法院认为其本质上仍为劳动者竞业,应采取"劳动仲裁前置";而对于竞业义务的补偿方式(姑且不论该补偿是《劳动合同法》下的竞业限制补偿金还是仅为基于公平原则的补偿),部分法院认为基于股权激励计划所发放的权益即可视为合法的补偿,部分法院则不支持这种做法。

在笔者看来,股权激励竞业所基于的是劳动合同关系还是一般合同关系,与股权激励竞业是否受《劳动合同法》规制说的是两个不同层面的问题。

---

① 相关案例中法院的观点主要可以归纳为:竞业限制期限并未实际开始,劳动者的择业自由、生存权未受到实际影响,故用人单位不需额外支付三个月的竞业限制补偿金。

不论是否作为股权激励的对象,公司要求相应主体履行竞业限制义务的目的大体均为"通过支付适当的对价,换取劳动者在一定限度内放弃劳动权益,以满足公司的某种商业目的",故即使并非基于《劳动合同》的股权激励竞业,也必然涉及对劳动者"平等就业和选择职业的权利""取得劳动报酬的权利"①的限制。基于这种思路,虽然严格适用《劳动合同法》有过分限缩解释之嫌,但如参考《劳动合同法》对于劳动者竞业的基本规定(如符合法定竞业期限、支付竞业对价)进行裁判,在笔者看来并不过分严苛。② 而更应当考虑的问题在于——这种"参考"的限度是什么。具体而言:第一,股权激励竞业是否受劳动仲裁管辖?第二,对于竞业对价的支付及违约金主张,是否需严格遵循《劳动合同法》规定?以下,笔者将结合反映不同观点的法院案例进行论述。

倾向于认为股权激励竞业应严格遵循《劳动合同法》的案例如:深圳市中院〔2019〕粤03民终20883号陈某某、深圳市汇川技术股份有限公司合同纠纷中,法院认为因案涉股权激励协议约定"所有激励对象必须在本计划的考核期内于公司任职并已与公司签署劳动合同",故其中的竞业约定"实质上为劳动合同中的竞业限制条款",应适用劳动仲裁前置程序。基于前述理由,二审法院撤销一审判决(一审判决公司方胜诉,法院认定劳动者违反股权激励协议项下的竞业义务),裁定驳回公司方起诉。

又如广州市中院〔2018〕粤01民终619号广州博冠信息科技有限公司、徐某劳动争议中,案涉竞业义务为基于公司(网易游戏)与徐某间的《限制性

---

① 《中华人民共和国劳动法》第三条规定:"劳动者享有平等就业和选择职业的权利、取得劳动报酬的权利、休息休假的权利、获得劳动安全卫生保护的权利、接受职业技能培训的权利、享受社会保险和福利的权利、提请劳动争议处理的权利以及法律规定的其他劳动权利。"

② 如沿袭这种思路,则笔者认为,基于股权激励协议产生的纠纷是否受劳动仲裁管辖,与股权激励协议中约定的竞业条款(鉴于股权激励协议不只有竞业条款)所产生纠纷是否受劳动仲裁管辖,也是两个不同的问题。即使认定基于股权激励协议所建立的持股关系独立于劳动关系,也不意味着限制劳动者择业自由的"竞业义务"条款不属于实质上的"劳动合同条款"。此观点也在一些相关案例中被裁判机构所认同。

股票单位激励协议》约定,但该协议同时约定"如果激励对象严重违反任何规章制度、劳动纪律、政策或当时适用于激励对象的作为公司或公司关联方的雇员应履行的其他义务,激励对象持有的未行权的限制性股票单位自动作废"。法院据此认为该"限制性股票"具有作为劳动者遵守公司管理之对价的性质(纵使激励协议中已明确约定"限制性股票是作为徐某遵守不竞争承诺的对价"),故应严格遵守《劳动合同法》的规定。虽然激励协议中约定如徐某违反竞业义务,用人单位有权"要求激励对象返还同该激励相关的已兑现的全部股份或现金收益",但该激励股份"单位不固定、收益不确定",故法院认为其"是否作为徐某履行不竞争义务的对价以及该对价的具体金额处于约定不明的状态",故不得作为竞业义务补偿金。法院最终认定竞业义务条款对徐某没有约束力,从而驳回了公司全部诉讼请求(公司诉请内容为确认违反竞业义务、支付竞业限制违约金)。

倾向于认为应弱化《劳动合同法》规制的案例如:广东省高级人民法院〔2019〕粤民再227号中国南玻集团股份有限公司、胡某合同纠纷案件中,再审法院主要从以下方面论述股权激励竞业相关纠纷与劳动者竞业相关纠纷的区别:第一,《劳动合同法》的立法目的在于对"普通劳动者"进行保护,而本案股权激励的目的在于"留住和吸引对公司发展至关重要的、特定的中高级管理人员和高端人才",员工胡某在股权激励中的"普通劳动者"身份弱化,限制性股票及其收益亦高于劳动法确定的对普通劳动者的保护标准,故不应适用规制普通劳动者的《劳动合同法》;第二,案涉股权激励协议的内容主要为各方基于持股关系产生的权利义务,而并未过多涉及劳动合同内容;第三,案涉股权激励协议中的"竞业限制条款"与股权激励的目的是一脉相承的,胡某在离职后2年内不得从事相同或相类似工作的约定,是胡某获得限制性股票及收益的对价,不是胡某作为普通劳动者获得工资、劳动条件等的对价。值得注意的是,本案一审、二审法院均认为案件适用劳动仲裁前置,裁定驳回公司方起诉,而再审法院撤销一、二审裁定,并指令原一审法院对本案进行审理。相信广东省高院在本案中的认定会对相关案件的司法裁判观点产生一定的引导作用。但也应注意,前述深圳市中院〔2019〕粤03民终20883号案件的二审裁定是在本案再审裁定后作出的,这意味着(即使在同一地区也)并非只要是股权激励竞业相关纠纷就一定不属于劳动仲裁管辖,还是应当结合个案情况进行考虑。

又如上海市一中院〔2018〕沪01民终1422号徐某某、腾讯科技(上海)有限公司竞业限制纠纷中,腾讯公司起初申请劳动仲裁,徐汇区劳动人事争议仲裁委员会以腾讯公司的请求不属于劳动争议受理范围为由,作出不予受理的通知,腾讯公司因而提起诉讼。该案法院对于"能否通过授予限制性股票方式支付竞业补偿金"问题,认为双方签订的协议书明确约定限制性股票作为竞业限制对价(而并非作为工资薪金)授予徐某某。该等股票在其在职期间已解禁过户,徐某某"实际获利",故相当于实质上取得了竞业限制补偿。而对于违约金数额的合理性,法院严格按照协议书约定的"返还所有任职期间行使限制性股票所生之收益"作出了判决,要求徐某某支付竞业限制违约金1,940余万元。

总结

结合上述案例,在笔者看来,虽然各地法院对于相关案件的裁判结果不同,但其背后的论证逻辑存在一定的共性。确定股权激励竞业相关纠纷是否受劳动仲裁管辖,其关键在于个案中的股权激励协议中是否弱化了公司与"普通劳动者"间管理与被管理的劳动关系,激励股权是否仅与股权激励协议的"通常目的"相关联。如在前述〔2019〕粤03民终20883号案件中,激励协议明确约定激励对象必须签订劳动合同,前述〔2018〕粤01民终619号案件中,激励协议明确约定如违反公司规章制度则未行权的期权作废,均表达了"只有服从公司管理才能参与股权激励"的含义。而如在激励协议及其竞业安排中准确表达股权激励"吸引、留住人才"的目的,则即使约定外观看起来与劳动者竞业无本质不同的竞业条款,也会因不违背股权激励的惯常操作，存在被法院认定为一般合同纠纷的可能性。此外，前述〔2018〕沪01民终1422号案件还为我们提供了启示，即基于劳动类案件的地域化特征，相关主体在进行股权激励安排前，可以事先咨询当地的劳动仲裁机关口径，以做到"知己知彼"。

对于是否能以激励股权作为竞业对价的问题，笔者理解《劳动合同法》之所以规定要在离职后支付竞业限制补偿金，其主要立法目的在于避免公司将员工薪金与竞业补偿金混同，导致用人单位并未实际额外支付费用而换取劳动者的竞业义务，造成双方权利义务的过于不平等。如若公司已在相关激励协议中明确激励股权与工资、薪金的区分性，且事实上激励对象亦没有因被激励而减薪，则将激励股权作为竞业义务的对价就是具有可操作性的。对于违约金数额问题，相关法院多倾向于参考合同约定、被激励对象的"实际所得"、公司的实际损失进行认定，故如被授予的期权未实际行权、激励股权并非价格公开可查的公众公司股份或有明确、合理的约定，抑或激励股权已被公司以原价收回，[1]则笔者理解，此时竞业义务违反的确定及违约金的主张将存在较大的风险。

在实操的角度，杭州市中院〔2020〕浙01民终676号张某某、浙江聚力文化发展股份有限公司合同纠纷案件为我们提供了一个比较值得参考的思路：在确保激励股权确有实际价值的基础上，突出股权激励协议及其竞业条款的独立性，并明确激励股权价值折算方式及违约金计算方式。该案中的聚力公司通过其孙公司海宁永孚公司与张某签订劳动合同，而以聚力公司与张某签订激励协议，授予其聚力公司限制性股票。激励协议中约定的违约责任为"被激励对象返还因本计划获得的收益，并支付等额违约金；收益按解锁日公司收盘价计算，如非交易日，则按前一交易日收盘价计算"。

---

[1] 相对地，如激励对象得以溢价出售激励股权的（如公司回购、现有股东或第三方受让等），对于该溢价部分，笔者认为也可以作为计算违约金的依据。究其根本，相关案例的内在要求主要为激励对象需得到某种数额确定的、便于变现的利益。

法院最终认同该案不适用劳动仲裁前置,并全额支持了公司方依据激励协议约定提出的支付违约金请求。

其二,基于《投资协议》的竞业义务。

实务中,创始股东(投资协议的合同主体)有时会对目标公司、投资人基于《投资协议》承担竞业义务(简称创始股东竞业)。对于创始股东竞业,笔者认为其主要受《民法典》《公司法》等法律法规规制,应淡化《劳动合同法》的特别规定。相关的违约责任主张主要受投资协议之约定、预期利益、实际损失、主观恶性等因素影响。

根据网上公开的合肥市中级人民法院一审判决书及相关媒体采访信息,[①]科大讯飞股份有限公司曾与其被收购公司创始股东陆某间存在竞业约定(陆某后续就任科大讯飞及被收购公司业务经理),《投资合作协议》及补充协议约定如陆某离职后违反竞业义务,则应将科大讯飞向其支付的股权转让款约2,640万元退还(作为违约金)。后陆某离职后加入腾讯,科大讯飞以违反相关协议为由提起诉讼,要求陆某继续履行竞业义务并支付违约金2,640万元。合肥市中级人民法院判决陆某继续履行竞业限制义务(限期从腾讯公司离职),并向科大讯飞公司支付违约金1,200万元。该案中的违约金并不与科大讯飞向陆某支付的工资薪金、股权奖励等相关,而是与陆某取得的科大讯飞溢价收购股权价款相关,可见其与前述的劳动者竞业、股权激励竞业均存在诸多不同,而属于"创始股东竞业"范畴。

又如在上海市一中院〔2020〕沪01民终13420号王某与上海我爱我家房地产经纪有限公司合同纠纷中,我爱我家公司收购A公司100%股权,王某与A公司存在劳动合同关系及直接持股关系。根据王某、A公司、我爱

---

① 该案件完整判决书尚未公开,其判决书、起诉状、上诉状片段基于媒体采访而部分流出。如可见于新民周刊报道:《陆昀独家回应:入职腾讯3个月,科大讯飞要求赔偿1,200万元,我冤不冤?!》,https://www.sohu.com/a/461016145_318740。

我家公司等多方主体订立的《合作协议》及《盈利补偿执行协议》，王某需于 A 公司在职时及离职后 36 个月内履行竞业限制义务，除非我爱我家公司书面豁免——否则王某应向我爱我家公司支付违约金 100 万元。后我爱我家公司以王某违反了竞业义务为由提起诉讼。在诉讼中，王某主要提出了以下答辩观点：(1) 我爱我家公司并非竞业义务的相对方，主体不适格；(2) A 公司未支付竞业限制补偿金，故相关竞业条款不发生效力；(3) 违约金约定过高。两审法院均对此认为：(1) 本案中的竞业义务并非约定在《劳动合同》中，而是约定在涉及股权转让的两份交易文件中。本案中竞业义务的实质在于"通过限制王某的劳动权及其投资或经营的其他企业的商业竞争权来保护我爱我家公司的竞争利益"，王某已通过其他方式得到了竞业义务对应的补偿（如获取了我爱我家公司溢价收购 A 公司股权所支付的股权转让款），故竞业约定的效力不存在瑕疵；(2) 我爱我家公司为《合作协议》及《盈利补偿执行协议》约定的竞业义务相对方；(3) 对于违约金过高的主张，王某并未举证。基于前述认知，法院对约定的违约金进行了适当调低，判决王某向我爱我家公司支付违约金 80 万元。

前述两则案例虽非基于创业投资，而是基于并购交易，但其投资人基于竞业义务起诉目标公司的创始股东，这与创业投资中相似安排的目的存在一致性。案件审理法院基于合同关系产生的竞业义务不等同于劳动者竞业、股权激励竞业的思路，并未依据《劳动合同法》等相关规定对竞业义务的效力进行质疑。

然而也需注意，在前述〔2020〕沪 01 民终 13420 号案件中，两审法院均认为《合作协议》及《盈利补偿执行协议》对于王某"离职后 36 个月不再投资与 A 公司从事相同或相似业务的公司，或以其他形式从事、经营、投资竞争业务或为第三方提供竞争业务的服务"的约定违反《劳动合同法》中关于竞业限制期限的规定，过分限制了王某的劳动权，故其长于"离职后两年"的部分应为无效。对前述法院关于"劳动权"的论述，笔者持赞同意见：劳动权与生存权息息相关,应当是作为"人"的基本权利,对其限制若无其他专门规定,则参考《劳动合同法》《劳动法》认定,亦属应有之义。但笔者对此尚有一个疑惑:如果说"从事竞争业务"确属王某"劳动权"的范畴,那么"经营、投资竞争业务"(法院判决书中所述的"商业竞争权")是否也能受到《劳动合同法》保护呢? 可惜,这个问题并未在该案中得到解答。

总结

结合相关案例来看,创始股东竞业在相关协议约定清楚的前提下是有操作的可行性的。为了将其与劳动者竞业、股权激励竞业区分开来,笔者认为有必要在相关协议中将交易背景、各方关系论述清楚,表达出创始股东竞业义务的必要性与重要性。与此同时,为了权利方的有效救济,[①]还需要在协议中约定清晰、无歧义的违约金计算方式及计算依据,并在纠纷发生后结合实际损失论证违约金数额的合理性。

其三,基于《公司法》规定的竞业义务。

根据司法通说观点,公司与其董事、高管间的主要关系为委托关系,而非一般意义上的劳动关系。对其竞业行为即使不通过协议进行约定,也适用于《公司法》第一百四十八条第(五)项不得"未经股东会或者股东大会同意,利用职务便利为自己或者他人谋取属于公司的商业机会,自营或者为他人经营与所任职公司同类的业务"(以下遵循常用表述,简称竞业禁止义务),这种法定义务源于公司董事、高管的"忠实、勤勉义务",如违反,则目标公司或其他合法主体可以提起侵权之诉。除法定性外,该种竞业义务的主要特征在于:相对方为公司;只规制董事、高管的在职行为[②];公司有权对于违规所得行使"归入权";公司不需支付竞业对价;高管的范围可由公司章

---

① 相关反例(法院不支持因违反竞业义务而解除合同、返还投资款)可参考后文将介绍的〔2020〕粤 01 民终 5591 号案件中的法院观点。

② 法律并不禁止通过协议方式约定离职后的"竞业禁止义务",但这种约定在笔者看来已不属于狭义的竞业禁止义务,而应根据具体情况归属于前文所述的几种竞业义务中,并受到相关规定、司法观点的影响。

程规定。①

在公司的董事、高管同时具备目标公司创始股东、核心人员等身份时，竞业禁止义务更多的被作为劳动者竞业、股权激励竞业、创始股东竞业安排的补强或"兜底"，故《投资协议》有时不会进行异于《公司法》规定的特别约定。

在责任认定方面，是否"利用职务便利谋取公司商业机会"及"经营公司同类业务"是需要考量的两个重要因素。对这些因素的自由裁量形成了司法实践中的不同认定。如部分法院认为必须参考竞业公司实际经营的业务认定是否构成"经营公司同类业务"，并结合是否实际"利用职务便利谋取了公司商业机会"来判断是否违反竞业禁止义务；部分法院则认为只要营业执照上记载的业务有较大比例重合即可推定为违反了竞业禁止义务。究其根本，司法实务中除了对"是否将谋取公司商业机会作为违反竞业禁止义务的要件"的实体问题存在分歧外，对于程序性问题的不同理解，如将"经营公司同类业务"的主要举证责任分配给哪一方，也将极大地影响案件结果。

如在广州市中院〔2019〕粤01民终18964号黄某某、周某损害公司利益责任纠纷案件中，法院认为"营业执照上的经营范围是公司可能开展的业务范围，如果仅将竞业禁止范围限缩于实际经营范围，负有竞业禁止义务的主体就有剥夺公司开展其他业务的机会，使得公司不能开展经营范围内的其他业务，这与公司法设立董事、高管忠实义务的制度目的相违背"。而在上海市二中院〔2021〕沪02民终313号上海革力国际货物运输代理有限公司与宁波唯派国际物流有限公司、王某防损害公司利益责任纠纷案件中，法院认为基于两家公司的营业执照经营范围基本一致，且王某同时成为两家公司的股东、董事，"结合一般商事规律、普通大众认知及公序良俗，可认定王

---

① 《公司法》第二百一十六条规定："……（一）高级管理人员，是指公司的经理、副经理、财务负责人，上市公司董事会秘书和公司章程规定的其他人员……"

某利用职务便利为自己及唯派公司谋取了本属于革力公司的商业机会,并为唯派公司经营了与革力公司同类的业务",从而认定其违反了竞业禁止义务。

在一些特殊情况下,如有证据证明实际并不存在"利用职务便利谋取公司商业机会"及"经营公司同类业务",即不构成竞业禁止义务的违反。如西安市中院〔2021〕陕01民终828号李某某、刘某某、袁某与李某某损害公司利益责任纠纷中,基于以下理由,法院作出了不认定构成违反竞业禁止义务的判决:第一,原告未能提出有效证据证明被告参与了竞业公司的经营决策,其主张的"利用职务便利谋取公司商业机会"未能达到盖然性标准;第二,目标公司与竞业公司营业执照经营范围的重合仅为"大类的重合";第三,竞业公司已被吊销营业执照,不存在实际业务经营的条件。法院据此认为"被告利用职务便利谋取公司商业机会的构成要件事实在本案中尚未达到高度可能性的标准,原告应承担举证不能的不利后果",不认定构成对竞业禁止义务的违反。

总结

综上所述,竞业禁止义务作为一种法定义务,存在其自身的优势与限制。只有在对其利弊充分理解的基础上,投资人才能结合目标公司的具体情况,在交易文件的起草、签订与履行中妥善安排好竞业禁止义务与前述几种竞业义务的关系,从而最大可能地实现"服务期与竞业条款"的设置目的。

(三)"承诺与保证"条款与投资退出的关系

"承诺与保证"条款的强制力主要体现在其与对赌、合同解除、违约责任等条款的联系方面。对于较为重要的承诺事项,投资人会选择适用"赎回权(回购权)"、合同解除、较严重的违约责任等进行规制;而对于相对不重要的事项,则使用整改义务、一般违约责任等进行规制。

从投资人的视角来看,如果认为创始股东或目标公司对于某项"承诺与保证"的违反,已使其难以达成溢价退出的根本目的,则有时会考虑退而求其次,倾向于通过"解除投资协议"的方式收回投资款。综合法律规定及法院观点,前述诉求将面临双重考验:第一,解除投资协议是否有足以使得裁判机构认可的、法律上的必要性;第二,是否违反"公司资本维持原则"。对于后者,笔者已在"股东资格"部分提及;而对于前者,即在不违反"公司资本维持原则"前提下,对"承诺与保证"的违反达到何种程度方能产生合同得以被单方解除的后果,笔者认为有必要展开论述。

对于当事人能否依据《民法典》第五百六十三条①规定及合同约定解除合同,最高院在《九民纪要》中的观点②为法院"应当审查违约方的违约程度是否显著轻微,是否影响守约方合同目的实现,根据诚实信用原则,确定合同是否可以解除。违约方的违约程度显著轻微,不影响守约方合同目的实现,守约方请求解除合同的,人民法院不予支持"。如涉及对合同主债务的拒绝履行,则即使合同未明确约定,当事人也当可行使法定的解除权;而如并非显而易见的主债务之违反,就需要谨慎判断合同解除的合理性;如违约行为的后果显著轻微,即使违约也不影响合同目的实现,此时也不应轻易认定合同可被单方解除。③ 究其根本,对于"合同目的""合同主债务"及"损害后果"的认定,决定了投资人单方解除权的行使能否得到认可。这既需要基于法理进行考虑,也与法官对个案的自由裁量息息相关。

"承诺与保证"条款的内容因实际交易背景的不同而存在多样性,无必要分别加以论述。对于司法实务中的认定标准,笔者选择了部分相关案例归纳如下,以便读者自行理解与查阅(见表2)。

---

① 《民法典》第五百六十三条规定:"有下列情形之一的,当事人可以解除合同:……(三)当事人一方迟延履行主要债务,经催告后在合理期限内仍未履行;(四)当事人一方迟延履行债务或者有其他违约行为致使不能实现合同目的的;……"
② 参见《九民纪要》第47条。
③ 参见《九民纪要理解与适用》,第314—315页。

表 2 司法实务中的认定标准(部分)

案 号	投资类型	协议约定的承诺保证事项	法 院 认 定
上海市二中院〔2018〕沪02民终11699号	认购新股	1. 增资款到账后14个工作日内,目标公司及创始股东完成工商登记,逾期30日则投资人有权解除合同并要求违约金 2. 考核期销售额达标,否则投资人有权以原价退出投资	1. 办理增资及股权变更手续是目标公司及创始股东的主要合同义务,其未履行主要合同义务 2. "退出投资"可解释为投资人取得股东资格前解除合同并返还投资款,或取得股东资格后股权回购;目标公司在考核期内销售额未达标 3. 判决全额支持投资人要求解除合同、退还投资款、支付违约金的诉请
上海市二中院〔2021〕沪02民终5713号	老股转让(投资人直接向目标公司出资,以作为股权受让对价)	原股东逾期30日未办理变更登记,则投资人有权解除协议,由原股东"退还"出资款	1. 投资人之男友代投资人与原股东沟通,要求其暂缓进行工商变更。虽该暂缓之意思表示作出时,原股东知晓投资人已与其男友分手,但此代理关系具备时间上的一贯性,被法院认可 2. 原股东同意配合进行工商登记,目前投资人实现取得股权的合同目的并无障碍 3. 裁定撤销一审判决,改判驳回投资人要求解除合同并退还投资款的诉请
上海市高院〔2020〕沪民终449号	老股转让	1. 公司设立及股权变更合规、交割日前无行政处罚、具备业务经营所需资质、合规经营 2. 对于违反承诺与保证的,受通知后10日之内未完成补救,则守约方有权解除合同	1. 对于未披露的目标公司受行政处罚事项:其处罚结果仅为"责令立即停止未经批准擅自转移危险废物的行为,以及罚款20万元",尚不至于给目标公司生产经营活动带来重大不利影响 2. 对于投资人所述目标公司主营业务在交割前就不符合《固体废物鉴别标准通则》等规定事项:具体监管要求是在《投资协议》签订后

续 表

案 号	投资类型	协议约定的承诺保证事项	法 院 认 定
上海市高院〔2020〕沪民终449号			才被监管部门提出的,且目标公司主业被叫停受各种因素影响,投资人有关涉案股权存在重大隐蔽性瑕疵,导致其合同目的不能实现的诉讼主张缺乏充分根据 3. 判决不支持投资人要求解除合同之诉请
广州市中院〔2020〕粤01民终5591号	老股转让	承诺创始股东遵守服务期及竞业限制条款,违约责任为支付违约金,未约定该情形下投资人有权解除合同	1. 原股东(服务期及竞业义务承担主体)已交割大部分股权,投资人已实际行使股东权利,其合同目的已实现,故基于公平原则考量,投资协议不适于解除 2. 投资人虽称其溢价入股即建立在创始股东遵守服务期及竞业义务之上,但投资协议中"服务期及竞业义务"事项仅作为一般事项约定,且约定了"支付违约金"的救济方式,从而"实质上排除了合同解除权的行使" 3. 现有证据不足以证明创始股东个人因素能够在目标公司经营过程中起到决定性和唯一引导 4. 判决不支持投资人解除投资协议的诉请,但支持其要求创始股东支付违约金的诉请

刘某某与杨某、上海峰渡水净化工程有限公司股权转让纠纷案

案件要点:

1. 股权转让合同中竞业限制义务既非《公司法》所规定的董事、高管的法定竞业禁止义务,亦非《劳动合同法》所规定的劳动者竞业限制义务。

2. 竞业条款限制的是当事人的劳动权,终身的竞业期将伤及其基本生存权利。股权转让合同未约定竞业禁止期限时,应类推适用《劳动合同法》中两年的期限。

3. 竞业期间,竞业义务主体及其关联方取得相关专利权的行为本身原则上不违反竞业义务,但利用该专利生产、经营相关技术或产品的行为构成竞业义务的违反。

诉讼背景:

原告刘某某与被告杨某为凡清公司的股东,两人签订《股份转让协议书》,约定杨某将其所持凡清公司的股权全部转让给刘某某,并为杨某约定了竞业义务:杨某承诺,自股权交易完成之日起,杨某及其所领导或关联的企业不生产和经营刘某某个人及其企业的专利技术及其产品,不生产和经营纤维束过滤类技术及其产品,杨某违背承诺,则需赔偿刘某某200万元。

股权转让完成后,杨某以峰渡公司的名义生产和经营纤维束过滤类产品,原告认为被告杨某的行为系违反竞业义务,请求判令杨某、峰渡公司自此不得生产和经营纤维束过滤类技术及其产品或者从事损害刘某某及其企业利益的活动,并要求杨某、峰渡公司连带赔偿刘某某200万元。

一审宣判后,原告和被告均不服原审判决。原告刘某某认为原审判决

对协议竞业禁止义务的性质认定错误,且对违约金进行调整不当,故提起上诉;请求依法撤销原审判决,改判支持刘某某原审全部诉讼请求。被告杨某则上诉称,协议约定的竞业禁止条款是显失公平的,而且认为一审法院调整后的违约金数额仍然过高,并要求撤销原审判决,驳回刘某某原审诉讼请求。

裁判索引:

上海市宝山区人民法院一审并作出〔2013〕宝民二(商)初字第2038号民事判决书;上海市第二中级人民法院二审并作出〔2014〕沪二中民四(商)终字第567号民事判决书。

主要问题:

一审法院:(1)刘某某提起本案诉讼是否超过诉讼时效?(2)刘某某与杨某实际履行的是哪一份《股份转让协议书》?(3)刘某某是否逾期支付股权转让款,以及如果逾期付款是否会导致股份转让协议解除?(4)杨某是否违反约定的竞业禁止义务?(5)峰渡公司拥有相关技术的专利权,是否可以免除杨某违约责任?(6)杨某是否应当支付刘某某违约金以及违约金数额是否需要进行调整?(7)峰渡公司是否应当承担违约责任?

二审法院:(1)刘某某提起本案诉讼是否超过诉讼时效?(2)刘某某逾期支付股权转让款,是否导致股份转让协议"竞业禁止"条款丧失约束力?(3)原审判决对"竞业禁止"条款履行期限的认定及违约金的调整是否正确?

事实认定:

一审法院查明案件事实如下:

1. 关于刘某某与杨某签订和履行相关股权转让合同的事实

(1)杨某原为上海凡清环境工程有限公司(简称凡清公司)的股东。2007年1月30日,刘某某与杨某签订《股份转让协议书》(简称《130协议书》)。《130协议书》共分为五个条款,其中:第一条约定,杨某将其所持凡清公司的股权全部转让给刘某某,转让价格为人民币 355.12 万元(以下币种均为人民币),刘某某于本协议生效后一周内支付 200 万元,于 2007 年 3 月 31 日前支付 55.12 万元,于 2007 年 12 月 31 日前支付 100 万元。第二条约定,双方于刘某某支付的股权转让款达到 255.12 万元时,办理股权变更登记。第五条约定,本协议于双方签字之日起生效。

(2) 2008 年 1 月 18 日,刘某某与杨某签订《股份转让协议书》(简称《118 协议书》)。《118 协议书》共分为五个条款,其中:第一条约定,杨某将其所持凡清公司股权全部转让给刘某某,转让价格为 326 万元,刘某某于协议生效后两周内支付 326 万元,同时办理股权变更登记,刘某某未按期支付全部股权转让款的,则仍按《130 协议书》执行,并自 2008 年 1 月 1 日起按年息 30% 计息(以下简称"股权转让条款")。第二条约定,杨某承诺,自股权转让交易完成之日起,杨某个人及其所领导或关联的企业不生产和经营刘某某个人及其企业的专利技术及其产品,不生产和经营纤维束过滤类技术及其产品,不做侵害刘某某个人及其企业利益的事情(仅限于在本协议书签订之前杨某做过前期跟踪并经过双方确认并未与刘某某个人及其企业相冲突的项目继续由杨某代理【详见清单附件】),如果杨某违反承诺,则赔偿刘某某 200 万元(以下简称"竞业禁止条款")。第四条约定,自 326 万元股权转让款在规定期限内支付完毕后,《130 协议书》废止。第五条约定,本协议自双方签字之日起生效。

(3) 2008 年 1 月 28 日,凡清公司召开股东会会议并作出决议,同意杨某将其所持凡清公司 33% 股权(原出资额 330 万元)以 326 万元的价格转让给刘某某,股权转让后,刘某某持股比例达到 100%,于股权变动之日起 30 日内向公司登记机关申请变更登记。

(4) 2008 年 1 月 30 日、1 月 31 日,刘某某分两次支付杨某股权转让款 200 万元、100 万元,共计 300 万元。

(5) 2008 年 1 月 31 日,刘某某与杨某向公司登记机关申请办理变更登记。为便于办理股权变更登记,刘某某与杨某向公司登记机关提交了双方于2008年1月28日签订的《股权转让协议》(简称《128协议书》)用于存档。《128协议书》中约定的股权转让款为326万元。2008年1月31日,刘某某与杨某签订《补充协议》,双方约定,326万元股权转让款仅作为股权变更登记之用,实际股权转让方式、价款和付款方式仍按《118协议书》执行。

(6) 2008年2月24日,公司登记机关作出《准予变更登记通知书》,决定准予变更登记。

(7) 2008年3月3日,刘某某交付杨某两张银行承兑汇票(金额分别为10万元、15万元,到期日分别为2008年5月22日、7月15日)和一张现金支票(金额为1万元),共计26万元。

2. 关于杨某与峰渡公司之间关系的事实

(1) 2005年12月13日,李某玲、李某斌共同出资设立峰渡公司。

(2) 2008年9月8日,峰渡公司召开股东会会议并作出决议,同意杨某以增资800万元的方式入股峰渡公司,入股后,杨某成为峰渡公司持股比例为80%的股东。

(3) 2009年5月20日,峰渡公司召开股东会会议并作出决议,李某玲、李某斌将其所持股权悉数转让给杨某,股权转让后,杨某成为峰渡公司持股比例为100%的股东,相应地,峰渡公司由有限责任公司变更为一人有限责任公司。

(4) 2010年11月4日,杨某将其所持峰渡公司10%的股权转让给黄某某,股权转让后,杨某成为峰渡公司持股比例为90%的股东。

3. 关于峰渡公司拥有相关专利权的事实

(1) "一种多功能一体化净水装置"的实用新型专利,发明人为祝某某、杨某和姜某某,2008年1月31日申请,2009年2月11日公告。

(2) "一种多功能一体化净水装置"的发明专利,发明人为祝某某、杨某和姜某某,2008年1月31日申请,2010年12月15日公告。

(3)"盘形滤料"的实用新型专利,发明人为张某某和杨某,2008年11月6日申请,2009年8月19日公告。

(4)"散装纤维滤料的安装方法"的发明专利,发明人为张某某,2008年11月6日申请,2010年6月2日公告。

(5)"一种纤维砂滤料"的实用新型专利,发明人为杨某和张某某,2008年11月7日申请,2009年9月9日公告。

(6)"可调型浮筒式纤维滤料密度调节装置"的实用新型专利,发明人为杨某和张某某,2009年5月22日申请,2010年5月12日公告。

(7)"蠕动床纤维过滤设备"的实用新型专利,发明人为杨某和张某某,2009年6月18日申请,2010年2月24日公告。

4. 关于峰渡公司参与相关项目招投标和中标的事实

(1) 2008年4月2日,山东汶上县污水处理厂发布中标公示,中标公示中"包4:滤池内设备(纤维束滤料等)"的中标人为峰渡公司。

(2) 2009年10月9日,山东临沭县清源污水处理有限公司在互联网上发布污水处理设备采购项目成交公示,成交公示中"D包"的成交供应商为峰渡公司,成交金额为175.20万元。

(3) 2010年3月30日,山东阳信县新城污水处理厂在互联网发布招标中标公示,中标公示中"包1……主要包括滤池池内纤维束滤料及其所有配套装置……"中标的第一名为峰渡公司,第二名为凡清公司。

(4) 2010年8月10日,山东沂源县污水处理厂发布中标公告,中标公告中"包3:滤池内部设备及安装"的"工艺要求"为"滤料材质:聚丙烯环形纤维滤料"的中标人为峰渡公司,中标金额为163.80万元。

(5) 2010年10月25日,山东嘉祥县污水处理厂发布中标公告,中标公告中"B包:项目内容为滤池设备(含鼓风机)"的中标人为峰渡公司,中标金额为361.60万元。

5. 关于刘某某委托鉴定部门就相关专门性问题进行鉴定的事实

（1）2013年4月27日，刘某某委托上海市知识产权司法鉴定中心就"杨某经营的纤维过滤设备中的过滤介质——'环状纤维'是否与'纤维束过滤类技术及其产品'中的过滤介质——'纤维束'属于同一类"进行鉴定。

（2）2013年5月17日，上海市知识产权司法鉴定中心出具《司法鉴定意见书》。"基本情况"部分记载的鉴定材料为：① 2008年1月28日《股权转让协议》；②《压力式纤维束过滤器》（中华人民共和国化工行业标准HG/T4085-2009）；③ 峰渡公司纤维过滤设备中的"环状纤维"相关专利文献……

（3）《司法鉴定意见书》的鉴定结论为：峰渡公司的纤维过滤设备中的过滤介质——"环状纤维"与"纤维束过滤类技术及其产品"中的过滤介质——"纤维束"属于同一类。

（4）《司法鉴定意见书》中引用的《压力式纤维束过滤器》化工行业标准由中国石油和化学工业协会提出，由化学工业机械设备标准化技术委员会归口，由凡清公司和北京工业大学工业水务中心负责起草，主要起草人为刘某某和张某某。

6. 关于凡清公司曾向原审法院提起有关诉讼的事实

（1）2012年11月26日，凡清公司向原审法院提起股权转让纠纷诉讼，被告为杨某、峰渡公司，案号为〔2012〕宝民二（商）初字第1926号。该案中，凡清公司请求判令：① 杨某、峰渡公司不得经营与凡清公司同类的业务或者从事损害凡清公司利益的活动；② 杨某、峰渡公司共同支付凡清公司违约金200万元。原审法院依法向杨某、峰渡公司送达了有关诉讼材料，并于2013年1月8日公开开庭进行了审理。凡清公司在该案中的诉讼请求所依据的事实和理由以及提交的主要证据材料均与本案相同。

（2）2013年1月8日，凡清公司向原审法院提出撤诉申请，请求撤回〔2012〕宝民二（商）初字第1926号案件的起诉。同日，原审法院裁定准予凡清公司撤回起诉。

二审法院经审理查明，原审查明事实属实，本院予以认定，并另查明如下事实：

（1）杨某任凡清公司总经理职务截止时间为2005年。

（2）2013年12月12日，原审法院第二次庭审中，针对系争协议项下竞业禁止期限的问题，刘某某的陈述为："没有期限，约定的时间是永久。"杨某及峰渡公司的陈述为："双方没有明确约定期限。"庭审中，针对各方就此陈述不一致是否有证据佐证的问题，各方当事人均表示没有证据证明。

（3）2014年2月12日，原审法院第三次庭审中，针对法庭关于竞业禁止时间的问题，各方均回答为终身。

（4）2014年6月4日，本院开庭审理中，杨某表示刘某某无证据和理由认为系争协议项下竞业禁止条款是终身的。

法院观点：

一审法院的裁判观点如下：

1. 关于刘某某的诉讼请求是否已经超过诉讼时效的问题

（1）2012年11月26日，凡清公司曾以杨某、峰渡公司为被告向原审法院提起〔2012〕宝民二（商）初字第1926号股权转让纠纷诉讼。该案起诉时，刘某某的身份是凡清公司的主要股东和法定代表人，刘某某和凡清公司之间具有紧密的利益关系，杨某、峰渡公司对此亦属明知，而该案所涉两份《股份转让协议书》与本案相同，指向的标的物均为凡清公司的股权，《118协议书》中的竞业禁止条款亦涉及凡清公司。

（2）法院认为，刘某某以凡清公司的名义而非以自己的名义提起股权转让纠纷诉讼的行为并非出于恶意，而是源于对权利主体认识的错误，但刘某某通过该起诉讼要求杨某、峰渡公司承担违反《118协议书》之违约责任的内心意思是明确的。虽然凡清公司嗣后撤回了起诉，但刘某某向杨某、峰渡公司积极主张权利的内心意思已经通过凡清公司撤回起诉前进行的诉讼材料送达和庭审过程充分实现了表示效果,并有效到达了杨某、峰渡公司。

(3)诉讼时效于〔2012〕宝民二(商)初字第1926号一案最后一次庭审之日(即2013年1月8日)中断,自2013年1月8日起重新计算。

因此,刘某某的诉讼请求未超过诉讼时效。

2. 关于刘某某与杨某实际履行的是哪一份《股份转让协议书》的问题

(1)本案中,刘某某与杨某先后签订过《130协议书》《118协议书》和《128协议书》三份股权转让性质的合同。其中,双方一致认可《128协议书》仅用于办理股权变更登记。双方存在争议的是,《130协议书》和《118协议书》之间究以何者为准。

(2)《130协议书》和《118协议书》股权转让条款的标的均为股权转让,……两者在标的、标的物和当事人方面均同一,只不过《118协议书》额外附加了竞业禁止条款。而刘某某与杨某在《130协议书》签订后,均未履行各自的义务,使得该协议成立并生效后一直处于未履行状态。故刘某某与杨某签订《118协议书》的行为实质上是以约定的方式合意解除了《130协议书》。

(3)刘某某与杨某在2008年1月31日《补充协议》中关于实际股权转让方式、价款和付款方式仍按《118协议书》执行的约定,亦可佐证双方合意解除了《130协议书》,并转而履行《118协议书》的事实。

因此,刘某某与杨某实际履行的是2008年1月18日《股份转让协议书》。

3. 关于刘某某是否逾期支付股权转让款,以及如果逾期支付股权转让款是否会导致《118协议书》解除的问题

(1)根据《118协议书》股权转让条款的约定,刘某某支付股权转让款的期限是"从本协议生效两周内",即刘某某应于2008年2月1日之前支付杨某326万元股权转让款。

(2)刘某某实际于2008年1月30日、1月31日分两次支付杨某股权转让款200万元、100万元,共计300万元。剩余的26万元股权转让款余款,以票据于2008年3月3日交付……晚于2008年2月1日,虽然杨某接

受了 26 万元尾款,但并不当然表示其默示许可了刘某某的逾期付款行为,故刘某某存在逾期支付股权转让款的事实。

(3)《118 协议书》第一条关于刘某某逾期付款后果的约定属于附解除条件的合同条款,……但这是否意味着《118 协议书》的整体解除,并应在恢复原状后,转而全面履行《130 协议书》,则需探求双方当事人在订立合同时的真实意思。

(4)从《118 协议书》整体来看,其包含股权转让和竞业禁止两部分内容,并体现为两个相互独立的条款,刘某某逾期付款的后果仅被单独约定在股权转让条款中,故刘某某逾期付款的后果不应波及包括竞业禁止条款在内的合同其余内容。

(5)单从《118 协议书》股权转让条款来看,"按 2007 年 1 月 30 日《股份转让协议书》执行"这一后果针对的是刘某某逾期付款的违约行为,紧随其后的是,双方还约定了逾期付款违约金(即按年息 30%计息),由此可见,双方签订合同时的本意是将履行更高数额的股权转让款和支付逾期付款违约金均作为刘某某逾期付款的后果,故将此处的"执行"理解为履行《130 协议书》关于股权转让款的约定,而非全面履行《130 协议书》更符合条款文字的本来含义和双方签订合同时的本意。

(6)从《130 协议书》的内容来看,第一条约定的最后付款期限为 2007 年 12 月 31 日,本身就早于《118 协议书》中约定的付款期限(2008 年 2 月 1 日),如果将此处的"执行"理解为全面履行,那么《130 协议书》中约定的最后付款期限已经过去,故在客观上也无法得到履行。

(7)从《118 协议书》的实际履行情况来看,刘某某按期支付了绝大部分股权转让款,仅逾期支付小部分尾款,如果径行将逾期付款的后果解释为《118 协议书》的整体解除,亦有违诚实信用原则和公平原则。

因此,虽然刘某某存在逾期支付股权转让款的情形,但并不导致《118 协议书》的整体解除,只不过自 2008 年 2 月 2 日起,协议的股权转让条款中关于326万元股权转让价格的约定,因刘某某的逾期付款行为而变更为355.12万元,其余内容仍然有效。

4. 关于杨某是否违反《118协议书》中约定的竞业禁止义务的问题

(1) 关于约定竞业禁止义务的内容。

① 结合合同的文义、合同的目的和诚实信用原则,该条款可以切分为三段:前段,不生产和经营刘某某个人及其企业的专利技术及其产品;中段,不生产和经营纤维束过滤类技术及其产品;后段,不做侵害刘某某个人及其企业利益的事情。

② 关于前段,鉴于《118协议书》的标的物是凡清公司的股权,而除外项目又是杨某在签订协议前已经参与的项目,故结合上下文,并兼顾双方在合同签订时的期待可能性,前段中的"企业"应当限定为凡清公司,相应……应理解为:不得生产和经营刘某某及凡清公司于2008年1月18日《股份转让协议书》签订时已经拥有的专利技术和产品(除去除外项目)。

③ 关于中段,鉴于前段已经对刘某某及凡清公司于《118协议书》签订时已经拥有的专利技术和产品进行了约定,故结合上下文,"不生产和经营纤维束过滤类技术及其产品"的含义应理解为:不得生产和经营通用的纤维束过滤类技术和产品。

④《司法鉴定意见书》引为参考的《压力式纤维束过滤器》(中华人民共和国化工行业标准HG/T4085-2009)行业标准……可以作为行业一般理解的标准。该行业标准由中国石油和化学工业协会提出,由化学工业机械设备标准化技术委员会归口,说明该行业标准已得到上述权威机构的审核和认可,并已成为我国化工行业内的共识,具有权威性。

⑤ 关于后段,不得侵害他人合法权益本属法定义务,无需当事人通过合同进行特别约定,故结合上下文,"不做侵害刘某某个人及其企业利益的事情"应理解为对前段和中段两项内容的补充说明,并不具有独立的行为内容的意义,其本意在于强调杨某不得以从事前段和中段两项行为的方式侵

害刘某某及凡清公司的合法权益。

综上,约定竞业禁止义务的内容为:不得生产和经营刘某某及凡清公司于 2008 年 1 月 18 日《股份转让协议书》签订时已经拥有的专利技术和产品(除去除外项目);不得生产和经营通用的纤维束过滤类技术和产品。

(2) 关于杨某应履行的竞业禁止义务的起始时间问题。

① 《118 协议书》约定,杨某"自股权转让交易完成之日起"即应开始履行竞业禁止义务。股权转让交易能否完成并非未来必然发生的事件,故该约定实质上属于附停止条件的合同条款,即如果股权转让交易完成之条件成就,则自股权转让交易完成之日起,杨某即应开始履行竞业禁止义务。

② 从合同的目的来看,刘某某与杨某签订《118 协议书》的目的是转让股权,……股权转让条款约定的刘某某的付款义务和杨某的出让股权的义务均是协议项下双方应负担的主给付义务,构成对待给付关系。竞业禁止条款约定的杨某的竞业禁止义务是杨某应负担的从给付义务,与刘某某的付款义务不构成对待给付关系,而是附属于杨某出让股权的义务,故杨某的出让股权义务与附属于其上的竞业禁止义务应当同步履行。

③ 从双方的订约本意来看,相比《130 协议书》,《118 协议书》在约定的股权转让款减少的情况下,反而额外附加了竞业禁止条款,由此可见,杨某自愿负担竞业禁止义务是刘某某与其签订和履行《118 协议书》的重要基础,其本意在于通过限制杨某的劳动权及其领导的企业的商业竞争权来保护刘某某及凡清公司的商业秘密和竞争利益,而自杨某向刘某某出让股权之日起,凡清公司的商业秘密和竞争利益就处于暴露状态,故杨某自出让股权之日起,即应开始履行竞业禁止义务。

④ 从竞业禁止义务的性质来看,竞业禁止义务属于不作为义务,只要杨某不积极实施竞业行为,该项义务就能得到履行。反之,如果杨某积极实施竞业行为,刘某某及凡清公司的商业秘密和竞争利益就将不可逆转地遭受损害,双方签订《118 协议书》的基础就可能彻底破碎,且无从补救,故杨

某自出让股权之日起,就应履行竞业禁止义务。

⑤ 从实际履行情况来看,在刘某某已经支付了绝大部分股权转让款的情况下,杨某自愿配合刘某某于2008年1月31日向公司登记机关申请办理股权变更登记,由此可知,刘某某按期支付的300万元股权转让款,已经足以保障杨某实现其绝大部分合同利益,杨某自愿以实际履行的方式从该时点开始履行其合同义务。虽然刘某某此时仍有一小部分尾款未支付,嗣后又发生了延期履行的情形,但由于刘某某的付款义务与杨某的竞业禁止业务不构成对待给付关系,故刘某某的上述履行瑕疵尚不能阻碍杨某履行自身负有的竞业禁止义务。至于刘某某因履行瑕疵而可能产生的有关民事责任,杨某可以另行向其主张。

⑥ 从具体的时间点来看,刘某某与杨某于2008年1月31日向公司登记机关申请办理股权变更登记,同年2月24日,公司登记机关准予变更登记。法院认为,刘某某与杨某向公司登记机关申请办理股权变更登记之日,也即双方就办理股权变更登记达成合意并付诸实施之日起,股权变更至少在刘某某和杨某之间就应视为已经完成,虽然在公司登记机关准予变更登记之前,股权变更尚不能产生外部拘束力,即不能对抗善意第三人,但在刘某某与杨某之间已经可以产生内部拘束力。

综上,刘某某与杨某于2008年1月31日向公司登记机关申请股权变更登记的行为使得股权转让交易完成之条件成就,自该日起约定履行竞业禁止义务。

(3) 关于杨某应履行竞业禁止义务的期间问题。

① 刘某某与杨某并未在《118协议书》竞业禁止条款中明确约定杨某应履行竞业禁止义务的截止时间。庭审中,刘某某与杨某一致确认双方约定的杨某应履行竞业禁止义务的期间是终身。

② 关于杨某不得生产和经营刘某某及凡清公司于《118协议书》签订时已经拥有的专利技术和产品(除去除外项目以外)的义务,由于刘某某和凡

清公司对自身的专利技术和产品拥有处分权,禁止杨某生产和经营上述技术和产品,是刘某某和凡清公司对于自身合法权益的自由行使,不构成对杨某权利的不当限制,故双方约定该项竞业禁止义务的期间为终身,并不违反法律的强制性规定,应属有效。

③ 关于杨某不得生产和经营通用的纤维束过滤类技术和产品的义务,……虽然杨某在签订《118协议书》时与刘某某同为凡清公司的股东,两者地位平等,但竞业禁止条款限制的是杨某的劳动权,终身的竞业禁止期间将伤及杨某的基本生存权利,且不利于市场竞争机制的形成和科学技术的进步。根据《中华人民共和国劳动合同法》(以下简称《劳动合同法》)第二十四条第二款之规定,在解除或者终止劳动合同后,负有保密义务的人员到与本单位生产或者经营同类产品、从事同类业务的有竞争关系的其他用人单位,或者自己开业生产或者经营同类产品、从事同类业务的竞业限制期限,不得超过两年。上述法律规定属于效力性强制规定,虽然被规定在《劳动合同法》中,但应当类推适用于本案。

④ 从杨某所负竞业禁止义务的性质来看,竞业禁止条款属于单务无偿的合同条款,刘某某并未为杨某的竞业禁止义务支付任何对价,因此,也不宜对杨某科以过高的注意义务,对竞业禁止期间加以限制实属必要。

综上,杨某自2008年1月31日起不得生产和经营刘某某及凡清公司于2008年1月18日《股份转让协议书》签订时已经拥有的专利技术和产品(除去除外项目);自2008年1月31日起至2010年1月30日止不得生产和经营通用的纤维束过滤类技术和产品。

(4) 关于杨某应履行竞业禁止义务的方式的问题。

《118协议书》竞业禁止条款约定杨某"个人及其所领导或关联的企业"应履行竞业禁止义务。从形式上来看,上述表述属于对行为主体的约定,但基于合同的相对性原则,合同原则上不能约束合同当事人以外的人,……上述表述实质上是对行为方式的约定,即杨某既不能以自己行为的方式,也不能以自己所领导或关联的企业的行为的方式从事竞业行为。

（5）关于杨某是否违反竞业禁止义务的问题。

① 刘某某与杨某、峰渡公司的争议之一在于峰渡公司参与投标有关项目的行为是否导致杨某违反《118协议书》竞业禁止条款的约定。根据前述分析，更明确地说，争议在于杨某以峰渡公司的名义参与投标有关项目的行为是否导致杨某违反自2008年1月31日起至2010年1月30日止不得以自己行为或者以其领导或关联的企业行为的方式，生产和经营通用的纤维束过滤类技术和产品的约定。

② 首先，从杨某与峰渡公司之间的关系来看，杨某于2008年9月8日以增资入股的方式成为峰渡公司的控股股东，并担任法定代表人，由此可以认定，自2008年9月8日起，峰渡公司成为杨某领导或关联的企业。

③ 其次，从峰渡公司参与投标的项目来看，峰渡公司参与投标的临沭县项目于2009年10月9日中标，阳信县项目于2010年3月30日中标，由此可以认定，临沭县项目和阳信县项目均发生于杨某的竞业禁止期间（2008年1月31日至2010年1月30日）和杨某控股峰渡公司的期间（2008年9月8日起）。

④ 再次，从峰渡公司在临沭县项目和阳信县项目中使用的技术和产品来看，杨某、峰渡公司自认峰渡公司以"浮动式R型蠕动床环形纤维滤池"技术和产品中标上述两个项目，刘某某对此亦不持异议，由此可以认定，峰渡公司在上述两个项目中使用的技术和产品是"浮动式R型蠕动床环形纤维滤池"。

⑤ "浮动式R型蠕动床环形纤维滤池"属于通用的纤维束过滤类技术和产品范畴。根据杨某、峰渡公司的自认、《司法鉴定意见书》中的分析以及峰渡公司参与招投标并中标项目的技术要求，"浮动式R型蠕动床环形纤维滤池"产品中使用的过滤介质"环状纤维"属于纤维束，只不过表现为环状的外形，而环状的外形并不改变其纤维束材质的本质属性。

综上所述,杨某以峰渡公司的名义参与投标并中标临沭县项目和阳信县项目的行为违反约定的竞业禁止义务。

5. 关于峰渡公司拥有相关技术的专利权,是否可以免除杨某违约责任的问题

(1) 刘某某与杨某、峰渡公司一致确认,峰渡公司以"浮动式R型蠕动床环形纤维滤池"技术和产品中标了临沭县项目和阳信县项目。同时,杨某、峰渡公司自认,峰渡公司拥有的7项专利和《司法鉴定意见书》中用作比对的专利均被运用到了"浮动式R型蠕动床环形纤维滤池"技术和产品中。此外,杨某亦是本案所涉部分专利的发明人。刘某某对本案所涉专利的真实性亦不持异议。由此产生的问题是,《118协议书》竞业禁止条款的约定是否会限制发明的创造和应用,抑制社会的创新能力,阻碍科学技术的进步,进而违背有关知识产权法律的立法本意。

(2) 竞业禁止条款仅是限制杨某及其领导和关联的企业在一定期间内不得生产和经营相关技术和产品,但并未限制杨某进行相关技术的发明创造,亦不影响其获得专利权。退一步说,即便杨某所负竞业禁止义务可能会对相关技术和产品的应用造成一定影响,但由于受到最长不超过两年期间的制约,这一影响也处于合理范围内。更何况,上述有限的影响也是杨某自愿承诺的结果。

(3) 杨某发明相关专利的行为和峰渡公司拥有相关专利权的事实并不构成违约,构成违约的是杨某以个人和峰渡公司的名义生产和经营相关技术和产品的行为。

因此,峰渡公司拥有相关技术专利权的事实亦不构成免除杨某违约责任的正当事由。

6. 关于杨某是否应当支付刘某某违约金、是否需要对违约金数额进行调整的问题

(1) 鉴于杨某的行为已经违反《118协议书》中约定的竞业禁止义务,理

应承担相应的违约责任,故杨某应当按照竞业禁止条款的约定向刘某某支付违约金。

(2) 根据《中华人民共和国合同法》(以下简称《合同法》)第一百一十四条第二款规定、《最高人民法院关于适用〈中华人民共和国合同法〉若干问题的解释(二)》第二十九条第一款规定,一审法院认为,违约金过分高于实际损失是当事人提出适当减少违约金请求的前提,杨某作为违约方应对违约金约定过高的主张承担举证责任,刘某某作为非违约方主张违约金约定合理的,亦应提供相应的证据。本案中,刘某某与杨某均未能提供充分有效的证据佐证各自的主张。

(3) 综合考虑查明的各项事实和相关行业的发展水平,根据公平原则和诚实信用原则,在双方合意约定的 200 万元违约金的基础上予以适当减少。

(4) 首先,以刘某某与杨某合意约定的 200 万元违约金作为违约金数额考量的基准具有合理性。其一,2008 年 1 月 18 日《股份转让协议书》是双方基于自身的商业判断和风险承担能力合意签订的合同,故原则上,对其中的违约金条款应当予以尊重。其二,本案中,峰渡公司参与招投标的项目标的额位于自 100 余万元至近 2,000 万元的区间,至少可以说明纤维束过滤器行业工程项目大致的标的额范围,较高的违约金符合该行业的发展水平。其三,经原审法院反复询问,杨某始终拒不向原审法院说明峰渡公司中标相关项目的盈利情况,使得相关项目的获利情况无法查明,应承担相应举证不能的责任。

(5) 其次,关于对约定违约金进行适当减少的理由如下:其一,契约自由并不意味着可以排除一切社会干预,违约金的本旨在于弥补损失,同时兼顾对违约行为的惩罚,故违约金的功能应以赔偿性为主、惩罚性为辅,质言之,当违约金与造成的实际损失相差过于悬殊时,就有进行适度调整的必要和余地。其二,峰渡公司在相应的竞业禁止期间,参与招投标并中标了临沭县项目和阳信县项目,……鉴于刘某某仅举证证明峰渡公司在相应的竞业禁止期间内参与招投标并中标了临沭县项目和阳信县项目,但未能就其所受直接损失和间接损失的具体数额进行完全举证,故对约定违约金进行适当减少亦有余地,故酌情确定杨某应支付刘某某违约金150万元。

7. 关于峰渡公司是否应当承担违约责任的问题

根据《合同法》第八条之规定,依法成立的合同对当事人具有法律约束力。峰渡公司并非《118协议书》的当事人,刘某某与峰渡公司相互之间不具有合同上的权利义务关系,根据合同的相对性原则,竞业禁止条款仅能约束杨某,不能约束峰渡公司,故峰渡公司无需履行竞业禁止义务,亦无需承担违约责任。

据此,一审法院作出判决:(1)杨某于判决生效之日起10日内支付刘某某违约金150万元;(2)对于刘某某的其余诉讼请求不予支持。

二审法院的裁判观点如下:

第一,本案纠纷系基于股权转让法律关系,作为股权受让方的刘某某,为维护自身及凡清公司权益,向股权出让方杨某主张违反协议义务应当承担赔偿责任。尽管刘某某与凡清公司系不同的主体,但基于刘某某与凡清公司之间长期的持股关系,两者在涉案权利归属上具有高度关联性。因此,原审判决认定凡清公司在先曾向杨某及峰渡公司提出与本案相同诉讼请求,构成诉讼时效中断,并无不当,刘某某提起本案诉讼并未超过诉讼时效。杨某就此提出的上诉主张不能成立。

第二,原审判决结合系争协议文义、合同目的及诚实信用原则,所作分析和认定,即尽管刘某某逾期支付股权转让款,但《118协议书》中"竞业禁止"等条款仍然有效,该认定充分合理,并无不当。杨某就此所持上诉主张,缺乏事实依据,不能成立。

第三,《118协议书》签订时,杨某系凡清公司股东。该协议中关于杨某及其领导或关联企业不得生产经营同类技术和产品等内容,既非《公司法》

所规定的公司特定主体基于忠实义务,在职期间所应当承担竞业禁止义务的范畴,亦非《劳动合同法》所规定的特定劳动者,在解除或终止劳动合同后,所应当承担的竞业限制义务。该条款内容应当理解为缔约双方在系争股份转让协议中,就杨某将其名下全部股份转让给刘某某后,即杨某与刘某某之间共同投资经营凡清公司的合同关系终止后,杨某所应当承担的后合同义务的约定。杨某理应按照该约定内容,遵循诚实信用原则,履行不得生产经营同类技术和产品等义务。

第四,关于杨某所应当承担后合同义务的期限问题。本院认为,应当基于当事人的合意及公平原则进行认定。本案系争股份转让协议缔约双方,在系争协议中并未明确约定具体期限。原审两次庭审及二审庭审中,杨某就此陈述并不一致。原审判决结合本案事实,兼顾对有序市场体系和公平竞争机制的维护,参照相关法律认定该期限为两年,并无不当。

第五,原审判决根据杨某在该期间内所实施的违约行为,遵循公平原则和诚实信用原则,将违约金酌情调整为150万元,亦属公平合理,两上诉人分别就此所持异议,均不能成立。

综上所述,二审法院判决如下:驳回上诉,维持原判。

四、对赌概述

(一) 对赌的定义

1. 定义及内涵

"对赌"这个概念进入国人眼球,通常被认为源自蒙牛乳业于2004年港交所上市招股说明书中披露的、金牛公司(蒙牛创始股东发起设立的BVI,即英属维尔京群岛注册公司)与摩根士丹利等投资者约定的"估值调整机制"。[①] 该约定的主要内容为:如2004—2006年三年中,蒙牛乳业的复合增长率低于若干百分比,则金牛公司向投资者交付一定数额的股份;如高于若干百分比,则投资者向金牛公司交付一定数额的股份;金牛公司有权选择以支付现金的方式替代前述"对赌"失败后的股份交付。这场"与创始股东对赌"交易安排的结果是,蒙牛乳业的复合增长率达到预期,创始股东获得了来自三家投资者的股权补偿,赢得了"赌注";同时三家投资者也从蒙牛乳业的股价增值中获利颇丰,各方皆大欢喜。

此后的摩根士丹利等投资机构与永乐电器创始股东对赌、高盛等投资机构与雨润食品创始股东对赌等典型案例,使得"对赌"这一概念在投资业界被更广泛地接受,创始股东"对赌失败"所造成的惨重后果也经由媒体报道而被社会公众所知(不论其他,单"对赌"这一词汇便极具戏剧张力,颇受新闻行业青睐)。而在司法层面,"海富案""瀚霖案""华工案"等一系列典型案例所传达出的司法机构观点,也引导了国内创业投资行业对于"对赌"的

[①] 蒙牛乳业:《招股章程》(2004年6月1日于港交所发布),https://www1.hkexnews.hk/listedco/listconews/sehk/2004/0601/02319/cwp111_c.pdf。

认知与操作方式的改进。

国内司法部门对"对赌"的定义，可以参考《九民纪要》中的表述："实践中俗称的'对赌协议'，又称估值调整协议，是指投资方与融资方在达成股权性融资协议时，为解决交易双方对目标公司未来发展的不确定性、信息不对称以及代理成本而设计的包含了股权回购、金钱补偿等对未来目标公司的估值进行调整的协议。"除此以外，在具有强制力的法律文件中，尚无对"对赌"的明确规定。实务中，从业者主要是根据典型案件所传达出的司法机构观点，并结合民商事法律的基本原则及法律规则对相关问题进行判断。

从语义上分析，前述定义应是基于如下预设前提：第一，作为创业投资对象的公司通常并非公众公司，其股权价格缺乏市场给予的定价依据，而主要是依据一定的估值模型算出，并经投融资双方协商确定，其准确性受投资人对于目标公司当前及未来情况的判断影响，而前述判断又不可避免地以目标公司提供的材料与数据为基础作出，具有较大的不确定性；第二，投资人在创业投资中通常不实际参与目标公司经营决策，而是与目标公司创始团队处于一种类似"委托管理"的关系，其及时获取目标公司信息、影响目标公司决策的机会受限。为了平衡这种"不确定"与"受限制"，各方约定了"对赌条件"，并根据该条件是否达成，对目标公司的估值进行调整，将目标公司"合理估值"与投资时估值的"差价"退回，或由投资人进行补足——在国内的对赌实践中，据笔者了解，以仅约定"退回"的情况居多。

2. 基于对赌定义产生的问题及分析

前述对赌定义参考了相关学术研究成果，相对而言具备合理性，但其实也存在一些问题，如：

第一，"估值调整"的定义难以涵盖所有的对赌方式。最高人民法院将对赌定性为一种"估值调整"，这在"金钱补偿"这种对赌方式中基本可以自圆其说。但对于"股权回购"，其常见操作方式是约定如未满足某一条件（例如目标公司在未来 5 年内完成上市），则目标公司/目标公司创始股东需要以一定的价格购买投资人所持（部分或全部）股权。在这种情况下，投资人通过主张"回购权"而退出公司——这难道还能称之为一种"估值调整"吗？为了解释这个问题，部分人士提出一种观点，即认为"股权回购"这种对赌方式是对于"退出估值"的调整，①以此将股权回购归入"估值调整"的范畴。也有部分人士持不同意见，认为应当将"对赌"与"回购"作为相并列的两个概念："对赌"仅指"金钱补偿"与"股权补偿"方式，"回购"仅指投资人得以完成投资退出的"股权回购"方式。②

对于这个问题，在尊重《九民纪要》定义的前提下，③笔者认为，在创业投资实务中，作为对赌实现方式之一的"股权回购"至少包含两重内涵：首先是，如未满足约定条件，则认为投资人的投资目的已经无法实现，投资人有权要求投资退出，产生类似于"合同目的无法实现，投资协议解除"的效果；其次才是，股权回购是对于"退出估值"的事先约定。进行前述区分，有助于在实践中认定对赌条件的触发与否，对于相关问题的实际解决有重要意义。在本书后文的案例分析中，笔者会对这个观点展开解读。

第二，"对赌"常会与"违约责任"相混淆。这个问题乍看难以理解，但却经常在司法实务中出现。据笔者了解，该问题在一些投资协议的起草中并未得到应有的重视。从底层逻辑来看，"对赌"的主要目的是解决目标公司经营中的"不确定性"问题：对于目标公司或创始股东而言，即便一门心思地投身于经营发展，没有任何明显过错，公司仍然有可能由于其他原因经营不善、无法完成既定的经营目标——即使在没有任何可归责性的情况下，相关主体仍可能需要承担对赌义务。而"违约责任"的目的是限制义务人的行

---

① 参见李亚：《私募股权基金：投资对赌条款及司法案例考察》，法律出版社 2020 年版。
② 参见储小青：《股权投资争议解决：对赌与回购实务要点及案例精析》，法律出版社 2020 年版。
③ 指将股权回购、金钱补偿，以及下文提到的股权补偿方式均归为"对赌"，而不将"对赌"与"回购"并列看待、或创设一些新的相关词汇。

为,只要相关义务人按照合同约定为,或不为某种行为,就"确定的"不会产生违约责任。如按照前述理论,对赌与违约责任泾渭分明。然而实务中,相当一部分投资人将目标公司违规对外担保、创始团队在服务期内离职、创始股东提供虚假信息等本属于"违约责任"规制的行为也列为对赌条件。[①] 违约行为是否足以产生"股权回购""金钱补偿""股权补偿"等后果？对于前述行为产生的金钱债务,是否受《民法典》第五百八十五条[②]规制,从而可以按照"实际损失"调整其金额？对于这些问题,《九民纪要》并未涉及。

第三,《九民纪要》中只提到了股权回购、金钱补偿两种对赌方式,而在实践中还存在"股权补偿"的对赌方式。如在前文介绍的摩根士丹利等投资机构与蒙牛乳业创始股东的对赌中,即主要采取交付股份的对赌方式,并以金钱补偿方式作为可选项。对于这个问题,最高院已在《〈全国法院民商事审判工作会议纪要〉理解与适用》[③]中作了补充说明,即承认了"股权补偿"是一种与"股权回购""金钱补偿"并列的对赌方式。之所以未将其列入《九民纪要》,是因为最高人民法院认为这种方式在实务中"并不常见"。

在承认存在股权回购、金钱补偿、股权补偿三种对赌方式的基础上,又进一步产生了应如何归类的问题:部分观点根据投资人外观上是否退出目标公司,认为应将金钱补偿与股权补偿归为一类,股权回购单独归为一类;部分观点则认为金钱补偿方式虽然未导致投资人持股比例下降,但结果上确实使得投资人得以"套现",故应与股权回购归为一类——而投资人通过股权补偿并未实际获利,也未退出目标公司,反而与目标公司利益捆绑更为

[①] 如在笔者代理的一个对赌纠纷中,投资各方约定的对赌触发条件为"因创始股东或目标公司重大过失,目标公司未能于××年××月××日完成新三板挂牌"。这个条款产生了对赌与违约责任的交集,也给了创始股东以有利的答辩依据,即主张虽公司未如期挂牌,但自身及公司不存在重大过错。

[②] 《民法典》第五百八十五条规定:"当事人可以约定一方违约时应当根据违约情况向对方支付一定数额的违约金,也可以约定因违约产生的损失赔偿额的计算方法。约定的违约金低于造成的损失的,人民法院或者仲裁机构可以根据当事人的请求予以增加;约定的违约金过分高于造成的损失的,人民法院或者仲裁机构可以根据当事人的请求予以适当减少。"

[③] 详见《〈全国法院民商事审判工作会议纪要〉理解与适用》,第119页。

紧密,故应单独归为一类。这两种分类方式基于不同视角作出,笔者认为并无对错之分。

综上所述,笔者认为《九民纪要》中对于"对赌"的定义基本传达了投融资过程中交易各方的真实意思,体现了司法机关对于"对赌"背后商业逻辑的理解,但在实际操作中还需结合个案特殊性,对该定义加以扩充与调整,以使其更准确地描述"对赌"的法律实质。

(二) 对赌的海外渊源

对于对赌的起源,学术界多有争论。有认为是纯粹本土化的产物,也有认为在美国为首的市场经济国家早有成熟的先例。结合相关学者的学术研究及美国风险投资协会(NVCA)"标准合同文本"中的表述,笔者倾向于认为:"对赌"是一种早期由外国投资机构引入相关观念、在中国法治环境及投资市场环境影响下发展出的较为本土化的概念。在当下看来,其已具备中国特色并适应中国市场,难称是一种"舶来品"。虽然如此,我们仍有必要通过研究海外类似概念及司法判例,[①]分析其中的论述逻辑,从而深化对这一概念的理解。

1. NVCA 标准合同文本中的"对赌"

"股权回购"方式进行的对赌,在美国风险投资协会 2020 年版《投资条款清单》(Term Sheet)中对应为"赎回权"(redemption rights)条款。该条款的主要内容为优先股股东享有"在交割 5 周年后的任何时点要求目标公司以原始购买价格回赎其所持股权"[②]的权利。与国内常见的对赌条款相比,其主要特点在于:第一,只将目标公司作为回购主体,而未将创始股东、实

---

① 据笔者所知,"对赌"一词中关于"赌"的内涵确为中国独创,未见于英文文献。虽如此,下文中为表述简洁,对海外类似于"对赌"的实践操作也均使用"对赌"一词代指。
② NVCA-2020-Term-Sheet-1,p7.

际控制人等作为回购主体;第二,回购价格为"原价回购",并未增加"投资收益"的部分。在赎回权条款的注释中,NVCA 的专家详细地介绍了该条款的适用现状及在实操中面临的主要困难:"赎回权条款在实务中很少被行使。如果在《投资条款清单》中进行约定,请注意,法律可能不允许公司在投资者最希望的情况下实现赎回权……"

而以"金钱补偿/股权补偿"方式进行的对赌在 NVCA 标准合同文本中甚至找不到明确对应的条款。一些研究表明,"估值调整"(Value Adjustment Mechanism)这个概念,对于美国风险投资行业而言或许是相当陌生的。①

对赌条款在中美两国使用频率及具体操作方式的差异应是相当程度地受到本国投资环境和投资机构需求的影响。参考相关专业人士的观点,②美国等市场经济较为活跃的国家较少采用"对赌"或类似于对赌的"或有对价"机制,③其主要原因在于:第一,随着创业投资市场中资金供给(相较于需求而言)的充裕,有利于投资人而不利于创始人的"对赌"条款日渐式微;第二,创业公司的创始人往往资金不足,即使想要进行金钱对赌也并无可偿付资金;第三,法律专业人士的高频介入,使得投融资各方不会轻易接受不合理条款;第四,标准化的尽职调查可以一定程度上缓解投融资各方间的"信息不对称",使得对赌并不是那么"不可或缺"。

2. Thoughtworks 案中的对赌

Thoughtworks 案发生在美国创业投资集中的特拉华州,其主要判决产生于 2010 年,是目前美国"对赌"纠纷中的代表性案例。该案产生的司法观

---

① 杰克逊滕:《估值调整机制的合法性研究 I——起源与演变》,来源于微信公众号律商 Legal Insights,https://mp.weixin.qq.com/s/eHXjl4bOX_yAa_GxqC5U1g。

② 清澄君:《硅谷无对赌》,https://mp.weixin.qq.com/s/i3aQwMBp8WylDqX0ffXTQQ。

③ "或有对价",又称"盈利能力支付计划",或直接称为"earn-out"。其实施方式通常为投资人约定其资金的投入以目标公司、创始股东达成某些条件为前提。相较于先支付投资款、再择机估值调整的对赌方式,"或有对价"将付款与条件达成的先后顺序颠倒了过来。如本书"先决条件"部分"二、条款常见内容及注意要点"之"(一)先决条件的确定"中便介绍了一个简单却真实发生在投资交易中的"或有对价"条款。

点较深刻地影响了当地的创业投资实践,导致"投资人要求目标公司回购股权"这种对赌方式受到某种美国式的"资本维持原则"的限制,给予了市场"与目标公司对赌较难达成"的心理预期。美国风险投资协会《投资条款清单》也为该案件专门修改了"赎回权"条款的内容及条款注释:"……特别是考虑到特拉华州衡平法院在 Thoughtworks 案中的裁决,(类似情形下的)投资者可能会寻求强制执行条款以赋予其赎回权更多的相关权利——例如,(在投资协议中约定)A 系列优先股的多数持有人应有权选举公司董事会的多数成员,或对公司现金支出拥有同意权,直到这些款项全额支付"。与之相配套的《公司章程》标准文本也在"赎回权"一节增添了"收到赎回请求后,公司应将其所有资产用于任何此类赎回,不得用于其他公司目的,除非特拉华州法律禁止向股东分配"的表述。①

在该案件中,投资人 SVIP 以认购优先股的形式向 Thoughtworks 公司投入 2,660 万美元,相关赎回权约定为:"投资交割后 5 周年之日……,如果在该日期之前,公司未在合格的公开发行中向公众发行普通股……各优先股持有人有权要求公司从任何合法可用的资金(funds legally available)中赎回现金,且该等资金未被董事会指定为必要资金,以满足公司在赎回日期财年的营运资本要求②……"即投资人针对公司上市时间与目标公司进行了"股权回购"式对赌——目标公司最终也确实未能如期完成公开上市,SVIP 在目标公司分批回购了一部分股权后,起诉要求目标公司一次性回购 SVIP 所持的剩余全部优先股。

该对赌产生的诉讼以投资人败诉告终。特拉华州法院认为目标公司并不存在足够的"合法可用资金",故无需一次性赎回投资人所持的全部优先股。该案作为司法判例产生的重要观点为:第一,为了保护外部债权人,防

---

① NVCA-2020-Certificate-of-Incorporation-September-1-2020,p36.
② SV INVESTMENT PARTNERS LLC ET AL. V. THOUGHTWORKS INC.,26 No. 10 Westlaw Journal Delaware Corporation Law Update 6.

止目标公司丧失持续经营能力和偿债能力,目标公司只能使用"合法可用资金"赎回投资人所持的股权(该案判决后,即便该"合法可用资金"的表述并未在投资协议中约定,当地法院仍会默认采取"合法可用资金"标准);第二,对于"合法可用资金"范围的认定,并不采用"溢余"标准,[①]而是将其归入目标公司董事会商业判断的范畴。如投资人无法证明董事会存在"行为不端、恶意或欺诈",则法院会采纳董事会对于目标公司是否有,以及有多少"合法可用资金"的合理商业判断——不难想象,投资人通常很难证明董事会存在前述恶意行为。这也正是美国风险投资协会《投资条款清单》注释中所述的"Thoughtworks案后,一些仍希望行使赎回权的投资人倾向于取得选举公司董事会的多数成员的权利,或对公司现金支出拥有同意权"的原因。

Thoughtworks案对美国创业投资行业的启示可以在该案判决书中的一句论述中得到比较明确的体现:"老练的投资者(应当)明白,强制性赎回权提供的保护有限且功能不完善,尤其是当公司陷入财务困境时。"

(三) 对赌在本土化探索中体现出的复杂性

前文已述,不论是"股权回购""金钱补偿"还是"股权补偿"对赌,其在中国国内创业投资实践中均体现出相当的本土化特色。比如在对赌的运用频率方面,不少投资机构,尤其是具有国资背景的投资机构将"对赌"作为必备的风控手段;对赌主体[②]方面,投资人更倾向于选择目标公司的创始股东

[①] 本案中的"溢余"指公司净资产超过公司发行股票的面值。"溢余"的内涵在 Klang v. Smith's Food & Drug Ctrs., Inc., 702 A.2d 150, 153 (Del.1997)案件中明确,其法律依据为《特拉华州普通公司法》第154条:如果回购中使用的资金超过公司的"溢余"金额,则回购会削弱资本。

特拉华州法院在 Thoughtworks 案中不采用"溢余"标准的原因为法官认为"合法可用资金并不等同于溢余……一个公司即使有溢余也可能会因缺乏资金而无法清偿到期债务,从而不具备赎回股权的条件"。

[②] 严格而论,投资人也属于一方"对赌主体",但为表述方便,本书中所称的"对赌主体",特指目标公司、创始股东、实际控制人等在国内风险投资市场中通常承担股权回购、金钱补偿等义务的主体。

或实际控制人,而非目标公司本身承担对赌义务;对赌条件方面,除常规的经营业绩(净利润、销售收入等)、公开上市时间外,投资人有时希望对赌条款发挥类似"违约责任"的作用,比如将目标公司违规对外担保、创始团队在服务期内离职等也列为对赌条件;股权回购价格方面,投资人倾向于在投资款原价基础上约定额外利息。凡此种种,均是投资各方基于中国创业投资市场现状所自然产生的"本土化需求"——进一步地,这些需求受典型司法案件影响,在法律专业人士笔下逐渐形成了有中国特色的"对赌协议"条款。

为了说明这种复杂性,笔者以下介绍一个近年发生的司法案例。

在上海市高院〔2020〕沪民29号胡某某、宋某某与上海隽盛股权投资基金管理有限公司公司增资纠纷中,回购条件看似确定无疑地触发了,投资人最终却并未成功行使回购权。本案中投资人与目标公司创始股东间约定的对赌条款为"如目标公司未能在2016年6月30日前完成新三板挂牌,则投资人有权要求创始股东按照投资款的同等数额并加10%年回报率回购所持全部股权",也即采取了"股权回购"式对赌。在协议履行中,目标公司未能如期挂牌,而是在2016年8月9日完成挂牌,较对赌约定时间晚了40天。投资人据此于2018年起诉要求创始股东履行回购义务。

本案中,一、二审法院均支持了投资人的诉请。然而再审法院上海高院推翻了一、二审判决,改判回购条件不触发,驳回了投资人的全部诉请。再审法院之所以作出截然不同的判决,主要基于以下几点认知:

第一,投资人未在回购条件触发的第一时间行使回购权,而是持续持有股份直至目标公司完成挂牌。这说明其对挂牌时间并不敏感,涉案回购条款在本质上应属"挂牌对赌"而非"挂牌时间对赌"。

第二,目标公司的股价在挂牌后较长时间内曾高于投资人投资时的股价,故目标公司延期挂牌的履约瑕疵已通过成功挂牌予以补正,并无证据证明因此造成投资人实际损失,更遑论"合同目的无法实现"。至于案涉股票无法实际通过新三板系统找到买家,或目标公司股价下跌的风险,为各方签订对赌协议时所应知的商业风险。

在本案中,如仍将对赌机械地理解为"估值调整",则目标公司未能如期挂牌的客观事实就已经满足了投资各方对于"目标公司估值高估"的预先约定,创始股东承担回购义务应是没有什么疑问的——本案一、二审法院就是基于这种逻辑,判决支持投资人行使回购权。但再审法院考虑到回购权行使的后果是投资人得以取回投资款、完全退出目标公司,这意味着《投资协议》的终止。而本案中若承认投资人的回购权,则无异于承认:① 如目标公司始终未挂牌,投资人得以主张回购以"保本";② 如目标公司如期挂牌,投资人得以通过新三板股权交易退出获利;③ 如目标公司逾期挂牌,则投资人可视市场行情,或选择在行情好时通过新三板股权交易退出获利,或在行情差时行使回购权以"保本"。通过分析投资协议文本表述及投资各方的沟通记录,再审法院认为虽然目标公司未满足"挂牌时间"约定,但毕竟已满足"挂牌结果"的约定,对投资人而言两者并无本质不同;而投资人在沟通中也并未在逾期挂牌的第一时间主张回购,而是一段时间后才基于目标公司股价下降要求回购。所谓"逾期挂牌"只是一个借口。

本案中上海市高院突破"估值调整"观念而对于"对赌"进行灵活化理解,造就了更加公平、合于常识的判决结果。这种观念其实与笔者前文所述"估值调整难以涵盖所有的对赌方式"等观点有共通之处。法院通过论证目标公司逾期挂牌"未对投资人造成实际损失,也未导致投资人合同目的无法实现",进而认定回购权虽在目标公司逾期挂牌时产生,却已在公司成功挂牌时消灭,其背后应借鉴了《民法典》第五百六十三条[①]关于根本违约造成合同目的无法实现的"法定合同解除权"相关规定的内在逻辑。

---

① 《民法典》第五百六十三条规定:"有下列情形之一的,当事人可以解除合同:……(四) 当事人一方迟延履行债务或者有其他违约行为致使不能实现合同目的。"

(四) 小结

从前文可知,相较于美国创业投资市场中"对赌"的式微,对赌在中国国内却呈现茁壮发展的态势。不论这种态势长远来看利弊如何,其均使对赌问题在国内法视角下更具重要性与复杂性,值得从事相关业务领域的法律工作者进行深入研究,以填补立法与司法的空白,促进相关问题的妥善解决。

在中国创业投资发展的近20年来,笔者所在团队有幸为若干投资机构、创业公司及创始股东客户起草了形形色色的投资交易文件、对赌条款,并曾分别代理对赌各方进行了对赌相关的诉讼、仲裁,对其中的重要、疑难问题有一些自身的见解与经验。在本书接下来的部分,笔者将从对赌主体的选择、对赌与股东身份、对赌条件、对赌价款、对赌权利行使期限、对赌方式的竞合等若干方面展开解读。对于其中部分问题,因实务中争议较大,尚不存在普遍观点,笔者也将在尽量客观介绍各方观点的基础上表达自身的见解。

五、如何选择对赌主体

(一) 问题提出与司法观点沿革

对赌主体选择问题是投资者在运用"对赌"这一机制时通常所面临的首要问题。一般而言,可承担对赌义务的主体有以下三类:目标公司、创始股东、实际控制人。鉴于"与实际控制人对赌"产生的问题并未实质异于"与创始股东对赌",[1]本书不展开讨论,实务中投资人面临的问题可以归纳为"选择与目标公司对赌还是与创始股东对赌"。

对于这个问题,最高院在《九民纪要》中其实已经给出了比较明确的回答:对于投资人与创始股东或实际控制人对赌的情形,原则上有效并可强制执行。对于投资人与目标公司对赌的情形,原则上有效,但对赌的实现需要目标公司予以配合(如召开股东会/股东大会形成减资决议)。

既然司法观点已经比较明确,那么这个问题还有讨论的必要吗?笔者认为还是有的。首先,前文已述,《九民纪要》并非有强制效力的法律文件,仅起到表达最高院指导观点的"软作用";其次,《九民纪要》出台前后,在商事仲裁实务中均存在不依前述司法观点裁判的特例;最后,《九民纪要》作为当前最高院的指导意见,难称未来不会随经济、社会环境的发展而发生变化。总而言之,《九民纪要》对于对赌实务的指导意义弥足珍贵,但实践中个案是否均可简单套用,笔者认为其中还存在商讨的余地。

---

[1] 与实际控制人对赌也会产生一些特殊问题,如是否可以与和公司不存在显名股权关系的外部第三人对赌等。但考虑到这些问题大多可以运用相关法律规则及原则简单解释,本书对此不再赘述。

笔者以下将结合国内对赌司法实践中出现的典型案例,详细解读关于对赌主体问题的司法观点沿革及底层逻辑,与读者一同探讨对赌主体选择的相关司法观点"从何而来,又将走向何处"。本部分从两方面展开:一是从海富案、华工案到《九民纪要》的司法观点沿革进行解读;二是就实务中对于"与目标公司对赌"的变通操作进行论述。

1. 从海富案到华工案:对赌主体选择的司法观点沿革

谈到对赌的司法实践,一定绕不开著名的"对赌第一案"海富案,即最高院于 2012 年 11 月作出判决的〔2012〕民提字第 11 号甘肃世恒有色资源再利用有限公司、香港迪亚有限公司与苏州工业园区海富投资有限公司、陆某增资纠纷。在这个案件中,最高院推翻了一、二审法院判决,对于对赌主体的选择给出了明确的观点:与目标公司对赌无效,与创始股东对赌有效。该案件对投资领域影响十分深远,促使一些投资机构修订投资协议模板,转而将创始股东、实际控制人锁定为对赌主体。此后的诉讼实务中,各法院也多沿用海富案的观点作出判决。虽在商事仲裁中仍有例外,但基于仲裁与诉讼的不同,难称其构成对司法"通说"观点的颠覆。[①] 且根据有限的仲裁案例,也远不能得出"商事仲裁认可投资人与目标公司对赌"的结论。

海富案中,最高院论证的核心逻辑为:与目标公司进行金钱补偿对赌,损害了公司利益和公司债权人利益,故无效。案件主要事实整理如下:

(1) 海富案介绍

2007 年,投资人苏州工业园区海富投资有限公司(简称海富公司或投资人)[②]以增资方式投资于目标公司甘肃众星锌业有限公司(后变更为中外

---

① 参见《来自一线的对赌报告》,https://mp.weixin.qq.com/s/d3DU3DlI58QYCxnVEc0xDg。根据该文章所述,该文作者所代理的某案件裁决书送达于 2014 年 5 月 26 日,仲裁机构根据个案事实情况,尊重民事主体的意思自治,认定目标公司应向投资人进行业绩补偿。

② 本章节涉及若干案例,为免读者因诸多主体名称而困惑,本章各案例均采取将特定主体简化为某类身份(如投资人、目标公司、创始股东等)的方式处理。故即使表述同为"投资人",在不同案例中亦代指不同主体,读者阅读时应加以注意。

合资企业甘肃世恒有色资源再利用有限公司,简称世恒公司或目标公司),并与目标公司、目标公司的创始股东香港迪亚有限公司(简称迪亚公司或创始股东)开展两项对赌:第一,如目标公司无法达成2008年度净利润不低于3,000万元的业绩目标,则目标公司向投资人进行金钱补偿,创始股东承担补充责任[1];第二,如目标公司因自身原因于2010年10月20日未能上市,投资人有权要求创始股东回购股权。据工商年检报告登记记载,目标公司2008年度净利润仅26,858.13元,远未达到3,000万元的约定目标。投资人因而起诉要求目标公司、创始股东承担相应金钱补偿义务。[2]

一审法院兰州市中级人民法院判决驳回投资人的诉请。其逻辑在于,认定金钱补偿对赌属于一种"不按持股比例分配利润"的"损害公司利益及公司债权人利益"的行为。具体而言,因世恒公司是一家中外合资公司,一审法院依据当时仍生效的《中外合资经营企业法》第八条,[3]认定与目标公司对赌的行为属于《公司法》所规定的"损害公司利益及公司债权人利益"的行为,因而无效。

二审法院甘肃省高级人民法院则通过认定金钱补偿对赌"违反了投资领域风险共担的原则,使得海富公司作为投资者,不论世恒公司经营业绩如何,均能取得约定收益而不承担任何风险","是明为联营,实为借贷,违反了有关金融法规",而认定对赌协议无效。[4] 不仅认定对赌约定无效,法院还进一步认定投资人2,000万元投资款中本应归入资本公积部分的1,885.2283万

---

[1] 对赌协议表述为,如果目标公司未能履行金钱补偿义务,投资人有权要求创始股东履行补偿义务。

[2] 在该案件中,投资人还有一项诉请是要求创始股东的法定代表人陆波承担补偿义务。该诉请未被支持,因陆波并非合同约定的对赌义务承担主体,不应承担个人责任。因该事项与本篇主要内容并无直接关系,故略去。

[3] 《中华人民共和国中外合资经营企业法》第八条第一款规定:"合营企业获得的毛利润,按中华人民共和国税法规定缴纳合营企业所得税后,扣除合营企业章程规定的储备基金、职工奖励及福利基金、企业发展基金,净利润根据合营各方注册资本的比例进行分配。"

[4] 该案判决中引述了《最高人民法院关于审理联营合同纠纷案件若干问题的解答》第四条第(二)项。

元为"名股实债",故该部分款项的支付亦无效,应由目标公司及创始股东予以返还①;又因投资人基于对"对赌"的合理信赖而履约,目标公司及创始股东对于合同无效负有主要过错,应另行向投资人按同期银行定期存款利率支付利息。

最高院在再审判决书中指出:第一,二审判决不应超越诉请(支付补偿款)而作出返还本金并支付利息的判决;第二,二审法院认定投资人1,885.2283万元的投资款"名为联营实为借贷"没有法律依据,是错误的;第三,一、二审法院对于与目标公司对赌损害公司及债权人利益而无效的认定是正确的;第四,关于目标公司创始股东承担对赌义务的约定,"并不损害目标公司及债权人的利益,不违反法律法规的禁止性规定,是当事人的真实意思表示",应属有效。

(2) 海富案评析

"海富案"的一审、二审、再审判决分别于 2010 年、2011 年、2012 年作出,其时距"摩根士丹利与蒙牛对赌"尚不久,司法实践中对于对赌的认定存在较大分歧。对赌到底算不算"保本保收益""脱离了目标公司的经营业绩"?为什么不可以让实际取得了投资(增资)款的目标公司承担对赌义务,反倒可以让并未取得投资款的创始股东支付巨额补偿款?为什么目标公司承担对赌义务就会"损害公司及公司债权人的利益"?对于这些问题,最高院在判决书中并未给出较为令人信服的答案。

除此以外,本案尚有一个特殊情况:目标公司属于中外合资公司。一审法院将金钱补偿对赌定性为一种定向分红行为,以其违反《中外合资经营企业法》之明文规定(依据一),且属于《公司法》所规定的"损害公司利益及公司债权人利益"之情形(依据二),得出该对赌条款因违反法律强制性规定而无效的结论——最高院并未就该论述提出质疑。那么,假如目标公司并

---

① 严格而论,该案二审判决书所写创始股东的"返还义务"并不十分严谨,因投资款并未实际支付给创始股东,而是全部作为增资款付了目标公司。

非中外合资公司,①前述依据"二失其一","与目标公司对赌无效"这一论断是否还站得住脚呢？再进一步,《中外合资经营企业法》第八条文字表述为"合营企业获得的……净利润根据合营各方注册资本的比例进行分配",这是否必然可被解释为一种"中外合资公司禁止不按注册资本分红"的效力性强制性规定？

对于这些问题,我们暂不必急于得出结论。历史的车轮滚滚向前,海富案发生7年后(2019年4月3日),由江苏省高院作出再审判决的〔2019〕苏民再62号江苏华工创业投资有限公司与扬州锻压机床股份有限公司、潘某某等请求公司收购股份纠纷案件(简称华工案)得出了与海富案截然不同的结论,是研究对赌司法观点沿革所绕不开的又一个重磅案例。与海富案如出一辙的是,华工案中也出现了再审反转的情形,表明裁判机构内部对于对赌相关问题的认知仍存在一定的分歧。

(3) 华工案介绍

2011年,投资人江苏华工创业投资有限公司(简称华工公司或投资人)以增资方式投资于目标公司扬州锻压机床股份有限公司(以下简称"扬锻公司"或"目标公司"),并与目标公司、目标公司创始股东开展股权回购对赌:如目标公司未能在2014年12月31日前在境内资本市场上市,投资人有权要求目标公司回购股权。② 后因目标公司未能按时上市,投资人起诉要求目标公司及创始股东共同承担回购义务。

一审法院江苏省扬州市邗江区人民法院判决驳回投资人的诉请。其论证部分主要沿用了海富案的思路:与目标公司对赌因"违反《公司法》禁止

---

① 《中华人民共和国外商投资法》于2020年1月1日实施,原《中华人民共和国中外合资经营企业法》《中华人民共和国外资企业法》《中华人民共和国中外合作经营企业法》同时废止,其后中外合资公司"应按股东所占注册资本分红"的法律规定即已失效。

② 华工案中,对赌协议并未直接约定由创始股东承担回购义务,而仅约定创始股东有义务配合投资人行使回购权并完成回购(如在相关决议中签字、配合完成工商变更登记等);当目标公司的违约行为对投资人造成损失时,由创始股东与目标公司承担连带责任。

性规定且违背公司资本维持和法人独立财产原则""损害公司、公司其他股东和公司债权人的权益"而无效。二审法院扬州市中级人民法院基本沿用了一审法院的观点,维持原判,并就"创始股东是否可作为对赌主体"这个问题进行了更为清晰的说理,大意为:因涉及金额巨大,相关义务、责任的承担必须以"明确、清晰"的约定为前提——投资协议虽约定了创始股东对于目标公司的违约行为承担连带责任,但并不必然能够推出由其连带地承担回购义务的意思。

再审法院江苏省高级人民法院认定投资人与目标公司对赌有效且可执行,据此改判目标公司承担回购义务,且创始股东对于目标公司的回购款支付义务承担"连带清偿责任"。其论述逻辑:第一,《公司法》并未禁止目标公司进行股权回购,目标公司可以通过减资完成回购。目标公司在投资方注资后,"其资产得以增长,而且在事实上持续对股东分红,其债务承担能力相较于投资方注资之前得到明显提高"。完成减资程序后回购公司股份,不会损害公司股东及债权人利益,亦不会构成对公司资本维持原则的违反。第二,投资协议中约定的回购价款(投资本金+年化8%的投资收益)"与同期企业融资成本相比并不明显过高,不存在脱离目标公司正常经营下所应负担的经营成本及所能获得的经营业绩的企业正常经营规律",故不存在所谓的"脱离经营业绩、取得固定回报"。第三,投资协议中明确约定了目标公司回购义务及创始股东配合完成回购的义务(江苏省高院将其表述为"履行过程中的协助义务及履行结果上的保证责任"),对赌各方对于未达成上市条件的后果都是明知且同意的,但目标公司及创始股东在对赌条件触发后的数年间均未促成投资人回购权的实现,故目标公司构成违约,创始股东应承担连带责任。

(4) 对比解读

同样是与目标公司对赌,为什么会产生截然不同的判决?在笔者看来,排除裁判人员"内心确信"这一不确定因素,不妨从以下两个相对可量化的

"表象"出发,探究判决结果差异的实质原因:

第一,海富案中目标公司性质上属于中外合资公司,可直接援引《中外合资经营企业法》对于定向分红的规制条款;华工案中则不涉及对前述法律的引述。

第二,两个案例中,目标公司的经营状况不同。同样是投资人从目标公司"取回"高额资金的行为,华工案中,江苏省高院根据目标公司因投资人注资而资金充盈、经营状况较好、"持续对股东分红"的事实,认定履行案涉对赌协议约定的回购款项支付义务不会导致目标公司资产减损,亦不会损害其对于外部债权人的偿债能力,故"与目标公司对赌"并不因损害目标公司、股东、债权人利益而无效;而在海富案中,虽然最高院并未明确将目标公司经营情况作为论证依据,但基于目标公司年度净利润仅有两万多元,远少于对赌协议约定 3,000 万元目标的事实,可推断该公司经营状况可能并不理想。最高院在海富案中并未就目标公司实际的经营情况进行过多论述,径直依据其违反《公司法》强制规定,否认对赌效力。而对于对赌属不属于投资人"脱离经营业绩,取得相对固定的收益"这个问题,也可以基于两案件中目标公司经营状况不同的事实,理解为华工案中"年化 8%"的收益虽然"固定",但"不存在脱离目标公司正常经营下所应负担的经营成本及所能获得的经营业绩的企业正常经营规律",[1]所以并未损害各方利益;海富案中则不然。

在笔者看来,最高院在海富案中更多地强调投资人与目标公司基于《公司法》的"股权关系",江苏省高院在华工案中则更多地强调两者基于《合同法》的"债权债务关系"。从股权关系来看,投资人作为目标公司的股东,从目标公司拿回一笔与投资金额高度关联的不菲款项,其外观上确实有"抽逃出资"之嫌,需要能够经得住"法定资本维持原则"的考验;而从债权债务关

---

[1] 该处加引号部分为判决书原文,参见江苏省高级人民法院〔2019〕苏民再 62 号再审民事判决书。

系来看，创业投资者以高溢价注资，作为目标公司的债权人理应享有一些特殊权利。不同的裁判结果只是裁判机构根据个案的不同情形，基于对目标公司、股东、债权人、投资人利益的动态平衡考虑，从而选择偏向于关注"股权关系"或是"债权关系"——如果从这个角度考量，华工案并算不上是对海富案的颠覆，只是个案事实情况有别，判决书说理详略有别而已。

如沿袭笔者前述观点，则华工案的宣判又给司法实践带来了"如何选择裁判依据方能平衡各方利益"的新难题，如：如何评估目标公司履行回购义务产生的影响？何种回购义务的履行才不会损害目标公司的偿债能力，进而不会损害目标公司、股东、债权人利益？前述利益之间是否也会产生冲突？如何认定？严格而论，这些问题的回答，绝非仅可以基于对法规、政策的理解而作出，而是离不开对相关财务数据、商业环境的判断。

2. 从华工案到《九民纪要》：由"司法商业判断"向"公司商业判断"的转变

（1）基于《九民纪要》观点的中美对赌司法实践比较

笔者在进行相关研究时发现，围绕前段中提出的问题，美国的司法实践中也发生过相关的观念之争，可谓"环球同此凉热"了。简言之，早期是由法院自行判断目标公司是否有能力履行回购义务，通过对其各项财务数据等的复杂分析，进行"司法商业判断"。但随着法院从实质公平性审查转向董事会决策程序审查，裁判机构转而仅对董事会决策（及其程序）的合法、合理性进行审查。[①] 本书"对赌概述"部分所介绍的发生于 2010 年特拉华州法院的 Thoughtworks 案即可被视作法院在"公司商业判断"原则下作出的典型案例。在此之前的对赌代表性案件"Mueller 案"于 1942 年作出于新泽西州法院，该案法官主动干预了目标公司董事会对于回购计划的决策，命令回购双方（目标公司、投资人）制定分期付款（回购）的计划并遵照实施。[②] 在

---

① 相关观点转引自刘燕：《"对赌协议"的裁判路径及政策选择》，《法学研究》2020 年第 2 期。

② See William W Bratton & Michael L Wachter, "A Theory of Preferred Stock", *University of Pennsylvania Law Review*, Vol. 161：1815,1862.

国内,海富案中的最高院、华工案中的江苏省高院做法不无"Mueller案"的作风,自行对目标公司"是否适于进行股权回购"作出了判断,并据之作出判决。

华工案再审判决作出的同年年底,最高院发布了《九民纪要》。针对《九民纪要》中的观点,最高院给出了类似于顺应"公司商业判断"原则的解释:虽然承认了公司可以作为对赌义务的承担主体(对赌主体),但对于公司履行对赌义务所必经的减资、分红、增资等程序,则认为"属于公司自治事项,司法不宜介入"。对于外界"一旦发生纠纷,公司肯定不走……程序……纪要的规定是不是相当于给投资方画饼"的质疑,最高院回应"海富案认定投资方与目标公司对赌无效,也没有影响投资方的投资……人民法院在这个问题上只要表明我们的裁判思路即可。这样,投资方采取什么方式,他会有相应的办法,知道怎么做"。[1] 有意思的是,作出Thoughtworks案判决的法官也遭遇了专家学者"董事会程序替代了传统的合同义务,使得回购承诺的意义丧失殆尽"等十分相似的质疑,[2]各方继而开展了学术观点层面的论战。[3]

(2)对于《九民纪要》观点的理解与分析

《九民纪要》对于与目标公司对赌的实务观点,归纳如下:

第一,投资人与目标公司对赌,首先要经过"法定资本维持原则"的考验。最高院对此旗帜鲜明地认定:"法定资本"包含投资款计入"注册资本"与"资本公积"的全部金额。[4] 在笔者看来,其计算方式上虽与美国法院的"溢余"标准、"合法可用资金"标准有异,但均沿袭了"法定资本维持

---

[1] 参见《九民纪要理解与适用》第120页。

[2] 相关观点转引自刘燕:《"对赌协议"的裁判路径及政策选择》,《法学研究》2020年第2期。

[3] See Leo E. Strine, Jr., "Poor Pitiful or Potently Powerful Preferred", 161 *University of Pennsylvania Law Review*, 2030-2033〔2013〕.

[4] 参见《九民纪要理解与适用》第119页。

原则"的精神实质,将公司资本维持作为保护外部债权人信赖利益的必要手段。

第二,投资人与目标公司进行股权回购对赌,原则上有效,但基于保护债权人、防止"抽逃出资"的立场,目标公司必须先履行减资程序再进行回购。而对于减资程序的履行,司法选择不干预,交由公司自治。① 笔者理解此观点亦适用于股权补偿对赌,即司法对于目标公司向投资人定向增资的内部程序,同样不会进行干预。

第三,投资人与目标公司进行金钱补偿对赌,原则上有效,但鉴于投资人并不因获得金钱补偿而失去股东身份,股东从公司取得金钱,"只能从公司可以分配的利润中支付,否则就会构成抽逃出资",②而利润分配需在目标公司有可分配利润并由有权机关根据公司章程作出分配决议后才能实现;对于目标公司的分红决议程序,司法同样不会予以干涉。

由此看来,《九民纪要》在海富案、华工案的审判思路基础上进行了一定程度的调整:对于"目标公司能否承担对赌义务"这个问题,法院不再从目标公司的实际经营状况进行分析判断,而是在坚持"法定资本维持原则"的基础上认同由目标公司承担对赌义务的对赌协议效力,同时将执行层面的问题交由"公司自治"。从法院的层面,这种操作模式减少了其工作量,将司法资源从繁重疑难的、专业并不"对口"的财务分析、商业分析工作中解放出来;从投资各方的角度来看,易于理解的最高院司法观点也有助于增强商事行为法律效果的可预期性,促使民商事主体自行寻找并设计更加合理的投资方案,有利于创业投资市场的发展。但与此同时,我们也应当理解,这种侧重"公司商业判断"的观点只是最高院结合当前经济、社会环境所做的一种选择,并非"不变之真理"。作为实务工作者,仍需不断关注最新裁判动向,依靠自身的法律思维,对个案做出独立判断。

---

① 参见《九民纪要理解与适用》,第117页。
② 参见《九民纪要理解与适用》,第119页。

(二) 实务中与目标公司对赌的"迂回"解决思路

正如最高院在《九民纪要理解与适用》中所言,随着司法机关表达倾向性观点,市场主体自然会以此为指导采取合理的应对方式。在创业投资的对赌问题中,作为创业者的创始股东往往偿付能力较弱,不足以负担对赌失败后所需支付的股权回购款或补偿款,故对于投资人而言,为了保证估值调整不致陷入"一纸空文",与目标公司对赌的需求是一向存在的。为了绕开前述典型对赌系列案件,以及《九民纪要》对目标公司承担对赌义务的限制,投资各方发挥智慧想出了一些解决办法/思路。本部分,笔者便结合相关案例进行解读。

1.《九民纪要》后的法院裁判情况

按照《九民纪要》的观点,与目标公司对赌原则上有效,只是难以强制执行。具体而言,如果目标公司并未完成减资程序,法院将驳回投资人要求目标公司回购股权的诉请;如果目标公司无可分配利润,或未作出分配利润的决议,[①]法院也大概率将驳回投资人的金钱补偿诉请。据笔者检索,落实到本书写作时的近期案例,相关法院也大多按照此观点作出判决。

如在 2022 年 6 月 14 日作出二审判决的厦门市中级人民法院〔2022〕闽 02 民终 2108 号林某、天津璟涵文化发展有限公司等合同纠纷中,目标公司、创始股东均为协议约定的回购义务主体,法院直接在判决书中引述《九民纪要》规定,认定目标公司未完成减资、无法实际履行回购义务,故由创始股东独立承担回购义务;在 2022 年 4 月 24 日作出二审判决的济

[①] 《九民纪要》原文表述为"……经审查,目标公司没有利润或者虽有利润但不足以补偿投资方的,人民法院应该驳回或者部分支持其诉讼请求",文义上看似投资人可以通过举证公司存在可分配利润,对公司财产进行强制执行,但事实上根据《最高人民法院关于适用〈中华人民共和国公司法〉若干问题的规定(四)》第十四条、第十五条,投资人在公司未作出分红决议的前提下胜诉是存在困难的。

南市中级人民法院〔2022〕鲁01民终1438号济南团谱信息技术有限公司、环宇兴业(北京)影视文化传媒有限公司请求公司收购股份纠纷中,作为对赌主体的目标公司在对赌条件触发后与投资人于2020年12月31日签订了《退股协议书》,并约定了回购款支付与股权交割的详细进度。一审法院判决支持了投资人的诉请,然而二审中济南市中院依据《九民纪要》推翻了一审判决,认定即使目标公司已签订《退股协议书》,但因为未进行减资程序,不得回购自身股权,从而改判驳回了投资人的诉讼请求——由此可见,《九民纪要》关于对赌的观点虽无法律强制力,但在实践中已成为不少法院据以审理的"金科玉律",而且正因为其不是正式的法律法规,不受"法不溯及既往"的限制。如欲"突破"其限制,实非易事,只能采取一些迂回的方式。

2.可行性思路及分析

(1) 思路一:将对赌价款"转化"为违约金

对于对赌义务与违约责任的区分,笔者已在本书"对赌概述"部分言明。但在实务中,除因不了解相关概念而混淆的情形外,也有部分商事主体在投资协议中有意将目标公司的回购义务、金钱补偿义务本身定义为目标公司在对赌失败后应承担的"违约责任",或者将目标公司对赌失败后未按期回购股权、进行金钱补偿的行为定义为"违约行为",其目的在于绕开"公司回购自身股权就必须先减资,而减资又需要取得大股东和外部债权人配合"的循环。笔者认为,如想要使得这种方式真正可行,还需从《九民纪要》的底层逻辑考虑,设计合同条款。

最高院在《九民纪要理解与适用》一书中言明,[①]之所以要求目标公司必须先经过相关程序再回购股权,或进行金钱补偿,其原因主要在于维护外部债权人利益。在减资程序中,目标公司需经特殊表决通过后,编制资产负

---

① 参见《九民纪要理解与适用》,第118页。

债表及财产清单、通知债权人并发布减资公告,债权人有权要求目标公司提前清偿债务或者提供相应的担保。① 债权人通过目标公司对法定减资程序的执行,获得了在目标公司偿债能力降低之前抽身的机会(金钱补偿需经分红程序的逻辑与此类似)。在笔者看来,法律对外部债权人的保护更多是通过对目标公司的约束而实现,而并非意在对投资人合同权利进行过多的限制,《九民纪要》不应成为目标公司避免承担对赌义务的"避风港"。目标公司是独立于股东、实际控制人的民事主体,其在签订作为对赌主体的协议时,理应隐含了一种"在对赌条件触发时推动定向减资程序或定向分红程序"的承诺。届时如未实现这种承诺,必然给投资人的信赖利益造成损害,故要求其承担违约责任,在笔者看来是有一定合理性的。

但是对于违约金的数额,在中国合同法的语境下,违约责任的主张需要与实际损失相对应。② 目标公司未履行对赌义务给投资人造成的实际损失,主要为未按期取得对赌价款而遭受的可得利益损失。如果将该违约金金额约定的十分高,甚至与回购款项、金钱补偿款项基本相当,不免有实质上"抽逃出资"之嫌。但如果通过约定合理数额的"滞纳金",则大概率可以推测其目的并非套利退出,而是在于促使目标公司早日推动相关定向减资、分红程序的执行。这在笔者看来并无明显的法律瑕疵,在实务操作中应是切实可行的。

相关案例如北京市高级人民法院〔2021〕京民终 495 号张某某等与南京钢研创业投资合伙企业(有限合伙)股权转让纠纷中,北京市高院沿用一审

---

① 《公司法》第一百七十七条规定:"公司需要减少注册资本时,必须编制资产负债表及财产清单。公司应当自作出减少注册资本决议之日起 10 日内通知债权人,并于 30 日内在报纸上公告。债权人自接到通知书之日起 30 日内,未接到通知书的自公告之日起 45 日内,有权要求公司清偿债务或者提供相应的担保。"

② 《中华人民共和国民法典》第五百八十四条规定:"当事人一方不履行合同义务或者履行合同义务不符合约定,造成对方损失的,损失赔偿额应当相当于因违约所造成的损失,包括合同履行后可以获得的利益;但是,不得超过违约一方订立合同时预见到或者应当预见到的因违约可能造成的损失。"在国内的司法通说看来,违约责任是以损失填补为原则,惩罚性为例外。

法院北京市第三中级人民法院的观点,认为对于"目标公司如未按期履行股权回购义务即承担违约责任"[①]的约定有效且可执行。针对目标公司"支付逾期回购违约金相当于投资方变相抽逃出资"的抗辩,法院的回应可归纳为:第一,《公司法》对"抽逃出资"的规制是为了保护公司债权人的利益。本案中目标公司支付违约金,并不导致公司注册资本的减少,亦不必然导致债权人利益受损;第二,目标公司签订合同时应当对己方能否履行相应的义务有合理预期并如实履行,其未能及时履行减资程序违反了合同的附随义务,应承担因此而产生的迟延履行违约责任。在笔者看来,这里应该还有隐含的第三点:对赌协议约定的违约金在形式上类似于滞纳金,且数额上并不明显过高。

(2) 思路二:将对赌价款"转化"为担保责任

笔者在工作中起草、审阅投资协议时常会发现一个问题:相当多的投、融资主体在投资协议中并不区分对赌义务与担保责任。虽然反映在文本中只有几个字的区别,在法律效果上的区别却是本质性的。如以下两个条款[②]:

> 条款一:如回购条件成立,投资人有权要求创始股东回购股权,目标公司承担连带的回购义务(或直接表述为"目标公司承担连带责任")。

> 条款二:如回购条件成立,投资人有权要求创始股东回购股权,目标公司对创始股东所应付款项承担连带保证责任。

前述条款一表达的意思是目标公司与创始股东均为回购义务主体,产生的效果是对投资人承担连带债务。对赌条件触发后,投资人既可以向目标公司,又可以向创始股东部分或全部主张回购,再由目标公司及创始股东

---

① 该案件中的违约金约定为投资人要求回购之日后的 60 日届满后,按回购总价款的日 3‰计算,折算成年化利率约 11%。参见北京市高级人民法院〔2021〕京民终 495 号二审民事判决书。

② 为表述简洁,条款中以股权回购代表所有对赌方式,不再赘述金钱补偿、股权补偿情形。

内部就多承担的义务、多享受的权利进行相互追偿。① 这种约定在当前的诉讼实务中几乎必然使得投资人面临与目标公司对赌所必经的减资、分红问题。

前述条款二表达的意思是创始股东一方为回购义务人，目标公司仅对创始股东的付款义务承担连带的担保责任。从投资人的角度来看，对赌条件触发后的外观效果与连带债务非常相似，投资人有权要求创始股东或目标公司支付部分或全部回购价款。区别仅在于，如目标公司支付了部分或全部价款，得以向创始股东全额追偿。

假如在一种理想情况下，目标公司与创始股东均资金充裕，则承担连带债务的目标公司最终需要付出一笔回购款，而承担连带保证责任的目标公司则可以通过向创始股东全额追偿而不承受任何金钱上的直接损失。但问题在于，前文已述，投资人之所以在法律的重重阻碍下仍要选择目标公司作为对赌主体，正是因为创业投资中的创始股东往往没有那么强的经济实力。所以不难想见，目标公司在承担了连带保证责任后，能够全额追偿的概率将十分有限。如此一来，投资人似乎通过这种方式，在外部债权人不知情的情况下完成了投资款的抽出，实质上造成了一种类似于"抽逃出资"的结果——这也是笔者对这种操作方式始终抱有疑虑的原因。

虽然笔者并不完全认同，但实务中仍然不乏要求目标公司承担连带保证责任的诉求被法院支持的案例，而且相关案例在《九民纪要》出台后仍有出现。这说明至少在无进一步司法指导性观点的当下，这种操作方式是可行的，而且或许是投资人得以从目标公司处实现对赌价款收回目的的最直

---

① 相关规定可见《中华人民共和国民法典》第五百一十八条、第五百一十九条。基于中国公司法体系下对目标公司持有自身股权的限制，这种连带债务的求偿过程中又将面临新的问题（如：目标公司与创始股东承担连带债务，目标公司应投资人要求，通过减资回购全部股权后，应有权就多承担的价款向创始股东追偿。但鉴于目标公司应向创始股东作对待给付的客体——股权已被注销，此时如何将创始股东未取得股权但需承担付款义务的结果在现有法律体系下论证清楚？），但因为这些问题与本部分内容无直接关系，此处不再展开论述，仅略作介绍，以供参考。

接方式,具有较强的实务价值。以下部分,笔者将在尊重实际案例的基础上对相关法院的观点及论证逻辑进行分析。

3. 目标公司承担连带保证责任的案例依据及分析

(1) 目标公司连带担保"第一案":瀚霖案

瀚霖案,即最高人民法院于 2018 年 9 月 7 日作出再审判决的〔2016〕最高法民再 128 号强某某、曹某某股权转让纠纷。瀚霖案的再审判决时间位于海富案之后、华工案再审判决作出前,被不少人士解读为前后两案的过渡。如前述两例对赌典型案例一样,本案也经历了再审判决的"反转"。

投资人强某某(简称投资人)以增资方式于 2011 年投资于目标公司山东瀚霖生物技术有限公司(简称瀚霖公司或目标公司),并与目标公司的创始股东曹某某(简称创始股东)开展对赌:如目标公司未能在 2013 年 6 月 30 日成功上市,则投资人有权要求创始股东回购股权;目标公司为创始股东的回购提供"连带责任担保"。① 后目标公司未如期上市,投资人起诉要求创始股东支付回购款并承担迟延支付的违约责任,目标公司对创始股东的付款承担连带清偿的担保责任。

本案一、二审法院均支持了投资人关于要求创始股东支付回购款及违约金的诉请,但均未支持要求目标公司承担担保责任的诉请。一审法院认为,目标公司并非为经营发展向公司以外的第三人提供担保,而是为创始股东向投资人担保,其担保约定损害了公司、公司其他股东以及公司债权人的利益,应认定为无效。二审法院则更多的参照了海富案中的最高院观点,认为目标公司提供的担保使得投资人脱离目标公司经营状况而获得固定收益,"悖离了公司法法理精神",损害了公司其他股东与债权人利益。

值得注意的是,本案二审法院四川省高级人民法院在判决书中使用了"公司法法理精神"作为依据,这表明其应当充分了解目标公司直接承担回

---

① "连带责任担保"的表述来自协议原文。除股权回购外,本案投资各方还约定了金钱补偿对赌条款。但因与案件主要争议焦点关联度不大,故此处省略。

购义务与承担连带保证责任的区别,只是认为两者实际产生的效果是类似的(如均会"损害债权人利益")。

本案再审法院即最高院转而支持应由目标公司承担连带保证责任,其理由在于:第一,合同无效的判定严格遵循法定主义,如不构成合同法所规定的合同无效事由,不得认定担保条款无效;第二,投资人对于"担保行为已经目标公司内部程序通过"尽到了形式审查义务[①];第三,投资款项全部投入目标公司,用于公司经营发展,故担保行为是有利于目标公司及股东利益的。

最高院的观点中,第三点尤为重要。相较于海富案中"要求目标公司回购即是损害公司、债权人利益"的说理不同,最高院在瀚霖案中改用了一套更富商业思维的逻辑:目标公司的担保行为是为了获得投资,投资人的投资使得目标公司获利,故目标公司承担担保责任不构成损害目标公司、债权人利益。瀚霖公司在案件发生时的经营状况如何,仅凭判决书中的信息难以得知。但应当注意到,最高院使用了一套与"华工案"再审判决类似的逻辑,打破了由海富案确立的、与目标公司对赌必然违反法律强制性规定的"铁则"。在此基础上,投资人已对担保行为尽到了形式审查义务,符合其发生时适用的《公司法》及《担保法》规定,已具备合法外观。根据基本法理,在具备可明确适用的"法律规则"前提下,不得如二审法院适用"法律原则"作出相反的认定。

这套逻辑在法律层面并无明显瑕疵,但仍存在一个问题:假如目标公司承担担保责任后实际无法追回大额的回购款,单从结果而论,就相当于投资人实现了一次不经减资的回购,目标公司的资产受到了较大减损。如果从目标公司、目标公司的其他股东角度,因其均为对赌协议签署方,对于承

[①] 本案的对赌协议中写明担保事项已经股东会决议通过,但投资人事实上并未提交股东会决议。最高院据此认为投资人已尽到了必要的形式审查义务,故担保条款对目标公司产生法律效力。

担对赌失败带来的后果应有预期,所以确实不必考虑其利益受损的问题。但是非公众公司为股东或实际控制人提供担保,如无公司章程更严格的规定,只需召开股东会或股东大会作出决议即可,[①]外部债权人并无从得知该担保事项,更无事前救济途径。在这种情况下,公司支付的巨额款项是否构成对外部债权人利益[②]的损害,进而违反了《公司法》禁止性规定?如果市场主体以后均采取这种方式进行"事实上与目标公司的对赌",是否会使得《九民纪要》所定下的保护债权人措施"名存实亡"?

(2)《九民纪要》后的案例

《九民纪要》中,最高院对于如何在"与目标公司对赌"中保护外部债权人利益作出了明确的指导意见。但即使在其之后,仍不乏支持由目标公司承担连带保证责任的案例,试举其二:

在北京市第三中级人民法院于2020年9月30日作出二审判决的〔2020〕京03民终7314号蒋某某等与重庆佰纳投资中心(有限合伙)股权转让纠纷中,一审法院对于投资人要求目标公司承担连带担保责任的诉请不予支持,认为目标公司回购股份需办理减资,而目标公司未完成减资程序,故对于投资人要求目标公司回购股份的诉请不予支持。一审法院显然混淆了目标公司承担连带回购义务与连带保证责任的区别,其法律适用上有明显错误。二审法院则并未就目标公司承担连带保证责任的合理性问题做过多说理,而是依据对赌协议中的明确约定支持了投资人的诉请,并在判决书中写明"目标公司承担保证责任后,有权向创始股东追偿"。

又如,在广东省高级人民法院于2020年4月13日作出二审判决的〔2019〕粤民终467号北京无限点乐科技有限公司、广发信德投资管理有限公司新增资本认购纠纷、买卖合同纠纷中,纵使投资人未对目标公司提供连带担保

---

① 《公司法》第十六条第二款规定:"公司为公司股东或者实际控制人提供担保的,必须经股东会或者股东大会决议。"

② 不同于一审、二审判决书对于外部债权人利益的论述,最高院在瀚霖案再审判决书中对外部债权人利益并未提及。

行为尽到形式审查义务,担保条款无效,二审法院仍依据《最高人民法院关于适用〈中华人民共和国担保法〉若干问题的解释》第七条①判决目标公司对于创始股东应支付的回购价款、违约金不能清偿部分承担1/2的赔偿责任。

4. 启示:对赌条款设计需以法理及实务理解为基础

综上所述,笔者提出了如下两种在当前司法环境中对于投资人与目标公司对赌所可行的"迂回"方案:第一,为目标公司未能及时履行对赌义务,或创始股东未能及时促成履行,约定违约责任;第二,在合理审查②基础上,为目标公司约定连带保证责任。

对于前述方案,从业者在实际投资条款的起草中并非简单适用即可,而要结合投资各方的实际需求、商业逻辑进行综合考量;同时,必须具备对于司法实务、法律规定底层逻辑的深刻理解,如此方能够结合投资个案设计出更优的对赌方案。

---

① 《最高人民法院关于适用〈中华人民共和国担保法〉若干问题的解释》第七条规定:"主合同有效而担保合同无效,债权人无过错的,担保人与债务人对主合同债权人的经济损失,承担连带赔偿责任;债权人、担保人有过错的,担保人承担民事责任的部分,不应超过债务人不能清偿部分的二分之一。"应注意,该司法解释于2021年1月1日废除后,相关规定内容见于《最高人民法院关于适用〈中华人民共和国民法典〉有关担保制度的解释》第十七条。

② 按照《九民纪要》观点,债权人只要对于目标公司的担保程序(如股东会决议等)进行"形式审查",担保协议即对目标公司生效。但在2021年1月1日实施的《最高人民法院关于适用〈中华人民共和国民法典〉有关担保制度的解释》中,司法解释采取了"合理审查"的表述。读者如对该问题进行进一步了解,可参见于赓琦:《担保新规背景下公司担保的困惑与思考——基于担保新规实施前后相关案例的问题解读几则》,2021年4月25日发表于德恒律师事务所公众号。

濮阳市佳华化工有限公司、河南省佳化能源股份有限公司、游某某等与中州蓝海投资管理有限公司合同纠纷案

案件要点：

1. 投资协议约定创始股东承担股权回购义务或金钱补偿义务，目标公司为其提供连带担保，该担保合法有效时，法院支持目标公司按照约定承担连带担保责任。

2. 投资人应对目标公司提供担保的效力进行审查，尽到审慎注意和形式审查义务即可认定该担保条款有效。

诉讼背景：

原告中州蓝海公司（投资方）与被告濮阳佳华公司（目标公司）、游某某、郭某某（目标公司原股东）签订了《股权投资协议》，约定中州蓝海公司通过增资扩股的方式认购濮阳佳华公司新增注册资本5,000万元，并按照投资金额10％年化收益率获得固定分红。

另外，投资协议还约定被告游某某需对中州蓝海公司承担投资收益、回购本金的支付义务，并由被告濮阳佳华公司、河南佳化公司、河南佳化公司高某某等12名董事及高级管理人员对该债务提供连带担保。同日，中州蓝海公司与各保证人分别签订了投资协议保证合同，并约定了各自的担保额度和范围。

中州蓝海公司按照协议约定向濮阳佳华公司指定账户汇入增资款，并完成了工商登记手续，但游某某未按约履行收益补偿和回购义务。原告遂向法院提起诉讼，要求游某某支付股权回购款及约定的资金占用费和违约

金,并要求各保证人按照保证协议的约定承担连带清偿责任。

一审宣判后,各方当事人均认为一审法院对案涉投资协议的性质认定不当,并向二审法院提起上诉。二审法院作出判决后,被告各方以取得"新的证据"为由向最高院提起再审,认为中州蓝海公司履行付款义务的行为不符合合同约定,构成违约,故要求撤销一审、二审判决。

裁判索引:

河南省郑州市中级人民法院一审并作出〔2019〕豫 01 民初 2285 号民事判决书;河南省高级人民法院二审并作出〔2020〕豫民终 547 号民事判决书;最高人民法院再审并作出〔2021〕最高法民申 2008 号民事裁定书。

主要问题:

一审法院:(1)案涉《股权投资协议》的性质和效力如何?(2)原告要求各被告支付股权回购款、资金占用费用及违约金的请求能否得到支持?

二审法院:(1)案涉《股权投资协议》性质和效力如何?(2)协议约定的资金占用费及违约金数额是否合理?(3)目标公司濮阳佳华公司为股东游某某的股权回购义务提供担保是否有效?

再审法院:(1)中州蓝海公司是否已经履行合同义务?(2)中州蓝海公司能否要求游某某按照《股权投资协议》的约定回购其持有的濮阳佳华公司股权?

事实认定:

一审法院查明案件事实如下:

(1)2017 年 9 月 25 日,中州蓝海公司与濮阳佳华公司、游某某、郭某某签订了《股权投资协议》并约定:中州蓝海公司为投资方,游某某、郭某某作为濮阳佳华公司的原股东持有公司股权共计 5,300 万元,濮阳佳华公司作为标的公司通过增资扩股的方式引进投资增加注册资本 5,000 万元,使濮阳佳华公司注册资本从 5,300 万元增加至 10,300 万元。中州蓝海公司在濮阳佳华公司完成公司章程工商备案手续后,于 2017 年 9 月 30 日前完成

4,000万元出资,于2017年10月31日前完成剩余1,000万元出资。项目投资期限自投资完成之日起36个月。

(2) 各方一致同意,该投资协议签署后,濮阳佳华公司需召开股东会修改公司章程,约定中州蓝海公司享有不按照出资比例与公司原股东分配以前年度未分配利润的权利,中州蓝海公司按照投资金额10%年化收益率获得固定分红。中州蓝海公司作为濮阳佳华公司的股东期间,濮阳佳华公司需每年度召开一次股东大会通过对以前年度未分配利润进行分配,以发放固定分红的形式作为中州蓝海公司本次增资所对应的投资收益,约定中州蓝海公司2018年9月30日前可获得492万元的分红款、2019年9月30日前可获得350万元的分红款、2020年9月30日前可获得200万元分红款,濮阳佳华公司将分红款汇入中州蓝海公司指定账户。

(3) 投资协议中还约定,在濮阳佳华公司进行利润分配时,若濮阳佳华公司以前年度未分配利润不能满足约定的分配金额,则由游某某将未分配利润相应差额予以补足后再按照该协议约定的分红款进行分配。项目投资期限届满后,游某某应按照2018年9月30日1,500万元的股权转让对价;2019年9月30日1,500万元股权转让对价;2020年9月30日2,000万元的股权转让对价,回购中州蓝海公司持有的濮阳佳华公司股权。

(4) 为保障游某某对中州蓝海公司投资收益、回购本金的支付义务,游某某对中州蓝海公司应提供如下担保方式:① 河南佳化公司向中州蓝海公司提供连带责任保证担保;② 濮阳佳华公司向中州蓝海公司提供连带责任保证担保;③ 河南佳化公司高某某等12名董事及高级管理人员提供一定额度内的连带责任保证担保。

(5) 同日,中州蓝海公司分别与濮阳佳华公司、河南佳化公司高某某等12名董事签订投资协议保证合同。

(6) 保证合同中确认,根据股权投资协议,中州蓝海公司向濮阳佳华公司增资5,000万元并持有濮阳佳华公司48.54%的股权,投资期限自2017

年9月30日—2020年9月30日,中州蓝海公司有权在投资期限内收取投资收益,并有权要求游某某按照股权投资协议的约定履行的义务:① 根据股权投资协议约定回购标的股权,并及时、足额向中州蓝海公司支付股权回购款;② 如中州蓝海公司在投资期限内未能从濮阳佳华公司足额收取约定的投资收益,则游某某应根据约定及时、足额予以补足,以确保中州蓝海公司实现股权投资协议约定的投资收益率目标;③ 游某某在股权投资协议项下应承担的其他资金补足义务。保证合同约定,保证人就游某某应当承担的上述①、②、③项义务以及相应的补偿金、违约金、损害赔偿金和实现上述权利的费用,向中州蓝海公司提供担保。

(7) 保证合同分别约定了12名自然人保证人具体保证范围:① 宋某某1的担保额度12.54万元;② 李某某的担保额度39.72万元;③ 王某某的担保额度10.45万元;④ 宋某某2的担保额度245.66万元;⑤ 史某某的担保额度286.43万元;⑥ 郭某某的担保额度126.49万元;⑦ 高某某1的担保额度74.22万元;⑧ 魏某某的担保额度94.08万元;⑨ 高某某2的担保额度62.72万元;⑩ 赵某某的担保额度10.45万元;⑪ 刘某某的担保额度104.54万元;⑫ 祖某某的担保额度6.27万元,合计:1,073.57万元。随着中州蓝海公司对股权投资协议本金的收回,合同项下各担保方的担保金额按持股比例相应减少。

(8) 保证合同约定,保证方式:连带责任保证担保。保证期间:投资项下每笔投资收益、回购本金支付义务履行期届满之日起两年。保证合同生效后,任何一方违反合同约定或保证条款的,违约方应当立即向守约方履行合同相关义务,同时违约方应向守约方支付自违约之日起按违约金额日5‰计算违约金,并应承担守约方为此支付的相关费用(包括但不限于诉讼费、律师费)。

(9) 2017年9月26日、9月29日、11月27日,中州蓝海公司分别向濮阳佳华公司指定账户转入2,000万元、2,000万元、1,000万元增资款。

二审法院对一审法院查明的事实予以确认,并补充查明事实如下:

(10) 2018年9月4日,中州蓝海公司就第一批股权回购事宜依照约定的送达地址向游某某邮寄送达《关于股权回购的提示函》。

(11) 2018年10月25日,中州蓝海公司依照约定的送达地址向游某某邮寄《关于游某某立即全部回购濮阳佳华公司全部股份的函》,称"时至今日,贵方仍未支付该笔款项。在此之前,贵方已经明确表示无力归还,经我公司多次催告后仍置之不理,且标的公司濮阳佳华公司近期作为债务人的诉讼大面积爆发,相关财产被查封已对作为投资方的我公司权益产生重大不利影响",要求游某某"须在收到本函之日按照《股权投资协议》约定,立即全部回购我公司在目标公司48.54%的股权,支付股权回购款5,000万元及其他相应款项"。

(12) 2018年10月26日,该函送达至游某某。濮阳佳华公司、游某某2018年10月29日的复函显示,濮阳佳华公司、游某某认为《股权投资协议》为无效协议。

再审法院对一审、二审法院认定的事实予以确认。

法院观点:

一审法院的裁判观点如下:

(1) 合同的名称与合同内容不一致的,应当以合同内容确定合同的性质。本案中,中州蓝海公司虽与游某某、濮阳佳华公司、郭某某签订的是《股权投资协议》,但协议内容约定了中州蓝海公司的固定投资分红、游某某回购股权本金的时间、逾期回购的资金占用费,故该协议显然系名为股权投资,实为借款性质。

(2) 游某某在依约履行了回购义务后将产生的法律后果为:① 中州蓝海公司收回投资本金5,000万元及协议约定的资金占用费等费用;② 目标公司的注册资本保持不变,仍为10,300万元;③ 游某某作为目标公司股东,对该公司的相应投资增加,具体数额为5,000万元。游某某从而独自取得该数额对应的目标公司的股权权益,实际受益于中州蓝海公司的"投资"。故本案借款关系的出借主体为中州蓝海公司,借款主体为目标公司的股东游某某。该借款协议系签约各方的真实意思表示,不违反法律及行政法规的强制性规定,合法有效,应受法律保护。

(3)《股权投资协议》中既约定了分红款,又约定了日5‰的资金占用费,还约定了日5‰的违约金,另约定支付其他费用,总计超过年利率24%,超过的部分,一审法院不予支持。

综上,一审法院作出如下判决:

(1)游某某于判决生效后10日内偿还中州蓝海公司借款本金5,000万元及其他费用(以5,000万元为基数,按年利率24%自2018年10月1日起计算至实际支付之日止)。

(2)濮阳佳华公司、河南佳化公司对游某某的上述债务承担连带清偿责任;高某某等12名董事在各自的保证范围内承担连带清偿责任。

(3)濮阳佳华公司、河南佳化公司高某某等12名董事承担连带清偿责任后有权向游某某追偿。

(4)驳回中州蓝海公司的其他诉讼请求。

二审法院的裁判观点如下:

(1)中州蓝海公司与游某某、濮阳佳华公司、郭某某签订的《股权投资协议》、中州蓝海公司分别与濮阳佳华公司、河南佳化公司、高某某等12名董事签订的《投资协议保证合同》均系各方的真实意思表示,不违反法律、行政法规的强制性规定,不存在《中华人民共和国合同法》第五十二条规定的合同无效的情形,合法有效,各方均应依照合同约定履行义务。

(2)《股权投资协议》约定,濮阳佳华公司新增注册资本5,000万元由中州蓝海公司认购。中州蓝海公司应于2017年9月30日前完成4,000万元出资,于2017年10月31日前完成剩余1,000万元出资。中州蓝海公司依照上述约定,分三批向濮阳佳华公司指定的账户支付了共计5,000万元增资款,已经履行了合同义务。

(3)《股权投资协议》明确约定游某某有义务按照投资方要求回购中州蓝海公司持有的濮阳佳华公司股权,回购应按照约定的回购交割日和股权转让对价进行,分别为:2018年9月30日1,500万元、2019年9月30日1,500万元、2020年9月30日2,000万元。若因任何原因,导致游某某未在股权交割日之前支付上述款项,则其除应按"约定支付转让对价外,自迟延之日起还应当按照每日5‰的费率支付资金占用成本"。同时,濮阳佳华公司如发生"可能对投资方权益产生不利影响的重大事项时",中州蓝海公司有权立即要求游某某回购其持有的濮阳佳华公司的全部股权。第十三条"违约及其责任"约定,"各方一致同意,除本协议另有约定之外,本协议的违约金自违约之日日5‰的比例计算"。

(4)但是,游某某并未依约在2018年9月30日回购股权,支付股权转让对价1,500万元。在2018年10月26日收到《关于游某某立即全部回购濮阳佳华公司全部股份的函》后,游某某明确以复函形式表示不履行协议约定,亦未依约回购中州蓝海公司持有的濮阳佳华公司全部股份,支付股权转让对价5,000万元。因此,根据协议的上述约定,游某某应自2018年10月1日起支付第一批股权回购款1,500万元及相应的资金占用费、违约金,自2018年10月26日起,支付第二、三批股权回购款3,500万元及相应的资金占用费、违约金。

(5)《股权投资协议》约定的日5‰(即年利率18%)资金占用费和日5‰(即年利率18%)违约金,二者实质上均系对违约责任的约定,相加之和达36%,该情况显然属于《中华人民共和国合同法》第一百一十四条所规定的约定的违约金过分高于损失的情形。在此,本院依法参照民间借贷的法定年利率24%进行调整,确定游某某应支付第一批股权回购款1,500万元,并自2018年10月1日起按照年利率24%计算违约金至实际支付之日止;应支付第二、三批股权回购款3,500万元,并自2018年10月26日起按照年利率24‰计算违约金至实际支付之日止。

（6）原审法院将本案认定为借款合同纠纷，并认为第二、三批股权回购款3,500万元应自2018年10月1日起计付利息，不符合协议约定，有违当事人意思自治原则，且未注意到第二、三批股权回购义务应履行的时间不同于第一批的时间，存在不当之处，本院依法予以纠正。

（7）关于游某某、濮阳佳华公司、河南佳化公司、高某某等上诉理由及意见。本院认为，根据《股权投资协议》约定，游某某履行股权回购义务后，将取得濮阳佳华公司相应的股权权益，获得实际收益，故游某某的回购义务并非职务行为，亦非附条件的回购义务。

（8）股权回购义务的承担者是游某某个人，中州蓝海公司取得该股权回购款系基于其前期对公司进行了投资，并非无偿行为，中州蓝海公司虽系濮阳佳华公司的股东，但濮阳佳华公司的股东游某某、郭某某均在《股权投资协议》上签字确认濮阳佳华公司为游某某的股权回购义务提供担保，中州蓝海公司已经尽到了审慎注意和形式审查义务，濮阳佳华公司提供担保并不存在法定无效事由，该情况亦不应认定属于抽逃出资。

（9）关于中州蓝海公司所称濮阳佳华公司应支付分红款192万元及相应的日5‰资金占用费、日5‰违约金的上诉理由，本院认为，该192万元分红款系中州蓝海公司基于濮阳佳华公司股东身份所可获得的收益，《中华人民共和国公司法》第三十七条、第一百六十六条明确规定了公司盈余分配需要符合实质要件和形式要件，公司在有净利润弥补以前年度的亏损、提取公积金后并通过一定程序才能分红，中州蓝海公司并未提交证据证明濮阳佳华公司符合分红条件，且中州蓝海公司基于公司股东身份却取得固定回报，有违投资的风险共担原则，故该公司以诉讼方式要求濮阳佳华公司支付192万元分红款及相应违约金、资金占用费的请求，本院不予支持。

综上所述，二审法院作出判决如下：

（1）撤销河南省郑州市中级人民法院〔2019〕豫01民初2285号民事

判决。

（2）游某某于本判决生效后10日内向中州蓝海投资管理有限公司支付股权回购款1,500万元及违约金（以1,500万元为基数，按年利率24%自2018年10月1日起计算至实际支付之日止）；支付股权回购款3,500万元及违约金（以3,500万元为基数，按年利率24%自2018年10月26日起计算至实际支付之日止）。

（3）濮阳市佳华化工有限公司、河南省佳化能源股份有限公司对游某某的上述债务承担连带清偿责任。

（4）宋某全在12.54万元的额度范围内、李某某在39.72万元的额度范围内、王某某在10.45万元的额度范围内、宋某川在245.66万元的额度范围内、史某某在286.43万元的额度范围内、郭某某在126.49万元的额度范围内、高某太在74.22万元的额度范围内、魏某某在94.08万元的额度范围内、高某奇在62.72万元的额度范围内、赵某某在10.45万元的额度范围内、刘某某在104.54万元的额度范围内、祖某某在6.27万元的额度范围内对游某某的上述债务承担连带清偿责任。

（5）濮阳市佳华化工有限公司、河南省佳化能源股份有限公司、高某某等12名董事承担连带清偿责任后有权向游某某追偿。

（6）驳回中州蓝海投资管理有限公司的其他诉讼请求。

再审法院的裁判观点如下：

（1）中州蓝海公司与游某某、濮阳佳华公司、郭某某签订的《股权投资协议》，中州蓝海公司分别与濮阳佳华公司、河南佳化公司、高某某等12名董事签订的《投资协议保证合同》均是各方的真实意思表示，不违反法律、行政法规的强制性规定，不存在《中华人民共和国合同法》第五十二条规定的合同无效情形，应合法有效，各方应依照合同约定履行义务。

（2）根据已查明的事实，中州蓝海公司依照协议约定，分三次向协议约定的"标的公司账户"支付了共计5,000万元，已经履行了合同约定的义务。

至于再审申请人称案涉5,000万元进入濮阳佳华公司账户后,随即又转入河南佳化公司账户等问题。如前所述,案涉濮阳佳华公司账户为《股权投资协议》约定的收款账户,中州蓝海公司已按协议约定将款项汇入该账户;且《股权投资协议》3.7条明确约定,中州蓝海公司依约支付完毕全部出资款后,投资方中州蓝海公司在本协议项下的出资义务即告完成。现再审申请人以该账户是共管账户以及款项进入该账户后的流转情况否定中州蓝海公司已经履行合同义务,依据不足。

(3)据已查明的事实,游某某未依约在2018年9月30日回购第一批股权,未支付股权转让对价1,500万元;且在2018年10月26日收到中州蓝海公司《关于游某某立即全部回购濮阳佳华公司全部股份的函》后,游某某以复函形式称《股权投资协议》无效,亦未依约回购中州蓝海公司持有的濮阳佳华公司全部股份,未支付股权转让对价5,000万元。因此,二审判决认定游某某向中州蓝海公司支付股权回购款及违约金,河南佳化公司、高某某等担保人承担相应担保责任,并无不当。

综上所述,再审法院作出裁定如下:

驳回游某某、濮阳市佳华化工有限公司、河南省佳化能源股份有限公司、高某某等12名董事的再审申请。

北京银海通投资中心（有限合伙）与新疆西龙土工新材料股份有限公司、奎屯西龙无纺土工制品有限公司股权转让纠纷案

案件要点：

对赌协议约定目标公司为回购义务主体、股东或第三方承担连带保证责任，目标公司未完成相应减资程序，故股份回购的主合同义务尚未成就。担保合同义务具有从属性，故担保义务也未成就。

诉讼背景：

原告银海通投资中心与被告新疆西龙公司（目标公司）签订《增资扩股协议》，约定银海通投资中心认购目标公司股份300万股，投资款总额为900万元。同日，原告与被告新疆西龙公司、奎屯西龙公司（目标公司的全资子公司）签订《补充协议》，约定如果截至2012年9月30日目标公司仍未实现在国内证券交易所公开发行股票并上市，则原告有权要求目标公司回购其持有的股份，回购价格为投资款本金加利息；奎屯西龙公司应对回购义务承担连带责任。

银海通投资中心将投资款900万元支付给新疆西龙公司，但新疆西龙公司未实现公开发行股票并上市的条件，故银海通投资中心向一审法院提起诉讼，请求被告新疆西龙公司按照约定价格支付股权回购款，奎屯西龙公司对此承担连带责任。

一审法院作出判决后，被告不服判决结果，提起上诉，称目标公司未完成减资程序，回购义务的履行会损害目标公司及债权人的利益。二审法院经审理后，撤销了一审法院的判决，并驳回原告的诉讼请求。原告银海通投

资中心遂向最高院提起再审。

裁判索引：

新疆维吾尔自治区高级人民法院伊犁哈萨克自治州分院一审并作出〔2014〕伊州民二初字第 53 号民事判决书；新疆维吾尔自治区高级人民法院二审并作出〔2015〕新民二终字第 280 号民事判决书；最高人民法院再审并作出〔2020〕最高法民申 2957 号民事裁定书。

主要问题：

一审法院：案涉《增资扩股协议》及《补充协议》是否真实、有效？

二审法院：（1）案涉《补充协议》中回购条款是否有效？（2）被告是否应向原告银海通投资中心支付股权回购价款？

再审法院：（1）二审判决以完成减资程序作为银海通投资中心请求公司回购股份的前置条件有无法律依据？（2）二审判决未判令被告奎屯西龙公司承担责任有无不当？

事实认定：

一审法院查明案件事实如下：

（1）2011 年 8 月 11 日，银海通投资中心与新疆西龙公司签订《增资扩股协议》，新疆西龙公司在原股东基础上增加银海通投资中心为公司新股东，银海通投资中心认购 300 万股，投资款总额为 900 万元，占增资后总股本的 3.05%。

（2）协议 7.2 约定公司股东承担下列义务：① 遵守法律、行政法规和本章程；② 依其所认购的股份和入股方式缴纳股金；③ 除法律、法规规定的情形外，不得退股；④ 不得滥用股东权利损害公司或者其他股东的利益，不得滥用公司法人独立地位和股东有限责任损害公司债权人的利益；⑤ 法律、行政法规及公司章程规定应当承担的其他义务。

（3）同日，银海通投资中心与新疆西龙公司及奎屯西龙公司签订《补充协议》，其第一条约定："① 各方同意，如果截至 2012 年 9 月 30 日，新疆西龙公司仍未实现在国内证券交易所公开发行股票并上市,则银海通投资中心有权要求新疆西龙公司回购其持有的股份(亦有权不要求回购而继续持有股份),回购价格为银海通投资中心为取得该股份而向新疆西龙公司增资的投资款总额900万元加上15%的年息(单利),计息期间为银海通投资中心支付投资款之日起至新疆西龙公司支付回购价款之日止。新疆西龙公司应在银海通投资中心提出回购要求后3个月内完成回购。② 奎屯西龙公司同意,如新疆西龙公司不能履行上述回购义务,则奎屯西龙公司同意按照上述条款的约定收购银海通投资中心持有的股份,以保障银海通投资中心的投资退出。……"

(4) 2011年8月16日,银海通投资中心将投资款900万元支付给新疆西龙公司,但新疆西龙公司至今未公开发行股票并上市。

(5) 奎屯西龙公司系新疆西龙公司的全资子公司。现公司注册资本为人民币1.18亿元。

二审法院对一审查明事实予以确认,并对一审庭审中的事实情况补充说明如下:

(6) 银海通投资中心提交的诉状及庭审中确认其诉讼请求为:① 新疆西龙公司向银海通投资中心支付股权回购价款13,275,000元。② 奎屯西龙公司在新疆西龙公司不能履行回购义务时向银海通投资中心支付股权回购价款13,275,000元。

(7) 银海通投资中心未提交证据证明新疆西龙公司就案涉股权已完成减资程序。

再审法院对一审、二审法院查明的事实予以确认。

法院观点:

一审法院的裁判观点如下:

(1) 本案系请求公司回购股份纠纷,其请求权是否成立,关键是各方于2011年8月11日签订《增资扩股协议》及《补充协议》是否真实、有效。

(2) 关于合同真实性问题,新疆西龙公司和奎屯西龙公司对协议的真实性不持异议,《补充协议》有公司法定代表人签字和公司盖章,符合合同签订的形式要件,对其真实性应予以确认。

(3) 关于《补充协议》合法性问题。《补充协议》关于"2012年9月30日新疆西龙公司仍未实现在国内证券交易所公开发行股票并上市,则银海通投资中心有权要求新疆西龙公司以投资款总额900万元加上15%的年息价格回购其持有的股份"的约定,是协议各方为银海通投资中心退出股份公司时设定的利益安排,没有实质改变新疆西龙公司的资本状况,未损害公司及债权人利益,同时并不违反法律、法规的强制性规定。

(4) 股份公司开放性和资合性特点,通常只有在成为上市公司后才能充分体现,股东权益流通也能够获取相对自由空间,对于未上市股份公司股东与公司合意回购股权,创设平等救济途径,以异议评估权保护少数股东利益,符合公平原则和公司意思自治原则。至于《补充协议》是否经过股东大会通过和备案,属公司管理性程序,并不影响该协议的效力。

(5) 新疆西龙公司和奎屯西龙公司以《补充协议》具有对赌性质,违反《中华人民共和国公司法》相关禁止性规定等为由主张无效,缺乏事实及法律依据,《补充协议》属各方当事人真实意思表示,不违反法律、行政法规强制性规定,应属有效。

(6)《增资扩股协议》及《补充协议》于2011年8月11日成立生效,银海通投资中心依据增资合同约定,于2011年8月16日将900万元打入公司账号,履行完《增资扩股协议》及《补充协议》约定的出资义务,银海通投资中心持有新疆西龙公司3.05%的股权。新疆西龙公司未履行《补充协议》第一条回购义务,违反合同约定,新疆西龙公司应当按照《补充协议》约定的期限、方式、股权回购价格等内容全面承担股权回购责任。

(7) 关于股权回购价格,双方约定的股权回购价格为投资款加15%利息,实属股权溢价。该约定是双方真实意思,符合诚实信用及公平原则,应当履行。投资者溢价入股，高于融资方原始股东的入股价格，投资方事实上提前承担了风险，因而不存在风险共担原则的缺失。投资方高价入股后，融资企业原股东都提前享有股份增值的收益。故对银海通投资中心回购900万元股权及15%利息的请求予以支持。奎屯西龙公司的保证条款有效，应当承担连带责任。

综上，一审法院作出如下判决：

（1）新疆西龙公司于本判决生效之日起30日内一次性支付银海通投资中心股权回购价款13,275,000元。

（2）奎屯西龙公司对上述款项承担连带责任。

二审法院的裁判观点如下：

（1）关于案涉《补充协议》中的股权回购条款的效力问题。银海通投资中心与新疆西龙公司、奎屯西龙公司对2011年8月11日三方签订的《增资扩股协议》合法有效并无异议。对于《补充协议》中的回购条款效力存在分歧，本院认为《补充协议》中回购条款系以新疆西龙公司是否于2012年9月30日实现在国内证券交易所公开发行股票上市这一不确定情况作为条件，约定如未成功上市，银海通投资中心有权要求新疆西龙公司回购其持有的新疆西龙公司股份，如上市成功，银海通投资中心通过其他方式退出新疆西龙公司，包含了回购主体、回购条件、回购方式等交易安排，系股权性融资对赌协议，是当事人之间根据企业未来不确定的目标是否实现对各自权利与义务所进行的一种约定。

（2）《补充协议》中"如果乙方（新疆西龙公司）不能履行上述回购义务，在丙方（奎屯西龙公司）同意按照上述条款的约定收购甲方（银海通投资中心）持有的乙方股份，以保障甲方的投资退出"的约定为保证担保条款。上述约定系当事人真实意思表示，不存在《中华人民共和国合同法》第五十二条规定的法定无效事由，应属合法有效。一审法院认定《补充协议》合法有效，并无不当。

（3）关于新疆西龙公司或奎屯西龙公司是否应向银海通投资中心支付股权回购价款13,275,000元的问题。《补充协议》约定"如果截至2012年9月30日，新疆西龙公司仍未实现在国内证券交易所公开发行股票并上市，则银海通投资中心有权要求新疆西龙公司回购其持有的股份（亦有权不要求回购而继续持有股份）"，根据已查明的事实，新疆西龙公司至今未实现在国内证券交易所公开发行股票并上市，银海通投资中心的预期投资目的未能实现，有权依照《补充协议》约定要求新疆西龙公司进行股权回购。

（4）《中华人民共和国公司法》第三十五条规定"公司成立后，股东不得抽逃出资"、第一百四十二条规定"公司不得收购本公司股份。但是，有下列情形之一的除外：（一）减少公司注册资本；……"第一百七十七条规定"公司需要减少注册资本时，必须编制资产负债表及财产清单……"根据上述法律规定，为保护公司债权人利益，如履行股权回购约定，新疆西龙公司应按照《中华人民共和国公司法》第一百七十七条的规定，履行法定减资程序后方可履行回购约定。银海通公司并无证据证明新疆西龙公司相应减资程序已经完成，新疆西龙公司亦确认其减资程序尚未启动，故本院对银海通投资中心要求新疆西龙公司履行股权回购义务的诉讼请求不予支持。

（5）奎屯西龙公司系新疆西龙公司的全资子公司，其对母公司股份的持有在实质效果上与母公司持有自己的股份相同。因此，银海通投资中心在新疆西龙公司未完成减资程序的情况下，要求奎屯西龙公司在新疆西龙公司不能履行上述回购义务的情况下承担支付股权回购款的责任于法无据，对银海通投资中心的该项诉讼请求本院亦不予支持。

综上所述，新疆西龙公司的上诉请求成立，二审法院作出判决如下：

（1）撤销新疆维吾尔自治区高级人民法院伊犁哈萨克自治州分院〔2014〕伊州民二初字第53号民事判决。

（2）驳回北京银海通投资中心（有限合伙）的诉讼请求。

再审法院的裁判观点如下：

（1）关于股东请求公司回购股份是否应完成减资程序的问题。本案主要涉及股权性融资"对赌协议"。"对赌协议"又称估值调整协议，是指投资方与融资方在达成股权性融资协议时，约定由融资方根据企业将来的经营情况调整投资者的投资条件或给予投资者补偿的协议，估值调整手段主要包含股权回购、金钱补偿等。

（2）"对赌协议"主要分为投资方与目标公司的股东或者实际控制人的"对赌"、投资方与目标公司的"对赌"、投资人与目标公司的股东和目标公司同时"对赌"等形式。其中与目标公司"对赌"，指的是投资方与目标公司签订的协议约定，目标公司从投资方融资，投资方成为目标公司的股东，当目标公司在约定期限内实现双方预设的目标时，由投资方给予目标公司奖励；相反，由目标公司按照事先约定的方式回购投资方的股权或者向投资方承担金钱补偿义务。

（3）本案即符合投资方与目标公司"对赌"的情形，银海通投资中心为投资方，新疆西龙公司为目标公司。在处理"对赌协议"纠纷案件时，不仅应适用《中华人民共和国合同法》的相关规定，还应适用《中华人民共和国公司法》的相关规定，依法平衡投资方、公司股东、公司债权人、公司之间的利益。

（4）新疆西龙公司与银海通投资中心签订《增资扩股协议》，通过增资的方式向银海通投资中心融资900万元，并与奎屯西龙公司三方共同签订具有股权回购、担保内容的《补充协议》，均系各方当事人的真实意思表示，不违反法律、行政法规的强制性规定，不存在《中华人民共和国合同法》第五十二条所规定的合同无效的情形，应属合法有效。

（5）根据《中华人民共和国公司法》第三十五条、第一百四十二条的规定，投资方银海通投资中心与目标公司新疆西龙公司"对赌"失败，请求新疆西龙公司回购股份，不得违反"股东抽逃出资"的强制性规定。新疆西龙公司为股份有限公司，其回购股份属减少公司注册资本的情形，须经股东大会决议,并依据《中华人民共和国公司法》第一百七十七条的规定完成减资程序。现新疆西龙公司未完成前述程序,故二审判决驳回银海通投资中心的诉讼请求并无不当,银海通投资中心的该再审申请理由不成立,本院不予支持。

(6)关于二审判决未判令奎屯西龙公司承担责任有无不当的问题。银海通投资中心针对奎屯西龙公司的诉讼请求为"在新疆西龙公司不能履行回购义务时向银海通投资中心支付股权回购价款13,275,000元",其诉求的该义务属于担保合同义务,而担保合同义务具有从属性,即履行担保合同义务的前提条件是主合同义务履行条件已成就。现新疆西龙公司的减资程序尚未完成,股份回购的主合同义务尚未成就,故奎屯西龙公司的担保义务未成就,银海通投资中心要求判令奎屯西龙公司承担责任的再审申请理由不成立。

综上,再审法院作出如下裁定:驳回北京银海通投资中心(有限合伙)的再审申请。

六、对赌主体与股东身份

笔者前文就对赌协议签订时对赌主体的选择展开了论述。本部分,我们主要就对赌协议履行过程中对赌主体可能发生的变更进行讨论。其核心问题在于:如果对赌主体已不作为股东参与管理公司,其是否还应继续承担对赌义务?

为了尽量完整地论述这个问题,笔者将从持股比例的变更(形式上的变更)、实际控制权的变更(实质上的变更)两个维度,结合执业中遇到的真实案例展开论述,并得出结论。

(一) 持股比例的变更

1. 创始股东的困惑

本问题源于笔者团队担任法律顾问的一家公司的咨询。该公司的创始股东与外部投资机构对赌,约定如公司到期未能上市则由4位创始股东回购投资人持有的股权,各创始股东承担连带的回购义务。

协议履行过程中,创始股东中的一位小股东(小股东A)因故打算退出公司,并经股东会决议通过(全体股东一致同意,包括投资人)将其持有的全部股权转让给了公司控股股东(控股股东B)。小股东A由此产生疑问:是否其退出公司后还需继续向投资人承担回购义务?

对于本次咨询(为免混淆,简称咨询案例),补充两个细节:第一,关于股东会决议、股权转让协议文本的写法,该公司使用了工商部门提供的模板,仅表述为股权转让后"相应的股东权利义务一并转让给控股股东B",并未就回购义务的承担进行约定,各方也未就回购义务是否免除另行开展磋商;第二,投资人与目标公司、创始股东签订的投资协议中约定了"股权转让限制"条款,创始股东不得未经投资人的同意转让股权。

2. 问题分析与解读

(1)实务中的不同观点

回购权主体(即咨询案例中的投资人)对于股权转让的概括性同意是否包含了同意回购义务随之转移至股权受让方的意思?这个问题在司法实务中存在一定的分歧:

持否定观点的案例如杭州市中级人民法院〔2019〕浙01民终10260号郭某、于某某、杭州科发创业投资合伙企业合同纠纷中,投资人与两名创始股东就目标公司上市时间进行股权回购对赌,其中一名创始股东(原股东)在回购条件(公司最晚上市时间)触发的两年前将所持全部股权转让给了另一名创始股东,退出了公司经营,另一名创始股东成为控股股东(控股股东)。投资人对于该项股权转让,在股东会决议中明确表示同意。法院认为"回购条件成就时,原股东作为合同一方当事人并非因其不是公司股东而免去回购义务""未有证据表明投资人已明确豁免原股东的回购义务",最终仍判决原股东、控股股东均承担回购义务。

又如深圳市中级人民法院〔2019〕粤03民终2636号李某某、王某某合同纠纷中,法院同样认为"即使投资人知情且同意创始股东转让股权,也不可直接推定投资人同意徐某、吕某某将股权回购的合同义务转移给王某某、李某某承担"(徐、吕、王、李均为公司创始股东)。

持肯定观点的案例如浙江省高级人民法院〔2019〕浙民再212号浙江星莱和农业装备有限公司、莱恩农业装备有限公司股权转让纠纷中,对赌协议明确约定承担对赌义务的主体是所谓的"控制股东",其定义为"在该企业中拥有50%以上股权、表决权或权益,或有权委派或指示该企业的经营管理层,或有权委派或选举该企业的多数董事,或有权决定该企业的财务和经营政策,并能据以从该企业的经营活动中获取利益的股东"。该案中目标公司原"控制股东"将所持股权全部转让于某外部主体,而对赌条件触发后,该外部主体以"对赌义务并不当然随股权移转"抗辩,法院认为其作为目标公司当前的"控制股东",替代原"控制股东"承担对赌义务并无不当。

又如山东省泰安市中级人民法院〔2018〕鲁09民终346号乔某某、任某某新增资本认购纠纷、买卖合同纠纷中,目标公司创始股东之一王某某将所持股权全部转让给目标公司的其他创始股东。一审法院泰山区人民法院在未审查投资人是否同意股权转让及对赌义务转移的前提下,根据王某某与其他股东签订的股权转让协议、目标公司股东会决议、目标公司章程修正案,直接判决免除其回购义务,认定"被告王某某已将其股权转让给其他股东,且经股东会决议通过,故其在目标公司的权利、义务均由其他股东承担,被告王某某不再承担目标公司的债权债务。"本案中的投资人并未就此回购义务承担的问题提起上诉,该股权转让事项并非二审中的争议焦点。

(2) 分析与解读

根据法律规定及相关案例,笔者倾向于认为在无明确证据证明投资人同意免除股权转让方(对赌主体)对赌义务的前提下,对赌主体的股权转让不必然导致对赌义务的免除。

从实务的角度来看,鉴于创业投资语境下的目标公司通常为非公众公司,根据《公司法》规定,无论是有限责任公司还是股份有限公司,其股东对于公司股权的内部转让,均不受其他股东同意与否所限。如在咨询案例中,各创始股东总持股比例大于2/3,完全可以绕开投资人而作出股东会决议、签订股权转让协议、修订公司章程并完成相应的工商登记。这种假定情形下,如认定回购义务与股权是类似于"依附"与"被依附"的关系,则相当于投资人在不知情的情况下丧失了基于对赌协议的最重要权利(回购权)。此时,投资人只能依据4位创始股东均签署了包含"股权转让限制条款"的投资协议这一事实,论证相关股权转让行为显属恶意,故无效。这对于投资人而言显然不甚公平。

前述咨询案例中的实际情况是,各创始股东并未绕开投资人,而是与投资人一同作出了股东会决议。这是否可以当然得出投资人"同意免除创始股东对赌义务"的意思呢？笔者认为未必。投资人与创始股东间的对赌权利义务基于对赌协议产生,在无其他特别事由的情况下,也需要经过双方协商一致而消灭。如认为签署版的股东会决议即是包含投资人、创始股东在内主体间的一份事实上的"终止协议",则一份主要内容为"……相应的股东权利义务一并转让给控股股东 B"的"终止协议"并不足以得出"对赌相关的权利义务也一并转让"的推论。首先,"对赌相关的权利义务"在文义上就很难完全被"股东权利义务"包含；其次,对赌相关的权利义务相对于股东权利义务的"从属性"假设,并无对应的法律依据或合同依据,①两者没有理由混为一谈。

基于上述观点,在咨询案例中,笔者团队协助小股东 A 与投资人进行谈判,最终各方签署了对赌协议的补充协议,投资人明确豁免了小股东 A 的回购义务,控股股东 B 的回购义务则仍然按照原对赌协议履行。

(3) 新的问题：关于对赌中的公平原则

继续前文的话题。如果按照笔者的观点,认同对赌关系与股东身份不存在天然的"依附"与"被依附"关系,则很可能出现一种情况：即使原本的对赌主体(尤指控股股东)已将所持有的目标公司股权全部转让,不参与公司经营,也无法再对对赌条件(如公司达到某经营业绩、于某目标期限内上市成功等)的达成与否产生影响,其也仍需承担对赌失败产生的风险——这似有违民法领域的"公平原则"。

---

① 论及"合同依据",相关案例可参考前文所述的浙江省高级人民法院〔2019〕浙民再 212 号再审民事判决书,该案中二审法院认定原对赌主体不再承担对赌义务的依据之一即在于根据对赌协议的文义,承担对赌义务的实为"控制股东"而未局限于某个特定的人。那么作为投资人,按照一般常识而论,应当认识到当"控制股东"经己方认可并变更后,应由新的"控制股东"承担对赌义务。

司法实务中对于这个问题的争议，多集中在对于目标公司实际控制权的认定上，以下将对此展开论证。

（二）实际控制权的变更

1. 案例介绍及问题归纳

笔者团队曾接受某客户（投资人）委托，研究分析某增资纠纷上诉案件（简称增资案件；截至本书写作时，该案件一审、二审均已作出判决，投资人败诉）。该案件的特殊性在于，原本承担对赌义务的控股股东在对赌协议约定的业绩考核期开始前就去世了，后续目标公司未能达成业绩考核指标。该案件一、二审法院均认定控股股东去世后，投资人在事实上"控制"了目标公司，故需对目标公司的经营状况（未达到业绩指标的后果）负责，原对赌约定不再执行。该案件的主要相关事实如下：

（1）对赌条件为目标公司 2018—2020 年的销售收入及净利润，如未达到约定标准，则控股股东（持股 60%）、小股东（持股 20%）向投资人（持股 20%）承担股权回购义务；投资协议中约定了投资人有权委派一名董事及财务总监至目标公司，委派董事对目标公司重大事项有一票否决权。

（2）控股股东的死亡时间为 2017 年，其死亡后，继承人将其电脑、法人章、门禁卡等交接给了投资人。

（3）目标公司在诉讼中提交了《情况说明》及相关资料，论证投资人在财务、运营决策等方面控制了目标公司。

（4）投资人投资后，小股东一直担任公司销售副总经理、董事。

一、二审法院的论证思路主要为：对于控股股东，因其于业绩考核期开始前死亡，其继承人也未参与目标公司经营，均无从为目标公司考核期内的经营状况负责；对于小股东，其在企业的实际经营管理中并不享有决策权，且因控股股东去世、目标公司被投资人实际控制，其业绩承诺的基础（对控股股东经营能力的信赖)已经因签订合同时无从预见、不属于商业风险的重大变化而丧失,继续履行合同则对其"显失公平"。① 故投资人无从向任何一方回购主体主张回购权。

笔者认为,本增资案件的主要争议焦点在于:第一,"实际控制权"的转移是否必然导致对赌义务的转移(或消灭);第二,投资人是否构成"实际控制"。考虑到与本部分主题的相关性,我们以下主要就第一个问题展开论述。

2. 问题分析与解读

(1) 实务中的不同观点

本增资案件中,投资人与创始股东(本案中的控股股东及小股东)已经签署了明确的"对赌协议",结果却因无法预料到的客观情况,以及合同履行中的行为被认定实际控制了目标公司,从而无法向任何一个对赌主体主张权利。

经检索相关案例,笔者发现一部分裁判机构确实会依据民法上的"公平原则",通过"实际控制认定"来判断原定的主体是否应承担对赌义务。以下结合案例进行说明。

支持适用"公平原则"的案例如四川省高级人民法院〔2019〕川民终1130号京福华越(台州)资产管理中心、恒康医疗集团股份有限公司股权转让纠纷中,投资人通过股东会决议免除了对赌主体(实际控制人)的董事长、董事身份。② 法院据此认为对赌主体非因自身原因失去了参与公司经营管理的资格,"如股权转让之后,受让方全盘接管管理公司,原股东指定的管理

---

① 在本案中,投资协议中确实约定了所谓的"情势变更"条款。该条款与《民法典》第533条的内容类似,即强调民法上的"公平原则"。《民法典》第533条规定:"合同成立后,合同的基础条件发生了当事人在订立合同时无法预见的、不属于商业风险的重大变化,继续履行合同对于当事人一方明显不公平的,受不利影响的当事人可以与对方重新协商;在合理期限内协商不成的,当事人可以请求人民法院或者仲裁机构变更或者解除合同。人民法院或者仲裁机构应当结合案件的实际情况,根据公平原则变更或者解除合同。"

② 该案例中的交易结构为:两名投资人以受让股权方式取得了目标公司100%股权,并将目标公司原本的大股东(自然人)在对赌协议中约定为"实际控制人",以公司三年经营业绩与原股东及实际控制人进行现金补偿对赌。

层不再管理经营目标公司,仍由原股东及实际控制人承担经营业绩不达约定的补偿,明显加重了原股东所应承担的风险,也有悖公司法基本原理",最终认定对赌主体不承担实际控制人未担任目标公司董事长、董事期间的现金补偿义务。

又如上市公司新华医疗(股票代码 600587)公告①提及的山东省高级人民法院〔2018〕鲁民初 103 号案件中,新华医疗作为投资人,与目标公司的 9 名创始股东约定了业绩补偿对赌,后续目标公司未达到业绩指标。法院认为虽然业绩补偿款支付条件成立,但"投资人实际参与目标公司的经营管理显然并不符合对赌协议的一般做法,也不符合《合同法》的一般原则,如果原股东不能控制公司而承担因公司业绩下滑所带来的损失赔偿,即违反权利义务对等原则……显然违反公平原则",法院据此判决回购义务人仅应支付部分业绩补偿款(约为约定款项的 1/3)。该案件的判决书全文尚未公开,尚无从知晓法院依据什么事实来认定投资人"实际参与目标公司的经营管理"。新华医疗已向最高院提起上诉,二审案件已受理,截至 2021 年年末尚未开庭。

不支持适用"公平原则"的案例如北京市高级人民法院〔2019〕京民终 124 号江苏中赛环境科技有限公司与金鸿控股集团股份有限公司股权转让纠纷案。该案中法院认为虽然投资人参与目标公司的经营管理,但该经营管理权限是在投资人入股目标公司的《股权转让协议》中明确约定的,故对赌主体仍要对目标公司未达到业绩指标承担回购义务。

又如浙江省杭州市中级人民法院〔2019〕浙 01 民初 2404 号杭州远方光电信息股份有限公司与邹某某、恒生电子股份有限公司合同纠纷案件中,法院认为虽然投资人参与目标公司的经营管理事项,但首先,作为对赌主体的创始股东所委派的董事在关于"将公司管理工作交接给投资人"的董事会决

---

① 详见新华医疗临 2019-038 号、2019-039 号和 2019-051 号公告,及其于 2022 年 8 月 20 日发布的《2022 年半年度报告》。

议中表决同意,即投资人接管目标公司并不构成违约;其次,创始股东"未能证明投资人控制目标公司的行为给公司业绩造成了负面性、实质性的影响,且无证据证明投资人不正当地促成了对赌条件成就"。法院最终认定创始股东仍需因目标公司业绩未达约定指标,承担对赌义务。

(2)分析与解读

如本书"先决条件"部分所言,按照理想的交易结构,创业投资机构作为财务投资人入股,无意"控制"目标公司,只是"委托"创始团队进行公司管理。但在实践中,部分投资人仍想要对目标公司的经营保留一定的监督或干预权限,常见的如在投资协议中约定委派董事、财务总监,或保留重大事项的一票否决权。从相关案例看来,只要这种约定符合常规并实际遵照履行,目标公司"控制权"的归属问题一般不会造成投资人主张对赌相关权利的障碍。然而,一旦投资人超越合同约定、商业惯例,对目标公司经营管理介入过深,希望在公司经营不善时凭一己之力"力挽狂澜",如若失败还可由对赌来兜底,就可能面临"公平原则"的考验。

但即便如此,回到本增资案件,笔者仍对一、二审法院的裁判有几点疑虑:第一,根据投资人与控股股东、小股东签订的投资协议,投资人享有委派财务总监、监事、董事等权利,其在一定程度上参与目标公司的管理,并不超越合同各方主体的预期。实际履行中,虽然原本的控股股东去世,其实也并无直接证据证明投资人控制了目标公司(其持股比例自始只有20%);第二,控股股东的继承人继承股东资格后,一方面享受股东权利,另一方面却不承担因经营不善产生的后果(如对赌义务),权利义务并不对等;第三,从公司各项决议文件可以看出,小股东担任董事、销售副总经理,并在一些重要决策文件上签字,法院认定其"不享有决策权",略显牵强。退一步而言,即使控股股东去世后,投资人对目标公司进行了主要的管理,小股东亦至少进行了次要的管理,不至于对目标公司未达成业绩指标完全不承担责任。二审法院认为小股东业绩承诺的基础是"对控股股东经营能力的信赖",并无任何合同依据，仅为一种推测。如按照这个逻辑，类似案件中如控股股东将股权转让给其他方，承担对赌义务的小股东均可以此抗辩己方免除相应义务。

（三）总结与建议

前文的论述旨在说明，对赌协议的履行中可能会出现种种变化，导致对赌义务未能锁定在原定的对赌主体之上，这并非仅仅通过对赌协议文本的约定所能避免。裁判机构在诉讼实务中不单会尊重商事主体的意思自治，还会运用"公平原则"作出调整。投资关系中的各方主体如未能对这套裁判逻辑进行较好的理解，即便有了较为完善的协议文本，也仍可能在对赌的实际执行中丧失先机。

对于本部分所讨论问题，笔者提出如下建议（以投资人视角为例）：

第一，要理解创业投资是"财务投资"的本质，在进行完备尽职调查的基础上接受合理的投资风险，避免出现为减少损失而超越合同约定、过多介入目标公司经营管理的情形。

第二，存在对赌约定的前提下，尽量避免接手目标公司的管理权。如确有所需，另行签订协议明确对赌是否继续执行。

第三，关注对赌主体的股权转让/退股/移交管理权限行为，以书面方式明确不同情况下对赌相关权利义务是否随之转让/终止。

方某、陆某芸与北京四方继保自动化股份有限公司股东出资纠纷案

案件要点：

投资协议未对投资人介入公司经营管理权限进行限制，原股东以投资人介入公司经营管理而造成重大不利影响为由，要求减轻或免除其补偿义务没有合同依据，不予支持。

诉讼背景：

原告四方继保公司（投资方）与泓申公司（目标公司）、被告方某（目标公司原股东）以及其他原股东签订《增资协议》，约定原告出资 9,000 万元认缴泓申公司股权比例 30%，并以目标公司"经审计净利润"为业绩指标约定了原股东的对赌义务。后各方就审计报告的出具以及业绩补偿条件成就与否发生争议，原告遂向一审法院提起诉讼，要求被告方某（目标公司的大股东）按照协议约定支付业绩补偿款及利息，其妻子陆某芸对此承担共同清偿责任。

一审法院判决支持了原告的诉讼请求，被告对此不服，并上诉称原告在庭审中提供的业绩指标证明不符合协议约定的"经审计净利润"要求，并以原告介入目标公司经营而造成重大不利影响为由要求减轻或免除己方业绩补偿责任。

裁判索引：

北京市第一中级人民法院一审并作出〔2018〕京 01 民初 333 号民事判决书；北京市高级人民法院二审并作出〔2019〕京民终 252 号民事判决书。

主要问题：

一审法院：（1）协议约定的业绩补偿条款是否被触发？（2）本案是否

属于夫妻共同债务？（3）如投资方四方继保公司介入目标公司研发、经营等造成重大影响，是否可以减轻或免除创始股东之业绩补偿责任？

二审法院：（1）协议约定的业绩补偿条款是否被触发？（2）投资方因深度介入经营而对目标公司造成重大不利影响时是否还有权提出业绩补偿请求？

事实认定：

一审法院查明事实如下：

1. 与案涉《增资协议》相关的事实

（1）国家企业信用信息公示系统显示，泓申公司成立于1994年11月10日，注册资本15,698,571元，法定代表人方某。主要人员包括：董事长兼总经理方某，董事屠某某等6人，监事李某某。四方继保公司出资额4,709,571元，持股比例30%，方某出资额577.5万元，持股比例36.79%。

（2）2015年10月22日，北京四方继保自动化股份有限公司（投资方，以下简称四方继保公司）与上海泓申科技发展有限公司（目标公司，以下简称泓申公司）、方某、陆某美、上海慧眼投资管理有限公司、上海泓丽锴宁投资合伙企业（有限合伙）、上海盟策投资中心（有限合伙）和上海盟济投资管理中心（有限合伙）[方某、陆某美、上海慧眼投资管理有限公司、上海泓丽锴宁投资合伙企业（有限合伙）、上海盟策投资中心（有限合伙）、上海盟济投资管理中心（有限合伙）合称为"原股东"]共同签订了《增资协议》。

（3）协议约定：……四方继保公司为了支持泓申公司目前所从事的安防领域智能视频分析行业业务发展，依据本协议之约定向泓申公司进行增资。本次增资完成后，四方继保公司将持有泓申公司30%的股权，原股东将合计持有泓申公司70%的股权。

（4）第1.3条净利润：指泓申公司每个会计年度经审计的合并财务报表所反映的税后净利润，并以扣除非经常性损益前后较低者为计算依据。净利润以经四方继保公司指定的具有证券从业资格的会计师事务所，按中国会计准则出具的无保留意见的审计报告为准。

(5) 第2.2条本协议各方同意,四方继保公司拟以泓申公司2015年、2016年、2017年平均预测净利润3,000万元融资后PE值的10倍为作价参考依据,确定泓申公司本次增资前估值不高于3亿元。本协议各方同意,四方继保公司拟出资9,000万元认缴泓申公司股权比例30%。

(6) 第2.3条泓申公司本次增资后的公司股权结构为:四方继保公司持有30%的股权,方某持有36.79%的股权,陆某美持有1.43%的股权,上海慧眼投资管理有限公司持有1.91%的股权,上海泓丽锴宁投资合伙企业(有限合伙)持有19.11%的股权,上海盟策投资中心(有限合伙)持有4.46%的股权,上海盟济投资管理中心(有限合伙)持有6.30%的股权。

(7) 第2.4条四方继保公司应按如下出资进度缴付其应缴纳的增资款:a. 本协议生效后,且本协议约定的"认购增资先决条件"全部达成后10个工作日内,四方继保公司应将首期增资款,即增资款的50%,共计4,500万元,支付至泓申公司账户。……c. 四方继保公司应在泓申公司工商变更登记完成之日起10个工作日内,将第二期增资款,即增资款的50%,共计4,500万元,支付至泓申公司账户。四方继保公司缴付的第二期增资款中最后一笔资金进入泓申公司账户的日期即本次增资完成日。

(8) 第3.1条原股东充分理解且本协议各方均确认并同意:四方继保公司认购本次增资系基于原股东关于泓申公司未来业绩状况向四方继保公司作出的保证与承诺,即泓申公司2015年度、2016年度、2017年度经审计的归属于母公司股东的实际净利润(以当年经审计的扣除非经常性损益前后较低的金额为准)平均不低于3,000万元。

(9) 受制于泓申公司未来的业绩状况,四方继保公司将根据泓申公司2015年度、2016年度、2017年度经审计的归属于母公司股东的实际净利润确定原股东或核心经营团队是否触发下述约定的盈利补偿事项及超额盈利奖励事项:

① 若泓申公司2015年度、2016年度、2017年度的累计经审计净利润合计超过前述承诺净利润9,000万元，则视为原股东完成本协议约定的业绩承诺，四方继保公司将根据下述计算方法，以泓申公司利润分配的形式向上海泓丽锗宁投资合伙企业（有限合伙）（即核心经营团队方某、贾某、孟某某、黄某某、常某、陆某芸）进行奖励：……

② 若泓申公司2015年度、2016年度、2017年度的累计经审计净利润合计未达到前述承诺净利润的90%即8,100万元，则视为原股东未完成本协议约定的业绩承诺，四方继保公司有权根据其独立判断，采取下述方案之一，要求原股东对四方继保公司进行补偿：

方案一：现金补偿

其一，如泓申公司于2015年度、2016年度、2017年度的累计经审计净利润合计高于前述承诺合计利润70%（即6,300万元），但低于前述承诺合计利润90%（即8,100万元）的，则原股东应在收到四方继保公司书面通知之日起10个工作日内将实际业绩不足8,100万元部分按届时持股比例分别根据四方继保公司书面通知具体要求一次性支付给四方继保公司。

其二，如泓申公司于2015年度、2016年度、2017年度的累计经审计净利润合计低于前述承诺合计利润70%（即6,300万元）的，则原股东应在收到四方继保公司书面通知之日起10个工作日内按届时持股比例分别根据四方继保公司书面通知具体要求一次性向四方继保公司支付本次增资全部增资款及8%利息作为补偿。

其三，为避免疑义，如泓申公司于2015年度、2016年度、2017年度的累计经审计净利润合计高于前述承诺合计利润90%（即8,100万元），但低于前述承诺合计利润100%（即9,000万元）的：则原股东无需对四方继保公司进行补偿。

其四，各方同意，因现金补偿而产生的税费，各方应按届时法律法规规定相应承担。

方案二：股权补偿

其一，如泓申公司于2015年度、2016年度、2017年度的累计经审计净利润合计低于前述承诺合计利润90%（即8,100万元）的，则原股东按下述计算方法将其持有的部分或全部股权无偿转让予四方继保公司或届时四方继保公司指定的第三方：补偿股权比例＝四方继保公司届时拥有泓申公司股权比例×（9,000万元－泓申公司三年实际完成净利润）/9,000万元。

其二，各方同意，因股权补偿而产生的税费，各方应按届时法律法规规定相应承担。

(10) 第3.2条泓申公司的经营业绩以具有证券从业资格的会计师事务所出具的审计报告和财务报表为准。泓申公司应于2015年、2016年、2017年会计年度结束后30日内，聘请由四方继保公司指定的具有证券从业资格的会计师事务所对泓申公司年末财务报告进行审计，并于会计年度结束后60日内向四方继保公司及原股东提交由上述会计师事务所出具的审计报告。审计费用由泓申公司承担。

(11) 第10.1条本次增资完成日后，四方继保公司有权要求公司：a. 在每季度结束后30日内提供该季度的非审计财务报表以及季度经营报告；b. 在每年度结束后90日内提供按中国会计准则审计的年度财务报表。

(12) 2015年10月28日，四方继保公司通过中国民生银行向泓申公司转账4,500万元；2015年12月2日，四方继保公司通过中国民生银行向泓申公司转账4,500万元。

2. 与目标公司净利润审计相关的事实

(13) 2016年3月25日，北京中证天通会计师事务所（特殊普通合伙）（简称中证天通会计师事务所）出具中证天通〔2016〕审字第0201285号《上海泓申科技发展有限公司2015年度财务报表之审计报告》（简称《泓申公司2015年审计报告》），其中2015年度净利润载明为19,921,183.56元。

（14）2017年，泓申公司制作的2017年度财务报表《合并利润表》显示，2017年度净利润为－37,359,938.85元。方某在法定代表人处签字，陆某芸在主管会计工作负责人处签字。

（15）2017年3月14日，周某给陆某芸发送的邮件载明："……2016年泓申公司净利润为527.90万元。……请您审阅，如果没有问题，我准备答复审计师按此版报告出具审计报告了，谢谢！"

（16）2017年5月31日，方某给高某某发送邮件并抄送给屠某某、郗某某、陆某芸等，邮件载明："……② 鉴于2016年泓申公司实际经营业绩未达预期，预计2017年年底为止26个月内完成总计9,000万元净利润的可能性较小。③ 按照泓申公司与四方继保公司的投资协议约定，四方继保公司将启动退出条款，我会配合并开始积极引入新投资人，以确保履行协议条款让四方继保公司顺利退出对泓申公司的投资。④ 为顺利引入泓申公司新投资人并让四方继保公司顺利退出，希望四方继保公司可以书面同意由我收回股权或新投资人或多个投资人按照协议条款受让四方继保公司的所有股权。……"

（17）2018年3月28日，中证天通会计师事务所出具《关于上海泓申科技发展有限公司业绩承诺实现情况的专项审核报告》（以下简称《泓申公司专项审核报告》），载明：泓申公司2015年度净利润为19,921,183.56元，扣除非经常性损益后的净利润为19,858,233.15元；2016年度净利润为5,278,986.49元，扣除非经常性损益后的净利润为4,327,929.50元；2017年度净利润为－37,359,938.85元，扣除非经常性损益后的净利润为－38,049,329.11元，合计－13,863,166.46元。

（18）关于泓申公司2016、2017年度为何没有正式审计报告的问题，一审庭审中，四方继保公司表示因为财务报表未获得方某签字确认，且泓申公司未支付委托报酬，故最终未形成审计报告。方某则表示出具报告无需其签字，且方某认为报表中的数字未能真实反映泓申公司的经营情况。

3. 与对赌条款履行相关的事实

(19) 2018年2月5日,陆某芸给刘某(投资发展部)发送邮件并抄送郗某某,……附件《对赌协议到期后的执行方案建议》主要内容为:……按照投资协议第3.1条……两种执行方案的分析及结果推演:

① 现金补偿方案:其一,如果四方继保公司选择这个方案执行,因个人财产远不足履约,作为公司大股东将依法提请清算公司,清算所得全部用于履行现金补偿义务。其二,现金补偿履约中不足的部分,我将以我和妻子名下现有的所有资产,按照存在形态,依法进行履约处置,原增资协议终止。其三,因我经营能力不足,二次创业失败。

② 股权补偿方案:其一,执行此约定条款,四方继保公司按约稀释原股东股权,成为绝对大股东,原投资协议终止。其二,我愿拿出我们夫妻名下的全部财产(适当考虑赡养老人的基本住房外)质押给四方继保公司,换取四方继保公司保证泓申公司健康发展的相应条件,同时以此表达我对泓申公司未来前景的看好,财产清单及具体情况见附件。……四、假如有选择权的话,我的选择:采取股权补偿方案,但选择权在四方继保公司,无论四方继保公司采取何种方案,我都会在法律规定的框架里配合执行。落款为泓申公司创始人方某,2018年2月4日。

(20) 2018年2月7日,陆某芸给刘某(投资发展部)发送邮件并抄送郗某某,……附件《对赌协议到期后的执行方案进一步建议》主要内容为:"……A. 我个人承诺回购四方继保公司原增资款的15%,四方继保公司剩余股权继续留在泓申公司一起共同发展。B. 我个人在2月内筹300万元现金回购15%中的一部分股权。C. 我个人承诺在未来两年内回购完15%中余下部分的股权,其中可以我名下物为质押物。……落款为泓申公司创始人方某,2018年2月7日。"

(21) 2018年3月12日、3月13日,各方邮件往来中,附件《对赌协议到期后的执行方案建议》主要内容为:"……① 按照对赌协议中股权补偿的方案中的约定履行,四方继保公司会占泓申公司61%的股份,原股东按照比例进行稀释。②公司经营团队持股平台中除原员工代持部分后的全部股份,承担小股东对对赌协议中的股份损失部分,小股东股份比例保持不变……落款处大股东方某签字,经营团队贾某、陆某芸、常某、黄某某签字,落款日期为2018年3月12日。"

4. 关于被告陆某芸与目标公司及方某的关系的事实

(22)庭审中,各方均认可陆某芸系泓申公司行政财务总监,系公司管理层之一,并均认可其参与了《增资协议》事宜的过程。

(23)方某、陆某芸于1990年6月18日结婚。

二审法院对一审法院查明的事实予以确认,并补充查明如下事实:

(1)泓申公司与中证天通会计师事务所签订《审计业务约定书》,约定由泓申公司委托中证天通会计师事务所对2015年度财务报表进行审计。中证天通会计师事务所接受泓申公司委托,对泓申公司按照企业会计准则编制的2015年12月31日,2015年度、股东权益变动表和现金流量表以及财务报表附注(以下统称财务报表)进行审计。中证天通会计师事务所通过执行审计工作,对财务报表的下列方面发表审计意见:财务报表是否按照企业会计准则的规定编制;财务报表是否在所有重大方面公允反映泓申公司2015年12月31日的财务状况以及2015年度的经营成果和现金流量。

(2)2017年3月26日,中证天通会计师事务所出具《泓申公司2016年审计报告》,其中,《合并利润表》"净利润"为5,278,986.49元。

(3)2018年3月1日,泓申公司与中证天通会计师事务所签订《审计业务约定书》,约定由泓申公司委托中证天通会计师事务所对2017年度财务报表进行审计。中证天通会计师事务所接受泓申公司委托,对泓申公司按照企业会计准则编制的2017年12月31日,2017年度、股东权益变动表和现金流量表以及财务报表附注(以下统称财务报表)进行审计。中证天通会计师事务所通过执行审计工作,对财务报表的下列方面发表审计意见:财务报表是否按照企业会计准则的规定编制;财务报表是否在所有重大方面公允反映泓申公司2017年12月31日的财务状况以及2017年度的经营成果和现金流量。

(4) 2018年3月28日,中证天通会计师事务所出具《泓申公司2017年审计报告》,其中《合并利润表》"净利润"为-37,359,938.85元。

(5) 泓申公司于2018年4月9日向中证天通会计师事务所支付审计费2.5万元,中证天通会计师事务所开具了发票。泓申公司于2016年6月27日向中证天通会计师事务所支付审计费2万元。泓申公司于2018年1月17日向中证天通会计师事务所支付审计费2万元。

(6)《增资协议》附件二"方某及核心经营团队提供的财产清单"中,方某、陆某芸等核心团队6名成员声明,提供相应财产作为《增资协议》中所涉及的1,800万元的对赌担保。陆某芸在"配偶承诺函"下的《声明函》中称其已全面阅读《增资协议》,并且对《增资协议》条款的含义及相应的法律后果已全部通晓并充分理解。

法院观点:

一审法院的裁判观点如下:

1.《增资协议》是否合法有效

四方继保公司与方某等于2015年10月22日签订的《增资协议》,系当事人的真实意思表示,且不违反法律、行政法规的强制性规定,应为合法有效。依法成立的合同,对当事人具有法律约束力,当事人应当按照约定履行自己的义务。

2. 关于协议约定的业绩补偿条款是否被触发的问题

(1)《增资协议》约定,如果泓申公司于2015年度、2016年度、2017年度的累计经审计净利润合计低于前述承诺合计利润70%(即6,300万元)的,则原股东应按届时持股比例一次性向四方继保公司支付本次增资全部增资款及8%利息作为补偿。因此,上述业绩补偿条款是否被触发的判断标准为 2015 年度、2016 年度、2017 年度的累计经审计净利润是否低于 6,300 万元。

（2）四方继保公司提供了《泓申公司 2015 年审计报告》，2017 年度的财务报表以及各方往来邮件，主张泓申公司 2015 年度、2016 年度、2017 年度累计的净利润为负数，远低于 6,300 万元，故方某应当承担业绩补偿义务。方某、陆某芸认为协议中明确约定的是"经审计"的净利润，而四方继保公司并未提供 2016 年度、2017 年度的正式审计报告，其所提供的资料不符合协议约定的"经审计"之条件，因此无法判断业绩补偿条款是否被触发，亦无法确认适用何种业绩补偿方案。

（3）关于泓申公司未能形成 2016 年度、2017 年度审计报告，一审法院认为，《增资协议》第 3.1 条约定了"经审计净利润"之要求，但"经审计"目的是为了保证"净利润"数字之准确，从而为各方客观判断是否触发了协议约定的业绩补偿条款提供依据。如果现有证据能够证明泓申公司 2015 年度、2016 年度、2017 年度累计的净利润低于 6,300 万元，即可以认定各方约定的业绩补偿条款被触发，则方某应当承担相应的业绩补偿义务。

（4）一审法院认为，当事人对自己提出的诉讼请求所依据的事实或者反驳对方诉讼请求所依据的事实，应当提供证据加以证明。对于泓申公司是否完成了 6,300 万元业绩问题，四方继保公司提供了如下证据，以证明泓申公司未完成 6,300 万元业绩：

其一，《泓申公司 2015 年审计报告》……2017 年 3 月 14 日邮件往来，载明"2016 年泓申公司净利润为 527.9 万元……"；经方某签字的《合并利润表》，显示 2017 年度净利润为－37,359,938.85 元。故 2015 年度、2016 年度、2017 年度累计净利润为负数，远未达到 6,300 万元。

其二，各方 2018 年 2 月 5 日、2 月 7 日、3 月 12 日、3 月 13 日等邮件往来提到了《对赌协议到期后的执行方案建议》《对赌协议到期后的执行方案进一步建议》等均体现出方某、陆某芸多次认可未能完成预期业绩，需要承担补偿义务。

(5) 由此可见,四方继保公司就其主张的泓申公司未完成6,300万元业绩已经提供了相应证据予以证明。而方某作为泓申公司法定代表人、董事长,抗辩称业绩补偿条款未被触发,但其并未就泓申公司2015年度、2016年度、2017年度的净利润数额进行举证证明。

综上,一审法院认为,通过现有证据可以认定泓申公司2015年度、2016年度、2017年度累计的净利润未达到6,300万元,业绩补偿条款已经被触发,方某应当按照约定承担补偿义务。

3. 关于本案是否属于夫妻共同债务问题

(1)《最高人民法院关于审理涉及夫妻债务纠纷案件适用法律有关问题的解释》第三条规定,夫妻一方在婚姻关系存续期间以个人名义超出家庭日常生活需要所负的债务,债权人以属于夫妻共同债务为由主张权利的,人民法院不予支持,但债权人能够证明该债务用于夫妻共同生活、共同生产经营或者基于夫妻双方共同意思表示的除外。

(2) 陆某芸系方某之配偶,《增资协议》的前期沟通、正式签署、后期协商等过程发生在两人婚姻关系存续期间;陆某芸系泓申公司董事,任公司行政财务总监,是公司高级管理人员、核心经营团队成员之一,参与公司经营管理;陆某芸对整个交易过程完全知悉并深度参与,对享有的盈利奖励权利及业绩补偿义务均具有预期。

(3) 方某曾在邮件中明确表示"现金补偿履约中不足的部分,我将以我和妻子名下现有的所有资产,按照存在形态,依法进行履约处置",陆某芸于2018年2月5日将上述邮件发给四方继保公司相关人员,系其以实际行为表明愿意承担共同清偿责任的意思表示。

综合考虑上述因素,一审法院认为,本案方某对四方继保公司所负的业绩补偿款及利息,属于夫妻共同债务。故对于四方继保公司主张陆某芸对方某需要支付的业绩补偿款及利息承担共同清偿责任的诉讼请求,一审法院予以支持。

4. 关于如四方继保公司介入泓申公司研发、经营等造成重大不利影响，是否可以减轻或免除方某及陆某芸业绩补偿责任的问题

方某、陆某芸主张四方继保公司深度参与泓申公司的研发、生产经营等环节，导致泓申公司的销售业绩和市场推广受到重大不利影响。因此，四方继保公司无权提出所谓业绩补偿的主张，反而应向泓申公司赔偿损失。对此一审法院认为：首先，方某、陆某芸并未提供其上述主张的合同依据，即《增资协议》中并未约定如四方继保公司介入泓申公司研发、管理、经营造成重大不利影响，则其无权向方某提出业绩补偿要求。其次，本案需要解决的是方某、陆某芸是否需要依照约定承担业绩补偿义务的问题，而方某、陆某芸主张的四方继保公司对泓申公司造成重大不利影响，系属于基于四方继保公司的股东身份而损害公司利益纠纷，或基于其他合同产生的纠纷，与本案分属不同的法律关系。至于四方继保公司是否需要对泓申公司承担责任以及承担何种责任，不属于本案审理的范畴，各方均可另行解决。

综上所述，一审法院判决如下：

方某、陆某芸于判决生效之日起10日内向四方继保公司支付业绩补偿款47,301,428.57元及利息。

二审法院的裁判观点如下：

（1）一审判决关于《增资协议》的效力认定正确，本院予以确认。各方当事人均应依约履行各自义务。

（2）根据中证天通会计师事务所出具的2015—2017年的三份审计报告显示，泓申公司2015年度净利润为19,921,183.56元、2016年度净利润为5,278,986.49元、2017年度净利润为−37,359,938.85元，未达到《增资协议》第3.1条包括方某在内的泓申公司原股东向四方继保公司作出的承诺，即"泓申公司于2015年度、2016年度、2017年度经审计的归属于母公司股东的实际净利润平均不低于3,000万元"，已经触发承诺业绩补偿条款，

四方继保公司有权依据《增资协议》第3.1条……的约定,要求方某依约按其持股比例承担未完成承诺业绩的补偿责任。

(3)一审判决认定的泓申公司2016年度、2017年度净利润与二审确认的两份审计报告中载明的泓申公司2016年度、2017年度净利润数额基本一致,未对本案相关事实的认定产生影响,故一审判决关于泓申公司2015—2017年三年累计净利润为负数,远未达到承诺业绩6,300万元的认定正确,本院予以确认。

(4)四方继保公司依据《增资协议》向泓申公司增资后,成为持有泓申公司30%股权的股东。但《增资协议》未对四方继保公司作为持股30%的股东利用公司内部治理结构控制、影响泓申公司经营方针及具体营销作出限制性约定,也未约定如四方继保公司介入泓申公司研发、管理、经营造成重大不利影响时,四方继保公司不享有向方某等原股东提出业绩补偿的请求权。故一审判决对方某、陆某芸关于四方继保公司因深度介入泓申公司经营而对泓申公司造成重大不利影响,其无权提出业绩补偿请求的主张没有合同依据的认定正确,本院予以确认。

(5)方某与陆某芸系夫妻关系,方某是泓申公司原持股52.55%、增资后持股36.79%的股东,陆某芸是泓申公司董事、行政财务总监,也是核心经营团队即泓申公司股东上海泓丽锴宁投资合伙企业(有限合伙)的6位成员之一;作为公司的高级管理人员及核心经营团队成员,陆某芸参与了《增资协议》的订立和履行;在《增资协议》附件中,陆某芸作为方某的配偶,明确其对《增资协议》条款的含义及相应的法律后果已全部通晓并充分理解;陆某芸在知悉方某表示其将以夫妻名下财产履行相应合同义务的邮件内容后未表异议并将该邮件转发给四方继保公司相关人员。

(6)根据《最高人民法院关于审理涉及夫妻债务纠纷案件适用法律有关问题的解释》第三条规定,前述情况属于夫妻共同生产经营以及夫妻双方共同意思表示的应当认定为夫妻共同债务的情形。故一审判决认定方某对四方继保公司所负的业绩补偿款及利息属于夫妻共同债务,陆某芸应当对方某需要向四方继保公司支付的业绩补偿款及利息承担共同清偿责任正确,本院予以确认。

综上所述,方某、陆某芸的上诉请求及理由均不成立,二审法院判决:驳回上诉,维持原判。

叶某川、苏某某等与厦门科技产业化集团有限公司合同纠纷案

案件要点：

投资协议约定原股东对投资方承担回购义务，协议履行过程中原股东将其股权全部转让而退出目标公司，投资人在股东会决议中同意股权转让的意思表示并非对回购义务作出免除承诺，离任股东仍应承担回购义务。

诉讼背景：

原告厦门科技公司（投资方）与被告鑫化宏公司（目标公司）及鑫化宏公司全体股东柯某某、叶某碰、苏某某、杨某某、陈某某、叶某川共同签订股权投资协议，约定厦门科技公司以170万元对目标公司进行增资，并约定自协议签订之日起至三年期满时，目标公司及全体股东应按协议相关规定履行回购义务。后续厦门科技公司如约向鑫化宏公司转账支付170万元，鑫化宏公司也办理了公司增资及股权变更登记手续。

案涉股权投资协议履行过程中，原股东叶某碰将其持有的目标公司全部股权对内转让给柯某某而退出目标公司；原股东苏某某、杨某某、陈某某、叶某川向案外人太湖鑫化宏新材料有限公司转让其全部股权亦不再具有股东身份。此两次股权转让均经过厦门科技公司盖章同意及股东会决议通过。

后股权回购期满，各方就股权回购义务的承担发生争议，原告厦门科技公司向一审法院提起诉讼，要求原股东柯某某、叶某碰、苏某某、杨某某、陈某某、叶某川及目标公司鑫化宏公司共同向其一次性支付股权回购款170万元及利息。经审理后，一审法院支持了原告厦门科技公司的股权回购请

求。离任股东叶某某 1、苏某某、叶某某 2、陈某某、杨某某不服一审判决，认为其经厦门科技公司同意退出公司后，就不享有和承担回购厦门科技公司股权的权利和义务，故共同上诉请求撤销原审判决，并驳回原告全部诉讼请求。

裁判索引：

厦门市湖里区人民法院一审并作出〔2019〕闽 0206 民初 5944 号民事判决书；福建省厦门市中级人民法院二审并作出〔2021〕闽 02 民终 3050 号民事判决书。

主要问题：

一审法院：（1）股权回购三年期满，目标公司鑫化宏公司是否有义务向厦门科技公司进行相应股权回购？（2）原股东叶某碰、苏某某、杨某某、陈某某、叶某川失去鑫化宏公司的股东身份后，是否仍应承担回购义务？

二审法院：（1）目标公司鑫化宏公司是否需要向厦门科技公司承担股权回购义务？（2）原股东叶某碰、苏某某、杨某某、陈某某、叶某川失去鑫化宏公司的股东身份后，是否仍应承担回购义务？

事实认定：

一审法院查明事实如下：

（1）厦门科技产业化集团有限公司（简称厦门科技公司）原名称为厦门科技产业化开发建设有限公司，2016 年 11 月 23 日经公司登记机关核准变更为现名称。

（2）鑫化宏公司于 2015 年 11 月 9 日核准设立，登记成立日期为 2012 年 4 月 17 日，登记注册资本为 1,020 万元。厦门科技公司、柯某某、苏某某、杨某某、陈某某、叶某川、叶某碰原系鑫化宏公司的登记股东；现登记股东为厦门科技公司、柯某某、案外人太湖鑫化宏新材料有限公司。

（3）2015 年 9 月 2 日，厦门科技公司作为投资方（甲方）与鑫化宏公司作为被投资方（乙方）及鑫化宏公司全体股东柯某某、叶某碰、苏某某、杨某某、陈某某、叶某川(丙方)共同签订《厦门市科技成果转化与产业化基金股权投资协议书》(简称股权投资协议),就甲方对乙方进行股权投资事宜作出如下主要约定:

① 乙方全体股东同意甲方以170万元对乙方进行增资,并取得增资后占乙方总注册资本15.17%的股权;乙方注册资本从850万元增加到1,020万元。

② 股权投资完成前,柯某某持有乙方26.4%的股权,叶某碰持有乙方25.52%的股权,苏某某持有乙方17.6%的股权,杨某某持有乙方13.2%的股权,陈某某持有乙方12%的股权,叶某川持有乙方5.28%的股权;股权投资完成后,甲方持有乙方16.67%的股权,柯某某持有乙方22%的股权,叶某碰持有乙方21.26%的股权,苏某某持有乙方14.67%的股权,杨某某持有乙方11%的股权,陈某某持有乙方10%的股权,叶某川持有乙方4.4%的股权。

③ 甲方对涉及和影响到公司股东权益的重大事项拥有决策权;在成果转化基金到期时,如乙方未能按本协议回购,甲方有权对所持股份以市场价格转让,并依法享有股权溢价部分的增值收益。

④ 自本协议签订之日起至三年期内,乙方和丙方可根据本企业发展情况随时选择优先回购甲方全部所持股份。

⑤ 甲方应在本协议生效后15个工作日内将成果转化基金转入乙方在受托银行开设的专用账户,甲方支付投资款后,即取得股东权利。

⑥ 乙方应在指定的受托银行开立成果转化基金资金专用账户,开户行为建设银行厦门分行科技支行;乙方在本协议签订生效之日起30个工作日内,由全体股东做出同意本次股权投资的股东会决议并对公司章程进行相应修改;在甲方支付投资款后30个工作日内,乙方应负责向主管机关申请办理股权变更登记。

⑦ 自本协议签订之日起,甲方以成果转化基金代持方身份持有乙方股

份原则上在三年内退出,退出方式分为回购退出、市场转让、强制退出：回购退出即乙方及丙方有权在成果转化基金存续期内或存续三年期满时优先回购甲方所持有股份,回购价按本协议第十条确定的回购条款计算;市场转让即如乙方及丙方未在成果转化基金存续期间内或三年期满时回购甲方所持股份,且乙方和丙方放弃优先回购权,甲方所持股份本着"同股同权"原则,可在市场上以市场价格出售;强制退出即如乙方在成果转化基金投资到位一年内未使用,甲方有权要求乙方回购甲方所持股份,股权回购价格按本投资协议第十条确定。

⑧ 回购条款：股权到期回购,自本协议签订之日起至成果转化基金三年期满时,乙方及丙方应按本协议相关规定履行回购义务,回购价＝实际投资额×(1＋A％×本次投资款到账日至回购日之间的天数÷365),其中A代表回购日当期(天)中国人民银行公布的一年期贷款基准利率。

⑨ 若本协议的任何一方违反或未能及时履行其在本协议项下任何义务、陈述与保证,均构成违约,任何一方违约而给其他方造成损失的,应就其损失向守约方承担赔偿责任,赔偿责任范围包括守约方的直接损失、间接损失以及因主张权利而发生的费用。

⑩ 此外,股权投资协议第一条即协议中所述的"成果转化基金"是厦门市政府用以扶持本市初创期科技型企业科技成果转化和产业化的专项政策性资金,根据《厦门市科技成果转化与产业化基金管理暂行办法》的规定,由厦门市科技成果转化与产业化基金理事会办公室授权委托甲方作为成果转化基金的代持方和股权投资管理机构,向乙方进行股权投资。乙方应当履行暂行办法和本投资协议规定的义务。

(4) 2015年9月17日,厦门科技公司根据股权投资协议约定向鑫化宏公司转账支付170万元。此后,鑫化宏公司办理了公司增资及股权变更登记手续,厦门科技公司成为鑫化宏公司股东,持有该公司16.67％的股权。截至本案法庭辩论终结时,厦门科技公司仍持有鑫化宏公司16.67％的股权。

(5) 2016年4月27日,鑫化宏公司做出股东会决议,一致通过股东叶某碰向柯某某转让其持有的21.27%股权,确认股权转让后,柯某某持有鑫化宏公司43.27%的股权。厦门科技公司亦盖章确认。

(6) 2017年6月30日,鑫化宏公司做出股东会决议,一致通过叶某川、陈某某、苏某某、杨某某向太湖鑫化宏新材料有限公司转让其全部股权,确认太湖鑫化宏新材料有限公司持有鑫化宏公司40.06%的股权。厦门科技公司亦盖章确认。

(7)《厦门市科技成果转化与产业化基金管理暂行办法》(简称《暂行办法》)系由厦门市科技局、厦门市财政局于2015年2月10日发布,有效期两年。《暂行办法》第九条规定,成果转化基金的投资期限一般为3年,主要通过原股东回购和股权转让等方式退出;原股东优先回购,成果转化基金投入3年内,原股东可按原值加同期银行贷款利息回购;超过3年且被投资企业未上市的,原股东按协议价回购。庭审中,柯某某、叶某碰、苏某某、杨某某、陈某某、叶某川、鑫化宏公司对于厦门科技公司在起诉状中陈述的《暂行办法》规定"超过3年且被投资企业未上市的,原股东按协议价回购"未提出异议。

二审法院对一审法院查明的事实予以确认。

法院观点:

一审法院的裁判观点如下:

(1) 厦门科技公司与鑫化宏公司、柯某某、叶某碰、苏某某、杨某某、陈某某、叶某川签订案涉股权投资协议,就厦门科技公司对鑫化宏公司进行股权投资事宜达成合意,该股权投资协议是各方当事人之间的真实意思表示,内容与形式均不违反法律、行政法规的强制性规定,合法有效,各方当事人均应遵照诚实信用原则予以履行。股权投资协议签订后,厦门科技公司依约向鑫化宏公司支付170万元用于鑫化宏公司的增资,并取得了鑫化宏公司相应股权,厦门科技公司已履行了相应的合同义务。

(2) 关于鑫化宏公司与柯某某是否负有投资期满的股东回购义务的认定。

① 根据股权投资协议"股权到期回购"的约定,自协议签订之日起至成果转化基金三年期满时,鑫化宏公司及全体股东应按本协议相关规定履行回购义务。此条款可证明协议各方当事人已明确约定了鑫化宏公司及其股东的股权到期回购义务,只要到期条件成就,各方当事人就应履行。

② 股权投资协议关于"回购退出"及"市场转让"退出方式的约定是对鑫化宏公司优先回购权的保护,也赋予了厦门科技公司更为灵活的股权退出方式,但无论是"回购退出"还是"市场转让"均不排除双方对于鑫化宏公司及其股东关于履行股权到期回购义务的约定。

③ 股权投资协议所对应增资的成果转化基金具有政策扶持性,协议各方自签订协议时便已约定了成果转化基金的原则退出时间;且根据暂行办法规定,成果转化基金投入3年且鑫化宏公司未上市的,鑫化宏公司及其股东应按协议价回购;结合股东会决议内容,鑫化宏公司及其股东对于三年期满的股权回购义务是清楚的。

综上,鑫化宏公司应严格遵守股权投资协议的约定,在股权回购条件成就时,全面而适当地履行自身的合同义务,按事先约定的价格回购相应的股权,否则需要承担继续履行、赔偿损失等违约责任。

(3) 关于离任股东叶某碰、苏某某、杨某某、陈某某、叶某川失去鑫化宏公司的股东身份后,是否仍应承担回购义务的认定。

① 股权投资协议系离任股东叶某碰、苏某某、杨某某、陈某某、叶某川的真实意思表示,且不违反法律、行政法规的强制性规定,该回购义务不因股东将股权转让之事实而免除。

② 厦门科技公司在股东会决议通过叶某碰、苏某某、杨某某、陈某某、叶某川的股权转让并非是对他们履行股权转让协议约定的回购义务作出免除承诺。叶某碰、苏某某、杨某某、陈某某、叶某川亦没有提交证据证明厦门科技公司放弃了对离任股东在今后成果转化基金投入期满3年后的回

购要求。

故叶某碰、苏某某、杨某某、陈某某、叶某川关于因离任而免除股权回购义务的抗辩,没有合同和法律依据,一审法院不予采纳。

综上,一审法院判决:

(1)柯某某、叶某碰、苏某某、杨某某、陈某某、叶某川、厦门鑫化宏新材料有限公司于判决生效之日起10日内,共同向厦门科技公司支付股权回购款170万元及利息(以170万元为基数,自2015年9月17日起按年利率4.35%计至实际付款之日止)。

(2)柯某某、叶某碰、苏某某、杨某某、陈某某、叶某川、鑫化宏公司于判决生效之日起10日内,共同向厦门科技公司支付财产保全费5,000元。

(3)驳回厦门科技公司的其他诉讼请求。

二审法院的裁判观点如下:

(1)案涉股权投资协议系签约各方当事人的真实意思表示,内容亦未违反法律、行政法规的强制性规定,为合法有效之协议,协议对签约各方均具法律约束力。

(2)根据股权投资协议第十条"回购条款"约定,自协议签订之日起三年期满时,乙方(即鑫化宏公司)和丙方(即柯某某、叶某碰、苏某某、杨某某、陈某某、叶某川)应按本协议相关规定履行回购义务。依此约定,应认定,在协议签订之日起三年期满回购甲方(即厦门科技公司)所持有的16.67%股权,系合同明确约定的鑫化宏公司及柯某某、叶某碰、苏某某、杨某某、陈某某、叶某川应履行的义务。该回购义务不因"丙方"股东身份的变化或将股权转让之事实而免除。

(3)厦门科技公司虽在股东会决议同意和通过叶某碰、苏某某、杨某某、陈某某、叶某川的股权转让,但并不是对其履行股权投资协议约定的回购义务作出免除承诺。叶某碰、苏某某、杨某某、陈某某、叶某川亦没有举证证明厦门科技公司放弃了对离任股东在今后成果转化基金投入期满3年后的回购要求。故叶某碰、苏某某、杨某某、陈某某、叶某川以其系经厦门科技公司的同意而退股、未参与公司经营和管理、厦门科技公司未履行股东义务及监管职责等为由主张免除其股权回购义务，以及抗辩应由鑫化宏公司及现有股东承担股权回购义务，没有合同和法律依据。

（4）经审查，股权投资协议第八条关于"原则上三年内退出"的约定与第十条约定的回购义务并不矛盾。虽协议各方在签订协议时约定了成果转化基金的原则退出时间为三年，但根据协议中暂行办法第九条"超过3年且被投资企业未上市的，原股东按协议价回购"的规定，因鑫化宏公司超过3年仍未上市，鑫化宏公司及其股东理应按协议价进行回购。

（5）截至2021年7月，厦门科技公司仍持有鑫化宏公司16.67%的股权，案涉股权回购条件已于2018年9月17日成就，厦门科技公司有权要求柯某某、叶某碰、苏某某、杨某某、陈某某、叶某川履行股权回购义务。一审法院对此判决并无不当。

（6）对于鑫化宏公司而言，鑫化宏公司负有回购义务虽确属股权投资协议明确约定的合同义务，但因本案中厦门科技公司基于履行股权投资协议而投入的基金170万元已经法定程序作为鑫化宏公司的注册资金且对应持有鑫化宏公司16.67%的股权，在鑫化宏公司尚未完成公司法规定的减资程序之情形下由鑫化宏公司直接履行回购义务，违反了公司法关于"股东不得抽逃出资"及股份回购的强制性规定。

（7）根据本案查明的事实，目标公司鑫化宏公司至今尚未就厦门科技公司要求回购的股权完成减资程序，因此，厦门科技公司要求鑫化宏公司回购股权的主张有悖《公司法》第三十五条、第一百七十七条关于"股东不得抽逃出资"及股份回购的强制性规定，对厦门科技公司的此项回购主张不予支持。

（8）一审法院未依法审查厦门科技公司主张鑫化宏公司回购股权是否符合公司法相关强制性规定，直接判决鑫化宏公司履行回购义务，适用法律错误,应予纠正。今后,如鑫化宏公司依法定程序就案涉股权完成法定减资程序,厦门科技公司可依据该事实另行提起诉讼。

综上,一审判决认定事实清楚,但适用法律部分不当,本院依法予以纠正。二审法院最终判决如下:

(1)撤销厦门市湖里区人民法院〔2019〕闽0206民初5944民事判决第三项。

(2)变更福建省厦门市湖里区人民法院〔2019〕闽0206民初5944民事判决第一项为:柯某某、叶某碰、苏某某、杨某某、陈某某、叶某川于本判决生效之日起10日内,共同向厦门科技产业化集团有限公司支付股权回购款170万元及利息(以170万元为基数,自2015年9月17日起按年利率4.35%计至实际付款之日止)。

(3)变更福建省厦门市湖里区人民法院〔2019〕闽0206民初5944民事判决第二项为:柯某某、叶某碰、苏某某、杨某某、陈某某、叶某川于本判决生效之日起10日内,共同向厦门科技产业化集团有限公司支付财产保全费5,000元。

(4)驳回叶某碰、苏某某、杨某某、陈某某、叶某川的上诉请求。

(5)驳回厦门科技产业化集团有限公司的其他诉讼请求。

七、对赌条件

（一）常见的对赌条件

对赌协议的起草、谈判过程中，继选择对赌主体之后，通常要对对赌的触发条件进行确定。基于对达成"以较高溢价投资退出"之目的的追求，激励创始股东用心经营，创业投资者通常将对赌条件集中在以下几方面：

1. 上市/挂牌时间

目标公司进入公开市场交易应是相当一部分创业投资者的终极目的，所以对于上市时间的约定，在实践中较为多见。除此以外，对于预计较难在一定期限内达到上市标准的公司，也会有投资人将新三板挂牌、四板（即"区域性股权交易市场"）挂牌时间作为对赌条件。这种对赌条件通常与股权回购的对赌方式相配套，隐含有"如目标公司在某一最晚时间尚未完成上市/挂牌，则相当于投资人的投资目的已经落空，其有权通过回购退出目标公司"的意思。如以下条款：

本协议签署后，如目标公司直至2021年12月31日未能实现合格上市（定义：公司在境内或境外主要证券交易所上市，包括但不限于中国A股主板或中小板、创业板、科创板，香港交易所主板或创业板，美国纽交所、纳斯达克上市等），或按届时有效的合格上市规则目标公司已不可能在前述时间内实现合格上市，则投资人有权要求创始股东以约定价格购买其股权，创始股东在收到投资人书面通知之日起6个月内，以现金方式支付全部股权回购款。股权回购款为投资人的投资金额加上按每年8%单利年化收益率所计算的利息（扣除目标公司已经向投资人支付的分红款)之和。

2. 业绩指标

投资人得以溢价退出的途径,无不需要目标公司较好的经营业绩做支撑。基于这种思路,将业绩指标作为对赌条件也较为多见。实践中,一种常见的操作是将该种对赌条件与现金补偿、股权补偿的对赌方式相配套:投资各方会约定一个计算公式,以目标公司实际情况与预计目标的差额为基础,计算目标公司或创始股东需付出的金钱或股权(或投资人需额外补偿创始股东或目标公司的金钱或股权)。如以下条款:

> 创始股东承诺目标公司以下业绩指标:目标公司 2020 年度净利润不低于人民币 A 万元,2021 年度净利润不低于人民币 B 万元,2022 年度净利润不低于人民币 C 万元。计算目标公司业绩考核期内年度净利润所依据的财务报表是由各方共同认可的具有证券从业资格的会计师事务所按中国会计准则所审计的财务报表。创始股东承诺,上述会计师事务所在业绩考核期内各会计年度结束之日起 120 天内就目标公司该年度财务报表出具审计报告,逾期则视为该年度未达到对应业绩指标。
>
> 如果目标公司考核期内任一年度净利润未达标的,创始股东按照以下计算公式对投资人进行现金补偿:补偿金额=(当年度承诺净利润－当年度实际实现净利润)×E%。创始股东应在收到投资人书面通知后 3 个月内全额支付现金补偿款。

3. 对公司发展有重要意义的其他事项

除按期上市以外,如果某事项对于目标公司的业务经营意义重大,而在投资人投资时公司尚未完成的,部分投资人会将其作为对赌条件之一。这类事项如:取得某必备资质、生产用地的土地证、重要生产项目的环评;购置并调试成功某一重要机器设备;引进某一核心技术或某一管理团队等。根据该事项的重要程度,投资各方约定股权回购、金钱补偿、股权补偿等不同对赌方式。如在某医疗行业公司、创始股东与投资人签署的对赌协议中，存在以下条款：

（a）目标公司应当在2019年12月31日前取得某项三类医疗器械产品注册证书，否则创始股东应当向投资人补偿本次投资完成后目标公司×‰股权；

（b）目标公司应在2021年12月31日前取得某产品的医疗器械产品注册证书，否则创始股东应当向投资人补偿本次投资完成后目标公司×‰股权。

若未完成以上任一事项，创始股东应在约定时限届满后的90日内完成该部分股权的无偿转让及相关的工商变更手续，目标公司负有配合义务。若创始股东未能按照本条款规定的时间完成前述转让及变更手续，则创始股东应按该部分股权按本轮投后估值折价的每日5‰向投资人支付违约金。

4. 禁止事项

正如本书在"对赌概述"部分所述，一些投资人希望对赌发挥类似于"违约责任"的作用，会将原本属于创始股东或目标公司"承诺与保证"等条款的内容约定为"对赌条件"。为了保证这种制约的有效性，投资人在这种情况下通常会选择"股权回购"的对赌方式，产生类似于"根本违约导致合同解除"的效果。相对应地，此种情况下的对赌主体只要不作出相应的禁止性行为，就可以确定地不承担对赌义务。如以下条款：

如发生以下任一情形，投资人有权要求目标公司/创始股东对投资人所持有的公司股权进行回购，回购价款、时间及方式按本协议约定执行：

（1）创始股东实质性地违反本协议相关约定或出现欺诈等重大诚信问题；

（2）目标公司出现重大违法违规行为、诉讼或仲裁纠纷，或受到重大处罚导致公司运营受到实质影响；

（3）创始股东在约定的服务期内离职，或遭受刑事立案侦查或重大行政处罚；

（4）创始股东所持有公司股权在未征得投资人同意下，所有权发生实质性转移，但用于员工股权激励的情形除外。

实践中，为了最大限度且公平地涵盖投资各方对于估值调整事项的合意，以上四类对赌条件时常会相配合使用。对赌条件触发后，在复数的对赌义务承担方式不相冲突的情况下，存在同一对赌主体同时适用多种对赌义务的可能性。对于这个问题，笔者会在本书后续的"对赌方式的竞合"部分展开论述。

（二）对赌条件触发的判断标准

从内涵上来看，上述前三类对赌条件更为符合对赌"估值调整"的本意，其触发与否也有比较直观的外在表现，相关约定本身的效力在实务中通常并无大的问题。实务中争议的发生，主要是由于相关条款就落实细则的约定不明、实际履行中操作不当，又或是客观情况发生了难以预料的变化等引起的，如在业绩指标对赌中，未约定清楚实际业绩依据什么判断，或未约定清楚由哪一方负有聘请中介机构出具审计报告的义务、出具审计报告的最晚时间以及逾期后果；又如在上市/挂牌时间对赌中，目标公司逾期完成挂牌，投资人并未在逾期的这段时间内及时主张回购权。[①]

对于上述第四类对赌条件，其实更应该写进"承诺与保证""违约责任"或"合同解除"等条款。但是在相关法律法规、指导性文件、学理体系尚不完善的当下，据笔者所知，大多数裁判机构还是会尊重投资各方主体的意思自

---

① 参见本书"对赌概述"部分所论述并解读的上海市高级人民法院〔2020〕沪民再29号案件。

治。在这种情况下,对于对赌主体违反"禁止事项"类对赌条件是否需承担对赌义务的判断标准,其实并不十分有异于本书"承诺与保证"部分所讲述的司法实务认定标准(该部分的相关案例亦可参考),读者可自行前往查阅,本部分不再过多赘述。

以下介绍一则比较典型的案例。在该案例中,对赌协议同时约定了上市时间、业绩指标、禁止事项这三类对赌条件。法院在对各项对赌条件触发与否进行综合判断的基础上,部分支持了投资人行使回购权的诉请。通过研读该案例,可对各种对赌条件的实际效果有一个比较全面的认知。

上海市第一中级人民法院〔2021〕沪01民终2783号宁波磐霖嘉成股权投资合伙企业(有限合伙)与杨某等其他与公司有关的纠纷中,投资人以增资方式投资目标公司,并与创始股东对赌。投资协议约定的投资金额为3,000万元,后续各方合意后,投资人实际仅支付第一期投资款1,500万元。

根据对赌协议,投资人有权向创始股东主张回购权的情形(对赌条件)主要为:第一,目标公司2016年或者2017年实际业绩低于承诺业绩(包括承诺营业收入以及2017年累计签约场馆数);第二,目标公司未能在2021年6月30日之前成功上市;第三,目标公司、创始股东发生违约行为的,投资人提前30日书面通知改正,违约方未予改正。回购价格为投资人的投资款项加上按每年12%单利年化收益率所计算的利息(扣除目标公司已经向投资人支付的分红款)之和。

后续投资人以三项对赌条件均触发为由,主张创始股东回购股权。二审法院经审理,推翻了一审判决,对于各对赌条件的触发情况论证如下:第一,对于业绩指标,因投资人实际投资1,500万元,仅为原定数额的一半,如仍要求目标公司完成原定业绩,显失公允,且目标公司在同意投资人减少投资额后,也曾经与投资人友好协商关于调低业绩指标的事项,故法院对投资人的此项主张不予支持;第二,对于上市时间,因目标公司及创始股东在投资人变更出资额后并未要求变更上市时间这一对赌条件,且创始股东通过邮件向投资人提供了目标公司预计 2020 年上市的计划,故该项对赌条件正常触发;第三,对于投资人主张的目标公司存在"晚于合同约定期限 1 个月提供审计报告"及"未按合同约定,未经董事会决议,向外借款 100 万元"的违约事项,前者并未过分影响投资人的知情权,后者则在创始股东已还款 60 万元的情况下并不过分严重,投资人在未就前述违约事项发出纠正通知的前提下要求股权回购,"显然过于严苛"。

二审法院依据前述论证,并结合投资人自身也存在一定过错的事实(未积极配合目标公司引进某外部投资者,对于上市进程有一定的影响),对于回购价款酌情调低,最终判决创始股东以投资额 1,500 万元原价回购投资人所持股权。

(三) 引申问题:"无条件回购"的效力

1. 概述

除了前述四类对赌条件以外,部分对赌协议中还会约定所谓的"无条件回购",即投资完成一段时间后,投资人就有权要求创始股东或目标公司进行回购——甚至一些协议中会直接写明"随时可以要求回购"。

在创业投资层面,根据笔者所知,这类条款会出现在国家或地方政府控股的投资机构签订的一些投资协议中。这一方面是顺应"国有资产保值增值"的理念与要求;另一方面,这类投资机构的一些投资行为并非旨在资本市场获利,而是基于地区产业结构调整等政策性目的,投资资金会有"到期退出"的硬性需求。如以下条款:

> 目标公司完整运行三个年度(2018 年 1 月 1 日—2020 年 12 月 31 日)后,投资人有权要求创始股东/目标公司以约定价格受让投资人所持有的目标公司股权。

2."无条件回购"的效力问题

通过研究相关案例,笔者认为裁判机构对于对赌中的"无条件回购",主要还是基于对商事主体意思自治的尊重作出判决,并未过多的强调其特殊性,或认为其违反对赌的本质而难以生效。

如在最高人民法院〔2018〕最高法民终765号四川正银投资股份有限公司、中盛万吉文化投资集团有限公司与公司有关的纠纷中,投资人的实际控制人为成都市国资委,该投资人以认购新股方式投资于目标公司,并与创始股东作出对赌约定:投资人有权"于任何时候要求创始股东回购其所持有的目标公司全部股权"。后续投资人向创始股东发出通知,行使"无条件回购权"未果而起诉。创始股东以该回购条款违反《公司法》第二十条,[①]且投资人将己方委派人员变更为目标公司法定代表人、改变了目标公司经营管理模式等为由进行抗辩。二审法院最终以该对赌约定"并未将……作为行使股权回购权利的前提条件""……系目标公司股东与投资者之间对投资风险及投资收益的判断与分配,属于当事人意思自治范畴"为由,认定投资人不附前提条件地要求创始股东按约定价格回购股权,依据充分,予以支持。

3."名股实债"问题

使用"无条件回购"条款主张权利的投资人,常会担心被裁判机构或监管部门认定为"名股实债"。

所谓"名股实债",[②]按照中国证券投资基金业协会《证券期货经营机构

---

① 《公司法》第二十条规定:"公司股东应当遵守法律、行政法规和公司章程,依法行使股东权利,不得滥用股东权利损害公司或者其他股东的利益;不得滥用公司法人独立地位和股东有限责任损害公司债权人的利益。公司股东滥用股东权利给公司或者其他股东造成损失的,应当依法承担赔偿责任。公司股东滥用公司法人独立地位和股东有限责任,逃避债务,严重损害公司债权人利益的,应当对公司债务承担连带责任。"

② 实践中又常被表述为"明股实债",且该种表述见于若干政府部门的规范性文件。据笔者推测,这可能是一种笔误,因为按照汉语的字义,"实"显然与"名"相对。"明股实债"在汉语构词上是不成立的。

私募资产管理计划备案管理规范第4号》,以及《最高人民法院民事审判第二庭法官会议纪要》中的表述,①其含义为某投资行为空有股权投资之"名",其"实"则为一种借贷行为——投资人并非为了取得股权并享有参与公司经营管理权利,而仅是根据约定定期获取固定收益,并在满足约定条件后由被投资企业赎回股权或者偿还本息。

当今的法律法规和司法实践中,对于"名股实债"通常并不禁止,仅将其作为一种"虚假的意思表示",②并不影响出借方(即虚假的"投资人")本金和利息的收回。投资人之所以在意是否被认定为"名股实债",其主要原因如:有国资背景的投资机构担心违反相关政策或监管要求;投资者担心被认定为"职业放贷人";投资者担心较高的回购价格受民间借贷利率限制而无法得到支持等。

对于投资对赌类"无条件回购"与"名股实债"的区分,《证券期货经营机构私募资产管理计划备案管理规范第4号》与《最高人民法院民事审判第二庭法官会议纪要》给出的定义中已讲的较为明确。据笔者观察并检索,在近期的公开案例中,除非相关证据确已十分充分,否则只要基本符合股权投资的外观,法院一般就不会轻易地认定"名股实债"。如在最高人民法院〔2019〕最高法民终355号通联资本管理有限公司、中国农发重点建设基金有限公司股权转让纠纷中,最高院在二审民事判决书中对于"名股实债"问题作出

---

① 参见贺小荣:《最高人民法院民事审判第二庭法官会议纪要》,人民法院出版社2018年版。其对于"名股实债"的定义表述为:"名股实债并无统一的交易模式……投资人目的并非取得目标公司股权,而仅是为了获取固定收益,且不享有参与公司经营管理权利的,应认定为债权投资,投资人是目标公司或有回购义务的股东的债权人。"

《证券期货经营机构私募资产管理计划备案管理规范第4号——私募资产管理计划投资房地产开发企业、项目》第五条规定:"本规范所称名股实债,是指投资回报不与被投资企业的经营业绩挂钩,不是根据企业的投资收益或亏损进行分配,而是向投资者提供保本保收益承诺,根据约定定期向投资者支付固定收益,并在满足特定条件后由被投资企业赎回股权或者偿还本息的投资方式,常见形式包括回购、第三方收购、对赌、定期分红等。"

② 《民法典》第一百四十六条规定:"行为人与相对人以虚假的意思表示实施的民事法律行为无效。以虚假的意思表示隐藏的民事法律行为的效力,依照有关法律规定处理。"其含义在于,按照其背后"真实"的意思表示认定民事法律关系即可。

了较为完整的论述。为便于理解,以下引述判决书原文:"……本院认为,结合协议签订背景、目的、条款内容及交易模式、履行情况综合判断,农发公司与汉川公司之间并非借款关系,而是股权投资关系。理由如下:① 本案系农发公司按照国家发改委等四部委联合印发《专项建设基金监督管理办法》(发改投资〔2016〕1199号)的规定通过增资方式向汉川公司提供资金,该投资方式符合国家政策,不违反《中华人民共和国公司法》及行业监管规定。事实上,基金通过增资入股、逐年退出及回购机制对目标公司进行投资,是符合商业惯例和普遍交易模式的,不属于为规避监管所采取的"名股实债"的借贷情形。② 农发公司增资入股后,汉川公司修改了公司章程、农发公司取得了股东资格并享有表决权,虽然不直接参与汉川公司日常经营,但仍通过审查、审批、通知等方式在一定程度上参与管理,这也是基金投资模式中作为投资者的正常操作,显然不能以此否定其股东身份。③ 虽然案涉协议有固定收益、逐年退出及股权回购等条款,但这仅是股东之间及股东与目标公司之间就投资收益和风险分担所作的内部约定,并不影响交易目的和投资模式,并且在投资期限内,农发公司作为实际股东之一,其对外仍是承担相应责任和风险的。④ 农发公司根据协议约定获得了固定收益,但该固定收益仅为年1.2%,远低于一般借款利息,明显不属于通过借贷获取利息收益的情形。其本质仍是农发公司以股权投资方式注入资金帮助企业脱困的投资行为,只有这样,汉川公司及其股东通联公司才能以极低的成本获取巨额资金。综上,案涉《投资协议》系股权投资协议,一审认定其性质并非借款协议是正确的。"

马某某、赵某与杭州游侠汇创业投资合伙企业(有限合伙)股权转让纠纷案

案件要点：

投资协议在回购条款中仅约定达到"上市标准"等模糊性表述，法院根据投资目的、交易习惯等综合考量，将其解释为目标公司股权需能够对外溢价出售，故需判断目标公司是否处于良好经营状态，且法院一并考量了目标公司是否具备上市的条件。

诉讼背景：

原告游侠汇创投(甲方)、案外人鼎聚企业(乙方)、案外人接力公司(丙方)与被告赵某、马某某(目标公司创始人)共同签订《投资协议》，约定甲方90万元、乙方60万元、丙方30万元对目标公司慧悦科技进行投资。投资协议约定了回购条款，其中对赌条件之一为"投资交割完成后3年内公司仍未达到上市标准"，但未约定该标准具体的判断方法。后目标公司经营不善、财务状况恶化，投资各方就回购权的行使发生争议。

原告游侠汇创投遂向一审法院提起诉讼，称因目标公司经营状况恶化未达到上市标准，故要求被告赵某、马某某按照投资协议的约定回购股权。一审法院判决支持了原告的诉讼请求，两被告认为投资协议约定的"未达到上市标准"属于约定不明，故对当事人无约束力，遂向二审法院提起上诉。

裁判索引：

上海市宝山区人民法院一审并作出〔2020〕沪0113民初27066号民事判决书；上海市第二中级人民法院二审并作出〔2022〕沪02民终3243号民事判决书。

主要问题:

一审法院:投资人行使回购权的触发条件是否已经满足?

二审法院:(1)涉案股权回购的条件是否成就?(2)投资人关于股权回购的主张是否超过法定的诉讼时效?

事实认定:

一审法院查明事实如下:

(1) 2013年4月30日,游侠汇创投(甲方、投资人)、案外人杭州鼎聚芥园创业投资合伙企业(有限合伙)(简称鼎聚企业)(乙方、投资人)、上海A有限公司(简称接力公司)(丙方、投资人)与赵某(丁方、创始人)、马某某(戊方、创始人)共同签订《投资协议》。

(2)《投资协议》载明:慧悦科技是项目公司,由马某某担任法定代表人,赵某担任董事长;甲方出资90万元,乙方出资60万元,丙方出资30万元,丁方出资8.025万元,戊方出资0.225万元,一起发起并同步注册慧悦科技;慧悦科技注册资本为15万元,实到资本合计188.25万元,注册资本以外的投资款将以资本公积方式完成入资;在完成上述投资、公司注册后股权分配如下:赵某53.5%、马某某1.5%、游侠汇创投22.5%、鼎聚企业15%、接力公司7.5%;慧悦科技的董事会由5名董事组成,其中甲方1名、丙方1名、丁方1名、戊方1名,丁方在取得其他四方一致同意的前提下再提名一名董事。

(3)投资协议约定了创始人激励条款:

① 若慧悦科技的首款产品达到月流水200万元且保持3个月,则甲方和乙方无条件奖励创始人3%股权;

② 若慧悦科技最短1个月、最长不超过12个月的连续若干个月,净利润之和大于或等于500万元,则甲方有权提出以250万元的价格,要求慧悦科技收购甲方和乙方的14.5%股权,并奖励给创始人;

③ 在本投资完成后24个月内,在公司已经盈利且满足公司正常持续

运营的前提下，创始人有权提出以 15 万元的价格，要求慧悦科技收购丙方的 3.75% 股权，并优先奖励给创始人；

④ 如发生慧悦科技出售、清算或关闭等清算事项，或者在甲方按照本协议条款约定提出股权补偿或受让要求之日起 3 个月内慧悦科技、现有股东或实际控制人拒不执行，则甲方有权单方面决定慧悦科技进行清算，现有股东及实际控制人不得反对；

⑤ 慧悦科技如进入清算程序，甲方、乙方、丙方有权优先于创始人以现金方式获得其全部投资本金加上所有已累积应得但未支付的分红金额。

（4）投资协议约定了竞业禁止条款：创始人必须与慧悦科技签订至少三年符合甲方要求的聘用合同；创始人在慧悦科技就职期间，不得直接或间接亲自或协助其他公司、团体或个人从事和公司有竞争关系的业务；创始人在离开慧悦科技后的两年内，不得直接或间接亲自或协助其他公司、团体或个人从事和公司有竞争关系的业务。

（5）《投资协议》第五条约定了回购权，具体内容表述为：在慧悦科技章程或相关法律文件中应规定：投资交割完成后 3 年内如果公司仍未达到上市标准，或甲方提出上市要求且公司基本符合关于上市的量化条件而由于创始人的原因不能上市，或上市计划被董事会否决，或慧悦科技未能实现被创始人或投资人收购全部或大部分股权，则根据甲方的要求，创始人或慧悦科技有义务以现金形式按以下价格中较高者购买甲方、乙方、丙方三方全部或部分公司股权：① 以甲方投资价格加上累计未支付股利；② 甲方投资价格的两倍。各方有义务保证在完成上述股权购买后，公司现金不低于 300 万元。

（6）为履行上述《投资协议》的付款义务，游侠汇创投分别于 2013 年 5 月 9 日及 2013 年 6 月 25 日向慧悦科技转账支付共计 90 万元。

（7）慧悦科技的工商登记信息显示，慧悦科技成立于 2013 年 5 月 28 日，注册资本为 15 万元，法定代表人为马某某。

（8）2013年5月1日，两被告及游侠汇创投、鼎聚企业及接力公司作为慧悦科技的股东签署慧悦科技公司章程，章程约定慧悦科技股东及出资比例为：赵某出资8.025万元，占53.5%、游侠汇创投出资3.375万元，占22.5%、鼎聚企业出资2.25万元，占15%、接力公司出资1.125万元，占7.5%、马某某出资0.225万元，占1.5%。

（9）之后，慧悦科技的股东发生变更：接力公司不再担任慧悦科技股东，上海B有限公司作为慧悦科技的新增股东。

（10）2013年12月24日，两被告及游侠汇创投、鼎聚企业及上海B有限公司作为慧悦科技的股东签署慧悦科技公司现行章程，约定慧悦科技的股东、出资额及持股比例分别为：赵某出资8.025万元，占53.5%、游侠汇创投出资3.375万元，占22.5%、鼎聚企业认缴2.25万元，占15%、上海B有限公司出资1.125万元，占7.5%、马某某出资0.225万元，占1.5%。

（11）游侠汇创投提交了游侠汇创投工作人员的电子邮件记录，显示收件人"xiashunjun@youxiahui.com"，发件人"qingjie0707@163.com"，发件时间为2020年7月8日20:18。邮件名称为"上海慧悦网络科技有限公司情况回顾"，该电子邮件的附件为《上海慧悦网络科技有限公司情况回顾》，内容为：

"2013年3—4月，两被告、王某某、张某等组成的团队与杭州游侠汇创投、鼎聚资本、天使创投一起创立了上海慧悦网络科技有限公司。公司主要经营方向是无线互联网手机游戏的研发和运营。……

在寻找运营商的过程中，通过游侠汇创投推荐，找到北京掌娱。在和北京掌娱沟通后，与掌娱签订了独家代理运营和部分预付款。难以预料的是，当正式推广时，掌娱的核心运营团队已经离开了掌娱。掌娱对《弹弹西游》的推广基本上属于不闻不问的状态，同时由于是独家代理，游戏的推广陷入了一个泥潭。然而创始团队坚持不懈地寻找和开拓渠道……将视野看向了国外，通过努力，与越南一家公司签订了海外运营合作。

天有不测风云,在 IOS 版本研发刚开始的时候,服务器端技术负责人张某提出离职,并很快离开了公司,对研发工作造成了极大的障碍。由于技术团队负责人的缺失,游戏版本更新停滞,只靠着不断的持续研发运营活动支撑。不久之后,越南由于游戏的 IOS 版本迟迟不提交、新版本更新停滞等原因,开始拖着公司本该得到的游戏运营结算款,这么一拖导致了公司现金流断链,公司开始裁员减薪节流,随时处于倒闭的边缘。

几个创始人在这三年里也为公司付出了全部,每月只拿几千元的基本生活费,动用了所有可利用的人力物力,也为公司尽了最后一份力。之后公司遣散了所有员工,进入暂停运营状态,维持每月和每年的保税,确保公司状态正常。"

被告马某某对上述电子邮件及《上海慧悦网络科技有限公司情况回顾》的真实性不认可,认为无法确认该电子邮件的发件人身份。

(12) 被告马某某提交的慧悦科技中信银行对公活期银行账户明细及业务凭证、客户回单显示,慧悦科技账户自 2017 年 9 月 21 日起的余额为 0,且之后再无任何往来流水。

二审法院经审理查明,一审认定事实无误,对一审查明的事实予以确认。

法院观点:

一审法院的裁判观点如下:

(1) 根据系争《投资协议》的约定,两被告作为创始人与包括游侠汇创投在内的投资方一同设立慧悦科技,游侠汇创投向慧悦科技出资 90 万元持股 22.5%,赵某出资 8.025 万元,持股 53.5%,马某某出资 0.225 万元,占 1.5%,并由两被告实际经营慧悦科技,同时还约定了创始人激励及竞业禁止条款、投资人回购权等内容。故从系争《投资协议》的内容上可以看出,该协议是两被告作为慧悦科技创始人,为获得包括游侠汇创投在内的投资方向慧悦科技的投资,而与游侠汇创投等投资人签订的对赌协议。该协议系各方真实意思表示,对各方均具有约束力。

（2）系争《投资协议》第五条约定了回购条款，该条款的解读，当事人存在争议。对此，一审法院认为，根据系争《投资协议》上下文内容，结合对赌协议的目的解释，系争《投资协议》第五条内容的应当解读为：在投资完成后三年内，慧悦科技未达到上市标准，则游侠汇创投可要求两被告或慧悦科技购买游侠汇创投所持慧悦科技全部或者部分股权，股权回购价格应当以"投资价格加未付股利"和"投资价格两倍"中较高者计算。

（3）游侠汇创投主张慧悦科技的现状已满足了《投资协议》所约定的游侠汇创投行使回购权的触发条件，即"慧悦科技未达到上市标准"。而被告则辩称，"慧悦科技未达到上市标准"属于约定不明，故对其无约束力，且慧悦科技已经符合了新加坡资本市场的上市标准，即"没有最低量化标准"。

（4）对此，一审法院认为，根据相关法律规定，在合同当事人对合同内容约定不明的情况下，可协议补充约定，不能达成补充协议的，应按照合同有关条款或者交易习惯确定。《投资协议》系对赌协议，游侠汇创投作为投资人的签约目的是获得投资回报，而获得投资回报的重要方式即为：将投资人所持的目标公司股权在公开资本市场对外溢价出售。故一审法院认为，根据交易习惯确定，"达到上市标准"应当是指游侠汇创投可将其所持的慧悦科技的股权在公开资本市场对外溢价出售，而溢价出售的前提必然是基于慧悦科技的良好经营状态。

（5）关于慧悦科技的经营情况，游侠汇创投已经提交了《上海慧悦网络科技有限公司情况回顾》。马某某虽然否认《上海慧悦网络科技有限公司情况回顾》的真实性……未能提交证据证明其在 2020 年 7 月 8 日 20:41 表示已发送的文件并非上述文件。由此，一审法院认为，游侠汇创投提交的《上海慧悦网络科技有限公司情况回顾》系马某某出具的。根据上述文件反映，慧悦科技自 2013 年起至今，营业业绩不佳，随时处于倒闭的边缘，目前慧悦科技已经遣散了所有员工，已经暂停运营。

（6）由此可知，以慧悦科技实际经营情况来看，慧悦科技显然未达到系争协议所约定的上市标准,且慧悦科技在事实上亦从未在任何资本市场上市。被告辩称的慧悦科技符合在新加坡资本市场上市的标准即"没有最低量化标准"显然不符合系争《投资协议》的"上市标准"约定,一审法院对此不予采纳。

(7) 故一审法院认为,游侠汇创投有权依据《投资协议》回购条款的约定,要求两被告支付游侠汇创投投资款90万元的两倍,即180万元。同时,考虑到游侠汇创投实际支付投资款的日期为2013年5月9日及2013年6月25日,一审法院认为,游侠汇创投诉请回购款为180万元亦于法无悖。

(8) 关于被告辩称的本案游侠汇创投诉讼时效已过的问题,一审法院认为,系争的《投资协议》所约定的"投资交割完成后3年内"系约定慧悦科技达到上市标准的期限,也是游侠汇创投行使回购权的开始时间,而并非约束游侠汇创投行使回购权的最迟期限,所以被告认为游侠汇创投最迟应于2018年5月28日前主张回购权,否则超过了诉讼时效的辩称没有事实依据。

(9) 关于被告辩称"系争《投资协议》仅为预约,之后各方从未达成过该预约的本约,说明各方已经放弃了该回购条款的约定"的说法。一审法院认为,虽然系争《投资协议》第五条表示应在慧悦科技章程或相关法律文件中规定回购权,但慧悦科技章程未约定回购权的内容不影响系争《投资协议》的效力,且之后各方已按《投资协议》的约定履行了设立慧悦科技及注资等义务。同时,游侠汇创投作为投资方,回购权系游侠汇创投获得投资保底收益的保障,若游侠汇创投放弃回购权,则应当以明示的方式表示。现被告仅以慧悦科技章程或相关文件中未规定回购权主张游侠汇创投已放弃回购权的说法一审法院难以采信。

(10) 关于被告辩称的"回购的前提是完成回购后慧悦科技现金不得低于300万元,该项前提条件目前并未具备,所以游侠汇创投无权要求回购",一审法院认为,《投资协议》第五条确实载明了,协议各方有义务保证在完成上述股权回购后,慧悦科技公司现金不低于300万元。但本案游侠汇创投系要求两被告支付股权回购款，而非要求慧悦科技付款。同时，该协议明确约定了慧悦科技现金不低于 300 万元的时间节点是在"完成股权回购后"。故一审法院认为，慧悦科技的现金最低额要求与游侠汇创投本案诉请无关。

（11）关于被告辩称的"两被告应当以持股比例对应的份额回购"，一审法院认为，对于游侠汇创投在内的投资者而言，两被告同为创始人，在系争协议并未特别约定内部份额的情况下，两人承担协议所约定的创始人回购义务后在内部如何分配与投资者无关，故游侠汇创投有权要求两人共同支付回购款。

综上，一审法院对于马某某的各项辩称均不予采纳。被告赵某未到庭，一审法院视为其放弃抗辩权利。一审法院据此作出判决：赵某、马某某共同支付杭州游侠汇创业投资合伙企业（有限合伙）股权回购款 180 万元，于判决生效之日起 10 日内付清。

二审法院的裁判观点如下：

（1）系争《投资协议》明确约定了股权转让标的、价格以及回购条件，并非为将来一定期限内订立合同的预约，该协议合法有效，对各方均具有约束力。

（2）关于涉案股权回购的条件是否成就，二审法院认为本案的回购条件已经成就：

其一，《投资协议》第五条未明确约定上市标准，应从交易习惯、通常标准进行解释，一审法院认定"达到上市标准"应当是指游侠汇创投可将其所持的慧悦科技的股权在公开资本市场对外溢价出售，溢价出售的前提必然是基于慧悦科技的良好经营状态，合法合理，本院予以认可。

其二，关于慧悦科技的经营状况，游侠汇创投已经提交了《上海慧悦网络科技有限公司情况回顾》与上诉人马某某微信聊天记录，初步证明慧悦科技难以满足上市标准，而上诉人马某某、赵某未能提供相反证据，因此，慧悦科技的现状已满足了《投资协议》所约定的游侠汇创投行使回购权的触发条件,即"慧悦科技未达到上市标准"。

其三,关于上诉人马某某辩称的"回购的前提是完成回购后慧悦科技现金不得低于300万元,该项前提条件目前并未具备,所以游侠汇创投无权要求上诉人马某某回购",一审法院考虑到本案游侠汇创投系要求上诉人赵某、马某某支付股权回购款,而非要求慧悦科技付款,同时,该协议明确约定了慧悦科技现金不低于300万元的时间节点是在"完成股权回购后",认定慧悦科技的现金最低额要求与游侠汇创投本案诉请无关,于法不悖,本院亦予认同。

(3) 关于上诉人马某某辩称的本案游侠汇创投诉讼时效已过的问题,《投资协议》并未约定游侠汇创投知道或者应当知道股权回购条件成就后,行使权利的最迟期限,现无证据表明游侠汇创投知晓慧悦科技未达到上市标准并且怠于行使权利,因此,一审法院未认定游侠汇创投关于股权回购的主张超过法定的诉讼时效,并无不妥,本院予以认可。一审法院在送达方面并未违反法定程序,游侠汇创投有权依据《投资协议》回购条款的约定,要求上诉人赵某、马某某支付游侠汇创投投资款90万元的两倍,即180万元。

综上所述,上诉人马某某、赵某的上诉请求均不能成立,应予驳回;一审判决认定事实清楚,适用法律正确,应予维持。故二审法院判决:驳回上诉,维持原判。

八、回购价款

在以股权回购方式对赌的投资交易中,对赌条件触发后,对赌主体除向投资人"归还"投资本金外,通常还需支付一定的资金占用成本(下文中顺应对赌协议文本中的惯常名称,将其称为投资收益)。那么,对于投资收益,投资各方可以在多大的限度内自由约定呢?这便是本部分主要讨论的问题。

鉴于实践中对于股权回购价款中"投资收益"的约定通常为"单利/复利年化X%",所以前述问题可以拆分为"能否适用复利(复息)"与"年化利率上限如何确定"两个问题。以下展开解读。

(一) 投资收益能否适用复利

一种有影响的观点认为,仅金融机构可以在特定情况下约定复利。如在最高院〔2015〕民二终字第204号中静汽车投资有限公司与上海铭源实业集团有限公司股权转让纠纷中,最高院认为"复息计算之规定来源于中国人民银行《人民币利率管理规定》,而该规定适用对象仅限于金融机构,故投资人并不具有向创始股东收取复息的权利"。最高院在该案件中的处理方式是直接将对赌协议中约定的"复利年化15%"投资收益调整为了"单利年化15%"。

对于"复利"的前述论证逻辑,在股权投资、民间借贷等类型案件的裁判文书中时常出现。通过第三方数据库检索[①]可知,这种论证逻辑早在2013

[①] 笔者于2022年8月26日通过"威科先行"数据库检索关键词"该规定适用对象仅限于金融机构",法律文书作出期限、作出法院不限,共得到相关裁判文书94篇,其中判决书87篇、裁定书7篇。

年就出现在了诸如山东省威海市中级人民法院〔2012〕威商初字第88号周某某与荣成市宁津渔业钢丝绳厂金融借款合同纠纷等案件的法律文书中，近期则出现在如北京市第四中级人民法院2021年12月24日作出的〔2021〕京04民初369号中山通用科技创业投资中心（有限合伙）与魏某某等合同纠纷一审判决书中。

然而，如果结合相关法律规定与一般常识，我们就会发现，前述论证逻辑其实并不十分站得住脚：作为部门规章的中国人民银行《人民币利率管理规定》中并无任何一条规定仅金融机构可以使用"复利"；退一步而言，即使前述规定真的有这种"隐含意思"，对于部门规章的违反也不必然使得对赌价款约定归于无效。①

对此，笔者关注到，在于2021年12月20日作出的〔2021〕最高法民终410号贵州勇云锋矿业有限公司、贵州锡安氧化铝有限公司等金融借款合同纠纷民事二审民事判决书中，最高人民法院对于"复利"问题已经作出了与〔2015〕民二终字第204号案件截然不同的认定："《人民币利率管理规定》系中国人民银行针对金融机构就利率所作的专门规定，旨在有效发挥利率杠杆对国民经济的调节作用，维护正常的金融秩序，计收罚息和复利并非金融机构的专属权利。罚息和复利实质上均属逾期违约金，与其他违约金在法律性质上并无本质区别。目前尚无法律、司法解释明确禁止金融机构以外的市场主体在借款关系中收取罚息及复利……"该判决作出后，据笔者检索，依据"仅金融机构得以适用复利"逻辑作出判决的案件似有显著减少。②其实在此之前，也存在地方法院支持投资人适用复利的案例，如上海市第一中级人民法院〔2018〕沪01民终13187号夏某某诉华栎（芜湖）一期股权投

---

① 《民法典》第一百五十三条规定："违反法律、行政法规的强制性规定的民事法律行为无效。但是，该强制性规定不导致该民事法律行为无效的除外。违背公序良俗的民事法律行为无效。"

② 通过注1中相同时间、方式检索，2022年1月1日—8月26日期间显示的检索结果为0条。

资基金(有限合伙)公司增资纠纷案件中,法院就支持了投资人复利年化12%投资收益的诉讼请求。

(二) 投资收益与民间借贷利率上限

1. 投资收益为何与民间借贷利率上限相关联

一种常见观点认为,投资收益不得高于法定的民间借贷利率上限。鉴于在实践中裁判机构通常会根据除投资本金外的投资收益、补偿款、资金占用费、违约金、滞纳金等一系列名目之和计算出的综合收益(以下简称"综合收益")来判断其是否"过高",以下笔者将就综合收益是否适用于民间借贷利率限制展开论述。

根据《最高人民法院关于审理民间借贷案件适用法律若干问题的规定》(2020年第二次修正版,简称《民间借贷司法解释》)第二十五条、第二十九条规定,民间借贷中利息、违约金、其他费用等的总和不得超过中国人民银行授权全国银行间同业拆借中心自2019年8月20日起每月发布的一年期贷款市场报价利率(即一年期LPR[①])的四倍。结合《民法典》第六百八十条第一款"禁止高利放贷,借款的利率不得违反国家有关规定",应理解为在民间借贷关系中,高于四倍LPR的利率部分因违反了法律强制性规定而无效。

《民间借贷司法解释》第一条中将"民间借贷"定义为"自然人、法人和非法人组织之间进行资金融通的行为",并排除了"金融借贷"行为。然而在司法实务中,一方面,根据《最高人民法院关于进一步加强金融审判工作的若干意见》第二条第二款,[②]即使是金融借款合同,也难以摆脱民间借贷利率

---

① 为表述简洁,本书中"LPR"均指一年期。
② 《最高人民法院关于进一步加强金融审判工作的若干意见》第二条第二款规定:"金融借款合同的借款人以贷款人同时主张的利息、复利、罚息、违约金和其他费用过高,显著背离实际损失为由,请求对总计超过年利率24%的部分予以调减的,应予支持,以有效降低实体经济的融资成本。"

上限的规制;另一方面,对于"资金融通行为"的不同理解,又使得裁判机构将民间借贷利率上限适用于各种股权投资类纠纷中。虽然《九民纪要》第五十条中明确了对于非借款合同的双务合同,"不能以受法律保护的民间借贷利率上限作为判断违约金是否过高的标准",然而在实际的司法案例中,既存在参考民间借贷利率上限调整综合收益的情况,也存在完全按照合同约定进行认定的情况。以下介绍相关案例。

2. 案例分析

(1) 持"综合收益不得高于民间借贷利率上限"观点的案例

如〔2020〕最高法民申382号众应互联科技股份有限公司、北京易迪基金管理有限公司无因管理、不当得利纠纷中,最高院认为虽然案涉股权回购并不构成"名股实债",但"原审综合考虑资本市场投融资收益和资金拆借利率水平,以及双方当事人一方为上市公司、一方为基金管理公司的主体性质等因素,对于回购义务人应支付的延迟付款违约金已进行了调整,该调整在一定程度上平衡保护了回购义务人的合法权益",最终维持了原审法院将综合收益(本案中主要为投资收益以及逾期支付回购款的违约金)从约定的单利年化32%下调至24%的判决。

在〔2019〕最高法民申4797号新疆盘古大业股权投资有限合伙企业、梓昆科技(中国)股份有限公司与公司有关的纠纷中,最高院维持了一、二审法院将投资收益由合同约定的"单利年化17%(投资收益)+投资本金的10%(违约金)"调整至"单利年化17%(投资收益)+单利年化7%(违约金)"的判决。值得关注的是,该案件中一审法院将综合收益中的违约金部分由"固定金额"直接调整为"年化利率",存在导致迟延付款的回购义务人最终承担的回购价款反而高于最初合同约定的可能性,故一审法院的判决中明确"(以单利年化7%计算的)违约金总额以投资本金的10%为限"。该案件中,一审判决明确强调了"投资人的投资收益(包括约定利息和违约金)的总额应受同期不超过年利率24%的限制,在同期已享有17%年化收益的前提下,同期违约金应以年利率7%为限",但二审判决只是基于判决时"年化7%和固定10%在计算结果上已基本相当"的简单逻辑,认为"对此不再变动";而再审法院也没有就此展开进一步的论述。

(2) 持相反观点的案例

如〔2019〕最高法民终1642号中国吉林森林工业集团有限责任公司、鹰潭蓝海济世投资管理有限合伙企业合伙协议、股权转让纠纷中,最高院支持了年化28.25%(投资收益与违约金之和)的综合收益。其依据为:28.25%的综合收益"相对于目前《最高人民法院关于审理民间借贷案件适用法律若干问题的规定》规定的利率保护上限24%稍高,但考虑本案并非民间借贷纠纷,一审法院未按此进行调整,并不属于适用法律错误的情形",且"案涉双方均系成熟、专业的商事交易主体,对交易模式、风险及其法律后果应有明确认知"。该案件中,回购义务人作为国资控股企业,还提出了关于这种对赌安排可能构成"国有资产流失"的问题,亦未得到法院的支持。

(3) 分析与解读

通过〔2020〕最高法民申382号、〔2019〕最高法民申4797号案件可以得知,即使不在判决书中直接写明,一些法院仍通过"资本市场投融资收益水平""本案实际情况"等表述,事实上适用了法定民间借贷利率上限,并似将其作为国家公权力所能容忍的市场主体融资成本"红线"。即使在《九民纪要》出台后,前述作出于2020年3月的〔2020〕最高法民申382号案件仍维持了参考民间借贷利率上限调低综合收益的原审判决。

在前述〔2019〕最高法民终1642号案件中,虽然法院最终支持了高于当时民间借贷利率上限24%的综合收益,但仍绕不开对于是否显著高于民间借贷利率保护上限的论证。究其缘由,笔者认为,一方面,随着经济社会发展,新兴的融资工具层出不穷,相关法律法规对于民间借贷利率上限的规定已无法涵盖各种复杂情况;另一方面,投资对赌类案件中对于投资收益、违约金等是否"过高"的判断是相关案件中裁判机构所不得不面临的问题。正如最高院在〔2015〕民二终字第204号案件中传达的观点:"回购实质上是在双赢目标不能达成之后对投资方权益的一种补足,而非获利,故其回购条件亦应遵循公平原则,在合理的股权市场价值及资金损失范围之内,不能因此鼓励投资方促成融资方违约从而获取高额赔偿。"在这种情况下,通过参考与股权回购外观上较为相似的民间借贷(均为一方归还本金并支付一定数额的"利息")之利率上限作出判决,或许也是一种权宜之计。

但与此同时,前述最高院观点也提供了一种思路:既然对赌的综合收益应当"在合理的股权市场价值及资金损失范围之内",那么如果在个案中,投资人可以证明股权市场价值及/或资金损失是较高的,似乎就有高额综合收益被裁判机构支持的可能性。例如笔者团队代理投资人(回购权人)一方的某商事仲裁案件中,投资人通过举证证明创始股东(回购义务人)已基于这笔投资交易获得了较大的金钱利益,使得仲裁机构最终支持了高达单利年化36%的综合收益。然而,该案件的交易背景是投资人对于目标公司的收购,并非创业投资。据笔者所知,类似案件并不多见,不具备普遍性与代表性。

(三) 总结与建议

综上所述,回购价款的数额一定程度上确实受"复利"和"民间借贷利率上限"的限制。对于"复利"问题,即使认为法院的裁判口径正在倾向于允许非金融机构使用复利,回购权人也仍将面临"复利"累积到换算为单利后是否超越"民间借贷利率上限"的问题。

因此,笔者对于对赌协议中回购价款的确定,作出以下建议(以投资人视角为例):

第一,尽量采取"单利"的方式约定综合收益,以防止因"复利"被裁判机构径直调为"单利"而遭受损失。

第二,建议约定不过分高于法定民间借贷利率上限的综合收益;如确需约定,建议结合对赌主体因投资交易而获得的收益、回购权人因对赌条件触发/对赌主体迟延支付回购款等受到的损失组织落实证据,并作好在诉讼、仲裁中被裁判机构调低的心理预期。

凌某某与张某伟、孙某某、张某帅股权转让纠纷案

案件要点：

1. 投资协议约定现金补偿和股权回购的行权条件一致，存在重复计算的可能性，故属于二者择其一的关系。法院将根据投资人目的仅支持其中一项行权请求。

2. 法院出于平衡各方当事人之间利益的考虑，按 LPR 计算股权回购款之利息足以弥补投资人的资金占用损失，不再支持违约金的诉讼请求。

诉讼背景：

原告凌某某作为投资人与目标公司民正农牧公司签订《股份认购合同》，约定凌某某以每股 8 元的价格认购民政农牧公司增发的 200 万股股份，并与三被告张某伟、孙某某、张某帅（目标公司的控股股东）签订《投资人保障协议》，约定如目标公司未完成承诺利润指标，则控股股东对投资人负有现金补偿、股权回购及违约赔偿的责任和义务。

原告凌某某按照协议约定履行了出资义务并完成了股东登记手续，而目标公司经营情况持续下滑。原告认为其净利润总和远未达到三被告的承诺，且三被告在未征得其同意的情况下，多次将自己的股份质押，甚至转让给非公司股东，严重损害了其投资权益，故向一审法院提起诉讼以维护其合法权益。一审法院判决驳回原告诉讼请求，原告不服判决结果，向二审法院提起上诉。

裁判索引：

郑州市中级人民法院一审并作出〔2020〕豫 01 民初 834 号民事判决书；

河南省高级人民法院二审并作出〔2020〕豫民终 1312 号民事判决书。

主要问题：

一审法院：原告凌某某作为甲方与三被告张某伟、张某帅、孙某某共同作为乙方签订的《投资人保障协议》是否成立、有效？

二审法院：（1）《投资人保障协议》是否成立并生效？（2）凌某某请求支付现金补偿和股权回购款应否同时予以支持？（3）凌某某请求支付的金额如何判定？

事实认定：

一审法院查明事实如下：

（1）2017 年 5 月 2 日，民正农牧公司召开第一届董事会第十七次会议并形成董事会决议。① 审议通过《关于公司股票发行方案的议案》，并同意提交股东大会审议。民正农牧公司增发不超过 2,000 万股股票，发行价格不高于 8 元/股，融资总额不超过 16,000 万元。② 审议通过《关于提请股东大会授权董事会全权办理本次股票发行及相关事宜的议案》……2017 年 5 月 3 日在全国中小企业股转系统发布了上述董事会会议决议。

（2）2017 年 5 月 19 日，民正农牧公司召开第二次临时股东大会并形成股东大会决议，审议通过《关于公司股票发行方案的议案》。2017 年 5 月 22 日，民正农牧公司在股转系统发布了临时股东大会决议公告。

（3）2017 年 6 月，民正农牧公司作为甲方与凌某某作为乙方签订《河南民正农牧股份有限公司与凌某某之股份认购合同》（以下简称《股份认购合同》），约定凌某某以每股 8 元的价格认购民正农牧公司增发的 200 万股股份，并于 2017 年 6 月 28 日将 1,600 万元支付至民正农牧公司中原银行开设的账户。后凌某某被登记为持有民正农牧公司 2.1869% 的股东。

（4）2017 年 6 月，凌某某作为甲方，张某伟、孙某某、张某帅共同作为乙方签订《投资人保障协议》一份，第一条定义及解释："控股股东"是指张某伟、孙某某、张某帅。

(5)《投资人保障协议》第 4.1 条:"自公司完成股转系统备案,中登登记和工商变更登记后,甲方开始享有股东权利,获得对所有需要股东投票决定事项的与现有股东相同的、与其股权比例相对应的投票权。甲方有权行使与投资股权相关的一切权利和利益,包括但不限于股东会表决权、收取红利的权利、委派董事的权利,以及本协议、章程或其他文件赋予投资方的任何其他权利。"

(6)《投资人保障协议》第 4.2 条:"公司控股股东承诺:2017 年、2018年、2019 年三个年度累计经审计后扣除非正常性损益后净利润不低于18,200万元。如公司未能达前述业绩承诺,控股股东应当按投资方所占股份比例给予差额部分现金补偿,补偿约定如下:补偿款金额=甲方投资后持股比例×(乙方承诺的 2017 年、2018 年、2019 年度累计净利润-公司 2017 年、2018 年、2019 年度累计实际净利润),现金补偿款应于公司 2019 年度审计报告出具之日起 30 个工作日内前完成。"合同还就乙方对凌某某投资股份的回购事宜、违约赔偿等相关事项进行了约定。

(7)《投资人保障协议》第十二条 12.1 款:本协议于各方或其授权代表签订后生效。

(8)《投资人保障协议》最后一页显示甲方处有凌某某签字并有其指印;乙方为"河南民正农牧股份有限公司"并加盖有公司印章。控股股东处有张某帅、孙某某两人签名并捺指印。

(9) 2017 年、2018 年、2019 年度扣除非正常性损益后净利润分别为:21,988,225.18 元、-137,807,850.42 元、-34,221,326.22 元,合计为-15,004.1万元。

(10) 张某伟、张某帅为民正农牧公司向中国农业银行宜阳县支行贷款提供股权质押担保。孙某某将其个人所持民正农牧公司股份通过全国中小企业股份转让系统转让其股份 9,090,000 股,持股比例由 9.9443% 变为 0.0098%。

本院二审经审理查明的事实除与一审法院查明的事实一致外,另查明:

(11)《上市公司收购管理办法》第八十三条规定:本办法所称一致行动,是指投资者通过协议、其他安排,与其他投资者共同扩大其所能够支配的一个上市公司股份表决权数量的行为或者事实。在上市公司的收购及相关股份权益变动活动中有一致行动情形的投资者,互为一致行动人。

(12)一审审理期间,凌某某向一审法院提交的《股份认购合同》共计7页,第7页显示"以下无正文,为《股份认购协议》之签署页"。甲方河南民正农牧股份有限公司加盖印章,张某帅在"法定代表人或授权代表"处签名,凌某某在乙方处签名。张某伟、张某帅提交的《股份认购合同》共计7页,第7页显示"以下无正文,为《股份认购协议》之签署页"。甲方河南民正农牧股份有限公司法定代表人或者授权代表处加盖张某伟个人名章,凌某某在乙方处签名。

(13)《投资人保障协议》第4.3条约定,甲方有权按照如下约定要求乙方回购其持有的公司全部或部分股权:

① 在发生如下情形之一的情况下,甲方有权要求乙方购买其持有的公司股权:"甲方自向公司缴纳增资款之日起已满四年仍未退出的;2017—2020年间,公司净利润符合增长率低于20%;……"

② 乙方回购甲方股权的价格按以下两种计算方式孰高确定:其一,甲方的全部增资款项加上按每年15%年化收益率所计算的利息之和确定,具体公式为 $P=M+M×15\%×\frac{T}{360}-H$,其中P为回购价格,M为甲方对公司的实际投资款项,T为自甲方实际投资金额到账之日至投资方执行股权回购之日的自然天数除以360,H为已经支付给投资方的分红。其二,乙方在收到甲方要求其回购股权的书面通知之日起九十(90)日内,以现金方式支付全部股权回购款。若乙方到期未支付相应款项的,则每逾期一天,应当向甲方支付应付而未付款项的0.1%作为逾期付款违约金(计算至上述款项被实际收回日)。

(14)《投资人保障协议》第9.4条约定,守约方因追究违约方违约责任所发生的各项费用,包括但不限于诉讼费、差旅费、律师费、财产保全费、公证认证费、翻译费、评估拍卖费等,均由违约方承担。

(15)二审审理期间,凌某某提交《股份购买协议》一份。《股份购买协议》载明,甲方凌某某、乙方张某伟、丙方张某某3、丁方张某帅。乙、丙、丁三方为民正农牧公司的一致行动人,系民正农牧公司的控股股东及原始创始人;经乙、丙、丁三方对于民正农牧公司的极力推荐,甲方通过股份认购定增的方式取得民正农牧公司的股份。

(16)该《股份购买协议》约定,现经过各方友好协商,甲、乙、丙、丁四方达成协议内容如下:第二条在满足第三条购买条件时,乙方以现金形式购买甲方持有的民正农牧公司200万股股票,购买价格确定为:投资总额1,600万元＋利息(自初始定增缴款日2017年6约30日至乙方支付完毕1,600万元购买款之日,以投资总额1,600万元为基数按年息7.5%计算)。第三条购买条件:截至2022年6月30日(即初始定增缴款日2017年6约30日满60个月)民正农牧公司仍未能在上海证券交易所或者深圳证券交易所成功上市。第六条连带违约责任:丙方、丁方对乙方的购买承诺、支付义务(包括违约责任)承担无限连带担保责任;保证期限为自乙方应予支付购买款项之日起2年。甲方凌某某未签字,乙方张某伟、丙方张书某、丁方张某帅在协议上签字并按指印,该协议未载明日期。

法院观点:

一审法院的裁判观点如下:

(1)凌某某与民正农牧公司签订的《股份认购合同》系双方当事人真实意思表示,且凌某某已按照《股份认购合同》约定支付了1,600万元股份认购款,民正农牧公司亦已将凌某某登记在公司股东名册,合法有效。

(2)《中华人民共和国合同法》第三十二条"当事人采用合同书形式订立合同的,自双方当事人签字或者盖章时合同成立";第四十四条"依法成立的合同，自成立时生效"，本案《投资人保障协议》第十二条 12.1 款"本协议于各方或其授权代表签订后生效"，作为《投资人保障协议》乙方之一的张某伟明确表示其对《投资人保障协议》内容反对，并拒绝在上面签字，因《投资人保障协议》缺少张某伟本人签字，按照上述法律规定该协议并未成立，更不存在生效的事实。凌某某以未成立、生效的《投资人保障协议》请求张某伟、张某帅、孙某某按照《投资人保障协议》约定回购其股份并支付相应利润的请求，无事实和法律依据，应依法驳回。

综上，一审法院判决：驳回凌某某的诉讼请求。

二审法院的裁判观点如下：

1. 关于《投资人保障协议》是否成立并生效的问题

（1）本案中，凌某某据以主张权利的依据是《投资人保障协议》。该协议载明的主体是甲方凌某某，乙方张某伟、孙某某、张某帅，但作为乙方之一的张某伟未在该协议上签字，仅有甲方凌某某，乙方孙某某、张某帅最终签字并按指印，民正农牧公司加盖公司印章。

（2）从协议形成的背景来看，2017 年民正农牧公司增资 1,600 万元，凌某某以每股 8 元的价格认购该公司股份 200 万股，合计金额 1,600 万元，占新增资本额的 10%，占该公司总股份的 2.1869%。凌某某作为投资人，在认购民正农牧公司新增资本的同时，为保障其投资权益，获取投资回报，向民正农牧公司控股股东寻求投资保障符合情理。

（3）从协议订立的过程来看，凌某某作为民正农牧公司以外的人，本意是与民正农牧公司控股股东张某伟、孙某某、张某帅签订《投资人保障协议》，故协议文本乙方处载明了三股东的姓名。凌某某、孙某某虽然主张《投资人保障协议》已经得到张某伟的同意，而张某帅则主张，张某伟不同意与凌某某签订协议，孙某某告知张某帅签字后再找张某伟签字，故张某帅才签字。因此，各方对《投资人保障协议》的协商及签订过程陈述不一，且未能提交相应证据予以证明。

（4）然而，从各方的陈述来看，凌某某系在签订《股权认购协议》的同时签订的《投资人保障协议》，《投资人保障协议》的协商、订立实际上是在凌某某与孙某某、张某帅之间完成。根据《中华人民共和国合同法》的规定，当事人订立合同，采取要约与承诺的方式。《投资人保障协议》当事人乙方处虽然载明有张某伟，但在该协议订立过程中的要约与承诺均发生在凌某某与孙某某、张某帅之间，在张某伟不同意签订该协议的情况下，最终在协议上签字的是凌某某与孙某某、张某帅。

（5）故《投资人保障协议》的主体实际上是凌某某与孙某某、张某帅。该协议符合法律规定以及合同约定的成立要件，协议内容不违反法律规定，应为有效协议，各方当事人均应按照协议约定全面履行义务。

（6）凌某某上诉称，该协议签订前已与张某伟、孙某某、张某帅进行充分协商，……张某帅以张某伟的授权代表身份代表张某伟在《股份认购协议》上签字，同日签订的《投资人保障协议》上张某帅的签字亦能代表其本人。

（7）本院认为，张某帅提交的《股份认购协议》与凌某某提交的《股份认购协议》存在签章的不同，虽然双方均认可该协议的效力，但均未能说明两份《股份认购协议》上签章不同的原因。同时，《股份认购协议》与《投资人保障协议》为两份独立的协议，凌某某也未能提交证据证明在签订《投资人保障协议》时，张某帅具有张某伟的授权委托，故不足以认定张某帅为张某伟的授权代表。

（8）另外，凌某某成为民正农牧公司股东以后，在股东会上行使表决权等股东权利系基于法律和公司章程的规定，并非来源于《投资人保障协议》的约定，凌某某以此为由主张张某伟已经认可《投资人保障协议》并以实际行为履行该协议的义务缺乏事实和法律依据。

（9）此外，张某伟与张某帅虽然为民政农牧公司投资者中的一致行动人，但根据《上市公司收购管理办法》第八十三条的规定，一致行动人系指投资者通过协议、其他安排与其他投资者在上市公司收购及相关股份权益变动活动中有一致行动的投资者,并不适用于本案张某帅在《投资人保障协议》上签字的情形。

(10) 因此,凌某某关于"张某伟、张某帅为一致行动人,张某帅在《投资人保障协议》签字即对张某伟发生效力"的理由,以及张某伟、张某帅关于"二者为一致行动人,张某伟未签字故张某帅签字也不发生效力"的理由均缺乏事实和法律依据,本院对上述理由不予采纳。

二、关于凌某某请求支付现金补偿和股权回购款能否同时予以支持?

(1)《投资人保障协议》第 4.2 条、第 4.3 条分别约定了在符合一定条件下,凌某某有权请求民正农牧公司控股股东支付现金补偿及股权回购款义务。……根据一审查明的事实,民正农牧公司 2017 年、2018 年、2019 年度扣除非正常性损益后净利润分别为 21,988,225.18 元、−137,807,850.42 元、−34,221,326.22 元。从经营指标来看,同时符合凌某某请求孙某某、张某帅支付现金补偿和股权回购款的条件。

(2) 张某某 2 主张,《投资人保障协议》第 4.2 条、第 4.3 条约定的行权条件重复,现金补偿、股权回购系选择使用的条款。凌某某则主张,上述两项权利系分别在《投资人保障协议》中约定,未有选择行使权利的约定,凌某某有权同时请求现金补偿和股权回购。

(3) 本院认为,《投资人保障协议》中虽然没有约定现金补偿与股权回购是选择行使还是两者同时行使,但根据《投资人保障协议》的约定,其目的在于保障凌某某投资期间获得稳定收益。其中,现金补偿是以民正农牧公司三年净利润低于协议约定的标准为前提,以承诺的 2017 年、2018 年、2019 年三年累计净利润与实际累计净利润之差乘以凌某某的持股比例计算。支付股权回购款前提条件是 2017—2020 年公司净利润复合增长率低于 20%,按照凌某某投资额加上年化 15% 的收益计算。

(4) 因此协议约定凌某某请求现金补偿与股权回购款的行权条件均是

以民正农牧公司的经营利润指标下降为前提,即在民正农牧公司经营业绩下滑、利润下降的情况下,存在同时符合现金补偿和支付股权回购款条件的可能性,存在重合之处。故现金补偿与股权回购属于二者择其一的关系。

(5)鉴于凌某某请求孙某某、张某帅履行股权回购义务,说明其已决定退出民正农牧公司。因此,本院对凌某某关于支付股权回购款的诉讼请求予以支持,对凌某某请求支付现金补偿的请求不予支持。

三、关于支付股权回购款的金额如何确定?

(1)根据《投资人保障协议》第4.3条约定,……股权回购款的计算方式为 $P=M+M\times15\%\times T-H$。其中P为回购价格,M为凌某某对民正农牧公司的实际投资款,T为凌某某投资到账日至其执行股权回购之日的自然天数除以360,H为已经支付给凌某某的分红。凌某某应书面通知孙某某、张某帅回购股权,孙某某、张某帅应在收到凌某某要求其回购股权的书面通知之日起90日内,以现金方式支付全部股权回购款。

(2)关于凌某某股权回购款计算的期间问题,凌某某于2017年6月28日向民正农牧公司缴纳出资款1,600万元,凌某某请求孙某某、张某帅履行股权回购义务支付股权回购款,但未提交其已书面通知孙某某、张某帅的相应证据。

(3)本院结合《投资人保障协议》约定,以凌某某实际出资3年期间加上协议约定的90日付款期间作为股权回购款的计算期间,即2017年6月28日—2020年9月25日共计1,185天,孙某某、张某帅应当在此之间向凌某某支付股权回购款的金额为 $16,000,000+16,000,000\times15\%\times1,185$ 天$/360=23,900,000$ 元。

(4)在此之后,自2020年9月26日起实际付清之日,孙某某、张某帅应以凌某某实际出资金额1,600万元为基数,按照全国银行间同业拆借中心发布的贷款市场同期报价利率支付利息。本院认为,上述关于股权回购款及利息的计算方式有利于平衡各方当事人之间的利益。凌某某主张孙某某、张某帅还应当按照《投资人购买协议》第4.3条约定按照0.1%支付逾期付款违约金的问题，因已经判决按照全国银行间同业拆借报价同期利率自2020年11月26日至该笔款项实际付清之日的利息，凌某某资金占用的损失已经弥补，凌某某也未能进一步提交证据证明其另外还有何种损失及其金额，该项请求本院不予支持。

（5）此外，根据《投资人保障协议》第9.4条的约定，凌某某为本案支付诉讼财产保全责任险15,453元、案件代理费30万元，亦应当由孙某某、张某帅负担。

综上，凌某某的上诉请求部分成立，本院予以支持。一审判决认定部分事实错误，本院予以纠正。二审法院最终判决如下：

（1）撤销河南省郑州市中级人民法院〔2020〕豫01民初834号民事判决。

（2）孙某某、张某帅于本判决生效后15日内支付凌某某股权回购款2,390万元及利息（以1,600万元为基数，按照全国银行间同业拆借中心发布的贷款市场同期报价利率自2020年9月26日至该笔款项实际付清之日止）。

（3）孙某某、张某帅于本判决生效后15日内支付凌某某诉讼财产保全责任险、案件代理费共计315,453元。

（4）驳回凌某某的其他诉讼请求。

九、对赌权利的行使期限

(一) 对赌权利的行使期限能否自由约定

1. 问题的引出

一般情况下,对赌条件触发后,"赢得"对赌的一方有权向对赌主体主张股权回购、金钱补偿、股权补偿等权利(为免用语混淆,以下将股权回购权、金钱补偿/股权补偿请求权统称为"对赌权利";承担价款支付或股权补偿义务的一方仍依照此前部分称为"对赌主体","赢得"对赌的一方则称为"相对方")。那么,这种对赌权利的主张是否存在时间限制?双方能否自由约定?如在一些对赌协议中,在约定对赌主体、条件、方式、价款之余,会存在以下类似条款:

> 回购权人应在【回购条件触发】之日起 60 日内,以书面方式向目标公司或创始股东书面通知,行使股权回购权。

这种情况下,假如认为一旦对赌条件触发,则各方间自动成立债权债务关系,[1]则对赌权利属于一种典型的"债权请求权",适用《民法典》关于诉讼时效的强制性规定,[2]其行使的时间限制不可由合同主体自行约定。如此一来,即使在前述条款的实际履行中相对方逾期行使回购权,也不必然对其对赌权利的行使产生影响。然而,一部分司法案例否认了这种观点。

如北京市第一中级人民法院〔2019〕京 01 民终 8440 号北京千舟清源投

---

[1] 其法律关系的内容为:相对方享有获得金钱或股权给付的权利,对赌主体承担金钱或股权给付义务。

[2] 《民法典》第一百九十七条规定:"诉讼时效的期间、计算方法以及中止、中断的事由由法律规定,当事人约定无效。当事人对诉讼时效利益的预先放弃无效。"

资基金(有限合伙)等与山东宏力艾尼维尔环境科技集团有限公司等合同纠纷中,回购协议中约定的回购期限为90日:"投资人应在相关方书面通知明示目标公司不能在2013年12月31日之前上市情形之日起90日内,以书面方式向目标公司或创始股东明示是否据此行使股权回购权。"合同履行中,投资人实际在已有权主张回购后,过了约一年零九个月(短于当时的法定一般诉讼时效2年)才主张回购。法院据此认为:"上述约定,将90日明确作为期限提出,属于对股权回购权的特殊约定。从文义解释的角度来看,相关条款已经明确要求投资人在回购条件满足后90日内就是否回购做出明确意思表示;从目的解释的角度来看,回购条件满足后投资人若不尽快做出是否回购的意思表示,将对目标公司的经营产生严重不确定性,若给予投资人无任何期限的回购权,亦会造成双方合同权利义务的严重失衡",法院据此认为此处的"90日"应理解为对投资人行使股权回购权的"合理限制",投资人应受该期限制约。投资人实际未在90日的期限内行使股权回购权,且上述等待期限已经明显超出了"合理期限"范畴,故法院对其要求创始股东支付股权回购款的诉讼请求不予支持。该案法院使用了"合理限制""合理期限"这类词汇进行论证,认定"回购权"并不像一般意义上的债权请求权一样受诉讼时效限制。

2. 对赌权利的形成权与请求权之辨

在实务层面分辨"回购权"是否属于"请求权"是否有意义呢?笔者认为是有的。其实不难理解,股权回购这一对赌方式,与金钱补偿、股权补偿的对赌方式在实现途径上存在一定区别:在金钱/股权补偿对赌中,对赌条件触发后,相对方只需"接受"补偿即可,并不承担对待给付义务。而在股权回购对赌中,相对方在有权取得股权对价的同时,还负有向对赌主体转让股权的对待给付义务。正是基于这种不同,在股权回购对赌中,对赌协议通常会约定相对方享有一种单向的、主动决定是否与对赌主体建立债权债务关系的"选择权",而对赌主体只得被动"接受"这种选择——否则,可以想见,在一些特定时机(如目标公司经营状况良好、估值稳步提升),对赌主体反倒将产生有意无意地主动"促成"对赌条件触发,从而强制将相对方所持股权"购回"的动机。这与对赌"估值调整"的本质可以说是背道而驰。

相对方的这种单向的"选择权",在法理角度上可以理解为一种"形成权"。在《民法典》中就规定了一种与之类似的"债务人对于债务履行的选择权",只是权利主体为债务人而非对赌中的行使回购权的一方。① 如按相关学者的观点,形成权又称变动权或能为权,是指依照权利人单方意思表示就能使权利或法律关系发生、变更和消灭的权利。② 形成权一般为"除斥期间"③的客体,为了平衡形成权人单方行使权利即可使得双方权利义务关系产生、变更、消灭所可能导致的双方利益失衡,又或为了避免形成权人长期"观望"导致双方权利义务关系持续处于不稳定状态,形成权之除斥期间超期产生的后果为更加严重的"权利消灭",而非请求权之诉讼时效超期导致的"承担债务的主体获得诉讼时效经过之抗辩"。此外,对于形成权的"除斥期间"能否通过合同约定的问题,如参考《民法典》第一百九十九条、第五百六十四条④等规定,笔者认为,应当理解为在不违反法律强制性规定的前提

---

① 《民法典》第五百一十五条规定:"标的有多项而债务人只需履行其中一项的,债务人享有选择权;但是,法律另有规定、当事人另有约定或者另有交易习惯的除外。享有选择权的当事人在约定期限内或者履行期限届满未作选择,经催告后在合理期限内仍未选择的,选择权转移至对方。"

② 见马俊驹、余延满:《民法原论》(第四版),法律出版社2010年版,第60页。

③ "除斥期间"有多种学术定义,不再一一赘述。通常理解其为一种主要适用于形成权的权利存续期间,超过除斥期间怠于行使该权利的,则该权利消灭。其在法律上的相关规定,可参考《民法典》第一百九十九条:"法律规定或者当事人约定的撤销权、解除权等权利的存续期间,除法律另有规定外,自权利人知道或者应当知道权利产生之日起计算,不适用有关诉讼时效中止、中断和延长的规定。存续期间届满,撤销权、解除权等权利消灭。"第五百四十一条:"撤销权自债权人知道或者应当知道撤销事由之日起一年内行使。自债务人的行为发生之日起五年内没有行使撤销权的,该撤销权消灭。"

④ 《民法典》第五百六十四条规定:"法律规定或者当事人约定解除权行使期限,期限届满当事人不行使的,该权利消灭。法律没有规定或者当事人没有约定解除权行使期限,自解除权人知道或者应当知道解除事由之日起一年内不行使,或者经对方催告后在合理期限内不行使的,该权利消灭。"

下,可由合同当事人自由约定。

按照上述逻辑,笔者按照自身理解及实务经验,对于上文提及的常见对赌方式进行梳理。① 因实务中尚存分歧,目前并无一既定之"通说",故仅供参考:

在金钱补偿/股权补偿对赌中,对赌权利属于一种"请求权",②应受法定的诉讼时效限制,故当事人的特别约定并无实际意义:对赌条件触发后,对赌主体与相对方之间自动产生债权债务关系,相对方有权要求获得金钱或股权的交付,对赌主体有义务实施这种交付;而在股权回购对赌中,所谓"对赌权利"其实是相对方享有的、先后生效的(一个)形成权和(一个)请求权的统称:对赌条件触发后,相对方先是获得可以单方决定是否建立权利义务关系的"选择权",只有当相对方以发出回购通知等方式选择"是"后,相对方与对赌主体之间才成立一种双向的权利义务关系,此时不仅相对方有权要求对赌主体支付回购价款,对赌主体也应有权要求相对方交付所持股权(双方均享有请求权)——在先之"形成权"受合同约定(如有约定,从约定;如无约定,笔者认为应当参照相关法律法规类似规定及个案特殊情况,确定其"合理期间")的除斥期间限制,相对方在除斥期间内作出回购之选择后,除斥期间消灭,其在后之"请求权"开始受法定的诉讼时效限制。

(二) 对赌权利法律性质的实务认定

1. 案例解读

"形成权"一词目前并未出现在正式的法律条文中,故出现一些法院在判决书中不明确使用"形成权"一词,却借助其法理进行说理的情况。③ 但

---

① 以下分析的前提为,投资各方未针对对赌方式进行异于惯常操作方式的特别约定。
② 如前文所述,金钱补偿/股权补偿对赌中对赌权利的"请求权"性质,在笔者看来并无大的争议。故下文中的论述仅主要围绕股权回购对赌这一对赌方式展开。
③ 如前文介绍的北京市第一中级人民法院〔2019〕京01民终8440号案件。

据笔者观察,近年的少量案例中,一些法院已在判决书中直接使用"形成权"一词,可见其已不是仅限于作法理探讨时才能使用的概念。与此同时,基于个案交易背景、协议文本表述、法官理解的不同,也存在一些法院认为股权回购对赌中的对赌权利是单纯的"请求权"而并非形成权或某种复合权利。以下笔者概括地从"是否认同,或在实质上认同回购权的形成权性质"这一问题出发,介绍持不同观点的相关司法案例。

持肯定观点的案例上海市第一中级人民法院〔2019〕沪 01 民终 11744 号蔡某与吕某某股权转让纠纷中,投资人以受让创始股东所持股权的方式投资目标公司,并于 2015 年 7 月与创始股东进行对赌约定:"如目标公司一年半内上市无进展或没有任何并购和投资盈利,经双方协商,创始股东按投资金额加上一年的贷款利息进行回购股权,投资人即退出。"后续对赌条件触发,投资人于 2019 年 6 月起诉要求创始股东进行回购。本案一审法院认定时效并未经过,判决创始股东应按照合同约定履行回购义务,二审法院则以投资人回购权时效经过为由,改判驳回了投资人全部诉讼请求。两审法院之所以作出截然相反的认定,其根本原因在于对"回购期限"的理解不同。一审法院认为对赌协议中的"一年半"指"目标公司应当实现上市和并购、投资盈利的期限",故判决书中虽未明言,笔者理解其隐含含义为:"一年半"类似于目标公司的"考核期",如目标公司未在考核期内满足相应标准,投资人享有回购权,回购期限从"一年半"结束后起算。如此一来,投资人行使回购权并未超过当时的民事诉讼一般诉讼时效三年。然而,二审法院却认为:投资人在签订协议的一年半内,如认为目标公司存在回购情形,应当及时作出是否要求创始股东回购的选择,否则视为放弃该权利。现无证据表明投资人在协议签订后一年半内向创始股东主张过回购权,故无论该期间是否出现了协议约定的回购情形,应当认定投资人已经选择放弃了要求创始股东回购系争股权的权利——二审法院一方面将"一年半"理解为投资人的"回购期限"本身,而非其起算时间,另一方面认为超过合同约定期限主张回购权的后果是"权利消灭",即参考了回购权为"形成权"的观点。

又如河南省安阳市中级人民法院〔2020〕豫 05 民终 805 号苏州金秋九鼎创业投资中心、烟台昭宣元盛九鼎创业投资中心与公司有关的纠纷中,投资人于 2013 年 9 月与目标公司及创始股东(即"对赌主体")进行股权回购对赌,各方约定了 10 种回购条件,其中任一触发则投资人享有回购权。2015 年 4 月 30 日,投资人向对赌主体发函要求其于收函之日起 90 日内支付全部股权回购款。后续对赌主体均未履行回购义务,投资人于 2018 年 5 月向法院起诉。本案一、二审法院均驳回投资人的诉讼请求。其中二审法院对于时效问题的论述为:第一,对赌协议约定投资人在 10 种对赌条件任一触发后有权要求对赌主体承担回购义务,"即赋予了投资人选择权,该选择权属于形成权";第二,投资人 2015 年 4 月 30 日发函要求回购的行为,是对形成权的行使,该意思表示一经送达对赌主体即生效;第三,投资人 2015 年 4 月函中要求对赌主体在收函后 90 日内回购股权,故投资人得以主张对赌主体履行回购义务的诉讼时效在 90 日后,即 2015 年 7 月 31 日起算。因投资人无法证明已在两年[①]的诉讼时效内主张权利,或对赌主体在诉讼时效届满后做出同意履行义务的意思表示或履行义务的行为,故法院支持了目标公司与创始股东的诉讼时效抗辩。该案件中二审法院对于"回购权"权利性质的观点与笔者前述观点类似,即认为其为在先形成权与在后请求权的复合。

持否定观点的案例如北京市第三中级人民法院〔2020〕京 03 民终 5204 号郭某等与朱某某等股权转让纠纷中,投资人投资目标公司,并于 2015 年 10 月与创始股东签订协议约定:自投资协议签署之日起 280 个自然日内,目标公司未能挂牌新三板成功,则此后的两年内,或者在目标公司挂牌新三板成功之后两年之内,投资人享有请求创始股东回购股份的选择权。该案

---

① 该案件适用《中华人民共和国民法总则》(2017 年 10 月 1 日实施,现已被 2021 年 1 月 1 日施行的《民法典》废止)实施前的民事诉讼一般诉讼时效两年。

件中,即使协议中已经明确约定投资人享有的是一种回购之"选择权",北京市第三中级人民法院仍认为"涉案股份回购请求权是指投资人有权要求原股东按照既定条件购买其所持有的目标公司的股权,投资人所享有的是要求原股东向其支付特定价款并承诺将所持股权交付给原股东的综合权利义务,回购权的标的是包含价款给付及股权交付的一项交易行为,不符合法律规定的形成权的特征",因而并未采信创始股东关于回购请求权属于形成权、应当适用除斥期间的主张。

又如同样由北京市第三中级人民法院审理的〔2019〕京03民终9876号綑江联豪九鼎投资中心(有限合伙)与谢某与公司有关的纠纷中,投资人与创始股东进行股权回购对赌,相关约定为"如果目标公司2014年6月30日前未提交发行上市申报材料并获受理,或者目标公司2014年12月31日前没有完成挂牌上市,①投资人有权选择在上述任一情况出现后要求目标公司购买投资人持有的全部目标公司股权……(前文)所述受让应在投资人通知要求创始股东受让之日起三个月内执行完毕"。后续目标公司未能在2014年12月31日之前完成上市,但因当时投资人所持股份仍处限售期内,客观上无法完成股份转让,相应股份于2015年8月12日解除限售,故二审法院认定其回购权真正的起算时点为2015年8月13日。② 解除限售后,投资人以2018年5月向法院起诉的方式向创始股东发出回购通知。本案中,投资人因担心其回购权行使超过法定时限,故向法院提出其回购权不适用"诉讼时效"的主张,二审法院对此作出了如下认定:第一,投资人行使回购权的目的在于请求创始股东履行回购义务支付股份转让款,其目的的

---

① 本案中因对赌条件表述不清,存在当事人就对赌条件为"A股上市"还是"新三板挂牌"存在争议,二审法院最终认定对赌条件为"A股上市"。因与本部分内容无直接关系,故不再展开说明。

② 本案中,因目标公司完成了新三板挂牌,故投资人作为股份公司发起人,其所持股份受限售期的限制,在其无法向创始股东转让股份的期间,股权回购对赌也无法实现。正如本部分之"对赌权利的形成权与请求权之辨"部分所述,股权回购对赌的对赌条件触发后,需要由相对方与对赌主体相互履行对待给付义务,而并非仅由相对方单方收取价款即可。

实现有赖于创始股东是否同意履行股份转让款给付义务,二者形成债的法律关系,所以投资人的请求在权利性质上亦属于债权请求权;第二,投资人可行使回购请求权的起始时间(2015年8月13日)与其以起诉方式向创始股东作出通知的时间(2018年5月)在客观上间隔近三年,①在双方并未就该段期限作出限定的情况下,投资人发出回购通知的时间并未突破"资本市场投融资领域的应然状态以及本案查明事实的实然情况";第三,本案的诉讼时效应自"投资人通知创始股东履行股份回购义务后,创始股东明确表示不履行或自三个月的履行期限届满时开始计算",②故投资人行使回购权并未超过法定的诉讼时效。

2. 小结

结合前述案例及其他司法案例,笔者倾向于认为,实务中裁判机构对于"回购权"性质的不同认定,一定情况下是由于对"回购权"之内涵的认知不同造成的。如在前述〔2020〕豫05民终805号案件中,安阳市中级人民法院着眼于对赌条件触发后投资人可以在10种对赌条件中自由选择,并选择由几名对赌主体单独或连带地承担回购义务,这种选择权属于"形成权"。前述〔2019〕京03民终9876号案件中,北京市第三中级人民法院则着眼于投资人行使"选择权"后的民事法律关系,认为此时投资人享有的是一种请求权而非形成权——与此同时,前述法院仍然根据"合理期限",而非"诉讼时效"对于投资人作出回购通知是否超期作出认定。前述两则案例常被作为对于"回购权"权利性质的不同司法观点进行列举,但如进一步剖析,两者的实质逻辑其实并无明显冲突,均基本顺应了对赌条件触发后相对方

---

① 根据当时适用的《最高人民法院关于适用〈中华人民共和国民法总则〉诉讼时效制度若干问题的解释》,如参考诉讼时效的有关规定,本案投资人作出回购通知的确并未超越法定诉讼时效。

② 二审法院做出该认定依据的是当时有效的《民法通则》第一百三十七条规定,"诉讼时效期间从知道或者应当知道权利被侵害时起计算。"法院论述的逻辑为,只有当投资人发出回购通知时,创始股东才存在"不履行回购义务"的可能性;只有创始股东在收到通知后三个月仍不回购,或明确拒绝回购的,投资人才得以知晓其回购权受到侵害。

"先行使选择权(发出回购通知),再行使请求权(要求获得价款支付)"这一逻辑脉络。

但也应注意到,对于"回购权"内涵与性质的不同认知,以及相关法律规定尚不完善的现状,确实对于对赌相关纠纷中时效适用、时效起算点确定等问题产生了一定影响,从而有时使得投资各方主体投资目的的实现处于不确定的状态。

(三) 总结与建议

在司法实务中尚存分歧的当下,作为投资各方主体,应当在了解"对赌"实质的基础上,在对赌协议条款设置上多加研究,并在对赌条件触发后留意各关键时点。在笔者看来,在对赌权利行使期限问题上,各方尤其要在以下方面引起重视:

第一,应在对赌协议中明确约定回购权行使(即发出回购通知)的起始时点。除非存在诸如"目标公司于××年××月××日前上市"这类有明确"考核时点",从而不致引起理解歧义的对赌条件,均建议对相对方得以开始行使回购权的时点进行明确约定。其反面案例可参考前述〔2019〕沪01民终11744号案件。

第二,理解相对方发出"回购通知"应受时效限制的法律逻辑。对于承担回购义务的一方(对赌主体)而言,在对赌协议中约定"回购期限",或许可以避免对赌条件触发后、回购权人长期观望所导致的僵局;对于相对方而言,约定"回购期限"常常对其并不有利。但即使不对"回购期限"进行约定,各方也应认识到,回购权人仍需在合理期限内发出"回购通知",否则将面临丧失回购权的风险——对于未经约定的"回购期限"为多久,在并无明确法律依据的当下,结合相关案例,笔者认为可以参考民事诉讼一般诉讼时效进行考量。

第三，如确定要在对赌协议中约定"回购期限"，则建议约定逾期的后果，以免后续履行中因理解上的分歧引起争议。

第四，理解相对方发出"回购通知"后，仍受民事诉讼一般诉讼时效限制的法律逻辑。这一点对于回购权人而言尤其重要。

冯某、牟某与天津平禄电子商务有限公司合同纠纷案

案件要点：

回购协议约定了投资方股权回购的行权期限，[①]该期限的约定系赋权性约定，不是限制性约定，意为敦促享有股份回购请求权一方及时行使权利。

诉讼背景：

原告天津平禄公司作为投资方之一，与目标公司现有股东及目标公司暴风体育公司签署《增资协议》，约定天津平禄公司对目标公司进行投资并成为持股1%的股东；后天津平禄公司与被告冯某（目标公司的实控人）签订《回购协议》，不仅以合格IPO为对赌条件为目标公司约定了回购义务，同时也以冯某的控制权和所持目标公司的股权市值为条件约定了冯某的回购义务。

原告按协议约定支付了投资款并完成了股东变更登记，但后续冯某的股权市值一直未达到约定要求，故原告要求被告依约履行股权回购义务，并按照公司法及章程规定向其他股东发出《关于转让股权的通知》。但原被告双方就股权回购条件是否成就、回购权行使期限是否已过时效等问题发生争议。

原告遂向一审法院提起诉讼，请求判令被告冯某给付股权回购款，其配偶牟某对此承担连带责任。一审法院支持了冯某给付股权回购款的诉讼请求，但冯某对此不服，辩称回购权已过诉讼时效，并向二审法院提起上诉。

---

① 协议中相关表述为"投资人有权在……出现之日起3个月内要求对赌主体回购……"，且未约定未如期行权的后果。

裁判索引：

北京市顺义区人民法院一审并作出〔2018〕京0113民初25762号民事判决书；北京市第三中级人民法院二审并作出〔2019〕京03民终8116号民事判决书。

主要问题：

一审法院：(1)涉诉《回购协议》约定的股权回购条件是否成就？(2)天津平禄公司要求冯某回购诉争股权并支付回购款是否符合公司章程及公司法的规定？(3)冯某之配偶牟某是否应当承担连带责任？

二审法院：(1)本案《回购协议》效力的认定？(2)有关天津平禄公司有权要求冯某回购诉争股权的条件是否已触发？(3)天津平禄公司未在约定条件触发之日起3个月行使回购权，是否已经失权？(4)天津平禄公司要求冯某回购诉争股权是否已满足公司法规定的法定程序？

事实认定：

一审法院查明事实如下：

(1) 2016年9月，天津平禄公司作为甲方（投资方）之一，与乙方（现有股东）暴风集团、风体合伙、坤体合伙、风辉合伙及丙方（目标公司）暴风体育公司签署《暴风体育公司增资协议》（简称《增资协议》）一份，协议主要约定但不限于以下内容：由天津平禄公司向目标公司投入资金2,000万元，其中人民币11.136万元计入公司注册资本，1,988.864万元计入目标公司资本公积。目标公司现有股东同意并且确认放弃对新增注册资本认缴的优先权。本次增资完成后，天津平禄公司持有目标公司的股权比例为1.000%。

(2)《增资协议》13.1：如果本协议任何一方在履行本协议的过程中，需向其他各方发出通知，则该等通知均应以中文的书面形式作出，并应按附录一所列地址向其他各方发送书面通知。任何一方改变通讯地址及通讯方式，应在改变后的5个工作日内通知其他各方。如未接到相关改变方的改变通知，则发往附录一地址的通知在下款规定的时间后即应视为已送达。

(3)《增资协议》13.2：通知是以传真方式发出的,则以发出并取得确认回传的时间为送达时间,以专人手递方式送达的,则以收件人接收通知时为送达时间,以邮寄方式送达的,则以寄出后第五个工作日为送达时间。

(4) 2016年9月,天津平禄公司作为甲方与乙方冯某签署《回购协议》,协议主要约定但不限于以下内容:鉴于天津平禄公司与暴风体育公司于2016年签署《增资协议》,冯某为暴风体育公司的实际控制人,为保护投资方的合法权益,特订立本回购协议。

(5)《回购协议》第一条,在2020年8月31日前,暴风体育公司:

① 向中国境内外的证券交易所(为免异议,本协议项下的证券交易所应当为A股主板、中小板、创业板、纳斯达克、纽约交易所和届时投资人认可的其他证券交易所)成功递交上市申请材料并取得证券监管部门的发行批文,且上市发行前的估值不得低于人民币60亿元,被认为合格IPO的情形之一或

② 在借壳上市或被中国境内外上市公司(为免异议,本协议项下的证券交易所应当为A股主板、中小板、创业板、纳斯达克、纽约交易所和届时投资人认可的其他证券交易所挂牌上市的企业)收购的情况下,就该等事项取得证券监管部门的批文,且收购时暴风体育公司的估值不得低于人民币60亿元,即被认为合格IPO的情形之二。

如暴风体育公司未能在前述约定的时间范围内完成合格IPO(若暴风体育公司最终决定以其他实体作为上市主体,则甲方与暴风体育公司另行协商回购条款修订),投资方有权要求暴风体育公司回购投资方的全部或部分股权。

(6)《回购协议》约定,在出现乙方丧失对暴风体育公司的控制权(丧失控制权以乙方及其一致行动人丧失对暴风体育公司董事会半数非独立董事的提名权为标准)、乙方未质押的暴风集团股权市场价值低于10亿元、暴风体育公司的核心人员流失超过1/2、暴风体育公司的其他投资方提出回购

及其他可能会给投资方造成重大不利影响的违约……任一情况下,暴风体育公司需在上述事项发生之日起10个工作日内通知投资方,投资方有权在上述事项出现之日起3个月内要求乙方回购投资者全部或部分股权。

(7)《回购协议》约定,上述回购价格为投资方的原始投资额加上该部分投资额在持股期间(持股期间为现金交割日起至回购方支付回购价款前1自然日止的期间)按10%/年的利率(复利)计算的利息(不足够一年的按10%/365天确定日利率),扣除已经分配的红利。

(8)《回购协议》第五条,乙方声明,其配偶已知悉并同意本回购协议的签署及内容。

(9) 2016年9月13日,天津平禄公司将投资款2,000万元汇入暴风体育公司账户。

(10) 企业信用信息报告显示,暴风体育公司成立于2016年6月23日,现有股东共有9个……其中,天津平禄公司出资额为11.1359万元,出资时间为2016年9月13日。2016年9月双方当事人签署《回购协议》时,冯某担任暴风体育公司的法定代表人。

(11) 2018年5月31日,《暴风集团关于控股股东部分质押股份延期购回的公告》显示,"截至本公告披露日,冯某持有公司股份70,322,408股,占公司总股本的21.34%。累计质押股份67,051,112股,占其持有公司股份总数的95.35%,占公司总股本的20.35%。"按照当时股市收盘价计算,冯某未质押的暴风集团股权市场价值已低于10亿元。

(12) 天津平禄公司于2018年11月2日按照《增资协议》中载明的各股东的联系方式通过电子邮件方式向暴风体育公司其他8位股东发送了《关于转让股权的通知》,除向景宁光大浙通壹号发送的电子邮件投递失败外,其余7封电子邮件均显示投递成功。

(13) 2018年11月2日—7日,天津平禄公司按照《增资协议》中载明的各股东的联系方式通过EMS邮寄的方式再次向暴风体育公司其他8位股东送达《关于转让股权的通知》,EMS查询结果显示,上述邮件均被成功签收,最迟签收日期为2018年11月9日。

(14)天津平禄公司提交了《关于转让股权的通知(样本)》作为证据,该《关于转让股权的通知(样本)》显示如下内容:"致(空白)公司,我公司与暴风体育公司实际控制人冯某签订有《回购协议》,目前回购条件已经成就,我公司要求冯某按照协议以现金2,420万元的价格回购我公司持有的暴风体育公司的股权。按照《暴风体育公司章程》及《公司法》规定,特就股权转让一事向贵公司发出通知,请贵公司按照本通知下方所附联系方式及时与我公司联系。不同意上述股权转让的,应当以同等条件购买我公司持有的暴风体育公司股权。自接到本通知之日起30日内未接到贵公司答复的,视为同意转让。"

(15)2016年11月8日的《暴风体育公司章程》第二十五条约定:"股东之间可以相互转让其部分或全部出资。"第二十六条约定:"股东向股东以外的人转让股权,应当经其他股东三分之二及以上同意。股东应就其股权转让事项书面通知其他股东征求意见,其他股东自接到书面通知之日起满三十天未答复的,视为同意转让。其他股东半数以上不同意转让的,不同意的股东应当购买该转让的股权,不购买的,视为同意转让。经股东同意转让的股权,在同等条件下,其他股东有优先购买权。两个以上股东主张行使优先购买权的,协商确定各自的购买比例;协商不成的,按照转让时各自的出资比例行使优先购买权。(注:以上内容亦可由股东另行确定股权转让的办法。)"

(16)庭审中,双方当事人一致确认事实:①《增资协议》和《回购协议》于2016年9月中旬签署,但表示具体签署日期记不清了。② 双方均确认《回购协议》的效力;冯某、牟某一方认为该《回购协议》为暴风体育公司的真实意思表示,冯某作为暴风体育公司的法定代表人,其在《回购协议》上签字,能够代表暴风体育公司。③ 暴风体育公司未向股东天津平禄公司分配过红利。④ 冯某与牟某系夫妻关系。⑤ 自 2017 年 4 月 7 日至今，冯某持有的未质押的暴风集团的股权市值一直低于 10 亿元。

二审法院经审理查明的事实与一审法院一致，并另行查明如下事实：

(17) 双方均认可案涉《回购协议》交易架构即为"对赌"，对赌目标为目标公司暴风体育公司实现合格 IPO。

(18)《回购协议》第一条还载明：在暴风体育公司进行合格 IPO 的过程中，上述股权回购事宜如按照上市监管要求需要进行披露或解除，则投资方应予以配合；但若暴风体育公司申报合格 IPO 失败或者撤回 IPO 申请的，投资方享有的前述回购权利将自动恢复，并视同回购权利从未解除。

(19)《增资协议》投资方之一珠海金宝汇丰盈投资中心于 2018 年 12 月 6 日向天津平禄公司发出电子邮件，表明其拟将暴风体育公司股权转让给冯某，询问天津平禄公司是否同意转让，是否行使优先购买权。接函后 30 日未答复或逾期答复，视为同意股权转让和不行使股东的优先购买权。

法院观点：

一审法院的裁判观点如下：

1. 股权回购条件是否成就

(1) 关于《回购协议》第一条前半段约定的"如暴风体育公司未能在前述约定的时间范围内完成合格 IPO，投资方有权要求暴风体育公司回购投资方的全部或部分股权"与后半段约定的"同时，在出现……乙方未质押的暴风集团股权市场价值低于 10 亿元……任一情况下，暴风体育公司需在上述事项发生之日起 10 个工作日内通知投资方，投资方有权在上述事项出现之日起 3 个月内要求乙方回购投资者全部或部分股权"之间的关系，应当认定为前半段约定的情形与后半段约定的情形为并列关系。该条款对暴风体育公司回购诉争股权的情形，冯某个人回购诉争股权的情形分别进行了约定，在暴风体育公司 IPO 失败与其他回购条件之间尽管使用了"同时"一词，但并不能理解为前后几个条件必须同时具备后，天津平禄公司才有权要求回购。

（2）《回购协议》签署的背景在于，暴风体育公司、实际控制人冯某作为融资方，为吸引投资，向投资方天津平禄公司做出一定形式的保证，使得投资方天津平禄公司确信自己的投资是安全的，并且能够在适当时机退出以减少投资风险。《回购协议》中约定在出现冯某未质押的暴风集团股权市场价值低于10亿元此种情形时，天津平禄公司即有权要求冯某回购股权，其实质是要求实际控制人冯某个人必须具备一定的资信能力，以此来保证投资人的资金安全。

（3）冯某未质押的暴风集团股权市场价值低于10亿元的情况于2017年4月7日即发生，天津平禄公司虽未在2017年7月6日前行权，并不会导致其丧失回购请求权这一结果。

① 冯某认可其未质押的暴风集团股权市场价值自2017年4月7日至今始终低于10亿元，此种情况处于一种持续状态。

② 《回购协议》中同时约定了暴风体育公司需在回购事项触发之日起10个工作日内通知天津平禄公司，但冯某一方并未提交证据证实暴风体育公司在2017年4月7日回购条件触发之时甚至该情形持续期间通知过天津平禄公司，那么天津平禄公司在自行发现回购条件触发时向冯某一方要求行权，具有正当合理性。

③ 综观《回购协议》的全部内容，双方并未约定天津平禄公司超过该3个月内行使权利，即丧失股权回购的请求权。天津平禄公司以提起诉讼的方式要求冯某回购股权，并未明显超过合理期限，符合法律规定。

（4）另，冯某关于天津平禄公司及其法定代表人刘某某系专业投资者，有足够的知识、能力、渠道及经验去了解和掌握早已依法公开披露的冯某未质押的暴风集团股份数量，并基于公开的股票价格计算出相应的股权价值，亦即天津平禄公司早就应当知道冯某未质押股份市场价值的答辩意见，缺乏依据，不予采信。

综上，能够认定天津平禄公司要求冯某回购诉争股权并支付股权回购款的条件已经成就。

2. 天津平禄公司主张冯某受让暴风体育公司股权，是否符合暴风体育公司章程及公司法的规定

（5）暴风体育公司章程对股东向股东以外的人转让股权的相关程序性事项进行了明确约定。

（6）天津平禄公司已按照章程约定分别以电子邮件、EMS 邮寄方式向暴风体育公司的其他股东发送了《关于转让股权的通知》，告知其他股东股权转让事宜并限期 30 日答复。其邮寄的地址、联系方式均是按照《增资协议》中各方确认的联系方式进行，可以认定其符合《最高人民法院关于适用〈中华人民共和国公司法〉若干问题的规定（四）》第十七条有关"有限责任公司的股东向股东以外的人转让股权，应就其股权转让事项以书面或者其他能够确认收悉的合理方式通知其他股东征求同意"的规定。

（7）截至 2018 年 12 月 14 日，该 30 日期限已过，暴风体育公司其他股东未予答复，应视为其同意《关于转让股权的通知》所涉股权转让事宜。故天津平禄公司主张冯某受让暴风体育公司股权符合暴风体育公司章程及公司法的规定。

（8）鉴于《回购协议》项下的股权回购条件已经成就，天津平禄公司向冯某转让股权亦征得暴风体育公司其他股东的同意，冯某应当按照《回购协议》约定的回购价格支付价款。天津平禄公司要求冯某支付回购股权款 2,420 万元的诉讼请求于法有据，应予支持。

3. 牟某应否就冯某的回购股权款给付义务承担连带责任

（9）天津平禄公司以《回购协议》第五条约定"乙方声明，其配偶已知悉并同意本回购协议的签署及内容"为由，主张涉诉回购股权款系冯某、牟某的夫妻共同债务。

（10）一审法院认为，根据《最高人民法院关于审理涉及夫妻债务纠纷

案件适用法律有关问题的解释》的相关规定:"第一条,夫妻双方共同签字或者夫妻一方事后追认等共同意思表示所负的债务,应当认定为夫妻共同债务。第三条,夫妻一方在婚姻关系存续期间以个人名义超出家庭日常生活需要所负的债务,债权人以属于夫妻共同债务为由主张权利的,人民法院不予支持,但债权人能够证明该债务用于夫妻共同生活、共同生产经营或者基于夫妻双方共同意思表示的除外。"

(11) 本案中,《回购协议》上并无牟某的签名,牟某在本案中亦拒绝追认,诉争债务金额高达2,000万余元,已超出家庭日常生活需要,天津平禄公司提交的现有证据无法证明涉诉债务用于夫妻共同生活、共同生产经营或者基于夫妻双方共同意思表示,故天津平禄公司主张涉诉债务系冯某、牟某二人的夫妻共同债务,并要求牟某承担连带责任,缺乏依据,该院不予支持。

综上,一审判决如下:

(1) 冯某向天津平禄公司给付股权回购款2,420万元,于判决生效之日起7日内执行。

(2) 驳回天津平禄公司的其他诉讼请求。

二审法院的裁判观点如下:

1. 本案《回购协议》效力的认定

(1) 天津平禄公司与暴风体育公司签订《增资协议》后,天津平禄公司与冯某签订《回购协议》,约定天津平禄公司向暴风体育公司投入2,000万元,占有暴风体育公司1%的股份,并约定:暴风体育公司需于约定时间前完成合格IPO,如满足双方协议约定的某种条件,投资方有权行使股权回购请求权。上述协议中约定的交易架构即为"对赌"。本案对赌双方之对赌目标为目标公司暴风体育公司完成合格IPO。

(2) 本案中,双方签订的《回购协议》,是双方当事人真实意思表示,双方当事人在订立《回购协议》时已经充分对履约成本、风险、盈利进行估算与预期,其中有关符合一定条件,投资人天津平禄公司即可向暴风体育公司实际控制人冯某行使股权回购请求权的约定，是双方意思自治内容，系对赌双方作出的自主商业判断，不损害目标公司及其债权人的利益，亦不违反法律、行政法规的强制性规定，应属合法有效。双方当事人均应当按照合同的约定全面履行各自权利义务。

2. 有关天津平禄公司有权要求冯某回购诉争股权的条件是否已触发

（3）根据查明的事实，《回购协议》第一条对暴风体育公司回购诉争股权的条件，冯某个人回购诉争股权的条件分别进行了约定，在暴风体育公司 IPO 失败与其他回购条件之间使用"同时"一词。故对于是否已触发冯某回购股权条件，双方当事人各执一词。

（4）冯某主张暴风体育公司 IPO 失败与其他回购条件必须同时满足，始达到双方协议中约定的冯某回购触发条件；天津平禄公司主张虽协议中使用"同时"字样，但实质合同本意应为并列之意。对此本院认为，在双方对合同内容产生歧义的情况下，对合同文本的解释，应从合同文义、合同目的、整体解释等方面综合进行判断。

（5）从合同文义上理解，"同时"一词可理解为在两种不同的情况下，均可以要求对方回购，特别是在未达到合格 IPO 之前，因暴风体育公司实际控制人资信及资金能力下降，而使投资人判断目标公司达到合格 IPO 希望渺茫，或目标公司实际控制人回购承诺出现较大风险时，即可提出回购要求。故该条款并不能得出 IPO 失败与其他回购条件之一必须同时具备后，天津平禄公司才有权要求回购的结论。协议此处的"同时"不是"同时具备"之意，而应为"或者""还有"之意。

（6）从合同目的来看，《回购协议》通常是目标企业为吸引投资人，应投资人要求所签订，目的系为保证投资人的投资利益，使其在不能达到投资目标时可以顺利退出，有担保之意。在回购条件中，若暴风体育公司未能达到合格 IPO，则投资人退出投资，其为最通常的资本退出机制。其他的回购条件中约定的情形，均是对目标公司暴风体育公司的实际控制人冯某资信能力的要求。在投资人有理由认为冯某对暴风体育公司的实际控制能力降低,减少或丧失其资产控制能力,回购承诺风险增加时,投资人均有权顺利退出。

(7) 从整体解释上理解,通读双方协议中有关回购条件触发条款,暴风体育公司 IPO 失败与其他回购条件之间虽使用"同时"字样,但"同时"一词前后约定的回购主体不同,回购条件不同,分属于两种不同情况,是两种投资退出机制。

(8) 结合双方合同文义及双方庭审陈述,双方订立《回购协议》,确定对赌目标为目标公司暴风体育公司达到合格 IPO。故如在暴风体育公司已达合格 IPO 的场合下,天津平禄公司的股权回购请求权即应消灭。即使冯某出现其后丧失暴风体育公司控制权等合同列明的事实出现,天津平禄公司亦不能行使股权回购请求权。

(9) 同时,依据证监会有关规定及双方合同约定,在 IPO 进行过程中,须依规披露和解除对赌,消灭股权回购权。故本院认为冯某上诉称如按天津平禄公司理解,暴风体育公司完成合格 IPO 后冯某仍有回购义务,因其法律上不能成立,事实上不会出现而不能成立。

(10) 综上,冯某关于只有在暴风体育公司在 2020 年 8 月 31 日前未能完成合格 IPO 的同时,再出现任一如冯某未质押的暴风集团的股权市场价值低于 10 亿元等情况,投资人才可以按照《回购协议》约定的条件及方式要求冯某进行回购的上诉主张,与合同约定不符,本院不予采纳。

3. 天津平禄公司未在冯某未质押股权市值低于 10 亿元之日起 3 个月行使回购权,是否已经失权

(11) 首先,从《回购协议》签订的目的及意义看,如前所述《回购协议》本质上是投资方与目标公司之间之"对赌协议",目的为促成目标公司提升业绩,合格上市,以期获得巨大商业利益。更重要的是保证投资方在一定条件下顺利退出,保障投资方利益。《回购协议》亦是应投资方要求所签,故

《回购协议》中约定对投资方实体权利的限制性的、排除性的条款缺乏合理性。

(12) 其次,"三个月"的约定应系赋权性约定,不是限制性约定。

(13) 从合同文义看,《回购协议》并未约定天津平禄公司超过该 3 个月内行使权利,即丧失股权回购的请求权,也未有天津平禄公司超过 3 个月后,或者未以书面形式提出股份回购申请即视为其放弃行使股份回购权的限制性规定。故本院认为该条款本义为敦促享有股份回购请求权一方及时行使股权回购权利,而非对其权利加以形式上和时间上的限制,甚至剥夺。

(14) 虽冯某未质押暴风集团股权低于 10 亿元已超过 3 个月,但其未质押股权价值低于 10 亿元自 2017 年起,至今仍持续处于下降状态,故本院认为冯某资信能力降低处于持续进行状态下,否定天津平禄公司回购权并无法律依据。因诉讼时效等法律相关规定存在,可阻却天津平禄公司怠于行使自身权利的可能,不会令双方权利义务持续处于不稳定状态。

(15) 根据《回购协议》约定,在冯某未质押暴风集团股权市值低于 10 亿元等回购事项发生后,暴风体育公司应当 10 个工作日内及时通知天津平禄公司。但冯某一方并未提交证据证实暴风体育公司在 2017 年 4 月 7 日回购条件触发之时甚至该情形持续期间通知过天津平禄公司,虽冯某举证暴风集团已于相关平台发布了相应公告,但该公告并不当然免除其通知义务。

(16) 因暴风集团的相关公告并不能当然推定出天津平禄公司已知该触发回购事项发生,故该通知义务必然与天津平禄公司所谓"行权期限"相关联。故割裂暴风体育公司的通知义务与 3 个月行权期限之间的关联关系缺乏合理性。天津平禄公司在自行发现回购条件触发时向冯某一方要求行权,具有正当合理性。

(17) 再次,如前天津平禄公司所述,除冯某未质押暴风集团股权低于 10 亿元这一条件触发外,另一触发冯某回购义务的事实于一审诉讼期间发生,即其他投资方亦向冯某提出回购请求,故依据这一新发生的事实,冯某有关3个月系除权限制规定的主张已不能对抗天津平禄公司。

综上,冯某关于天津平禄公司未在3个月内行使权利,无权请求股权回购的上诉主张,本院不予支持。

4.天津平禄公司要求冯某回购诉争股权是否已满足法律规定的法定程序

(18)本案中,天津平禄公司要求冯某回购其股权,实质是要求向冯某转让其暴风体育公司股权。《中华人民共和国公司法》第七十二条第二款规定,股东向股东以外的人转让股权,应当经其他股东过半数同意。股东应就其股权转让事项书面通知其他股东征求同意,其他股东自接到书面通知之日起满30日未答复的,视为同意转让。其他股东半数以上不同意转让的,不同意的股东应当购买该转让的股权;不购买的,视为同意转让。

(19)本案中,暴风体育公司章程亦对股东向股东以外的人转让股权的相关程序性事项进行了明确约定。约定事项与《中华人民共和国公司法》一致。在本案一审审理过程中,天津平禄公司已按照《中华人民共和国公司法》及公司章程约定,按照《增资协议》中列明的暴风体育公司股东联系方式,分别以电子邮件、EMS邮寄方式向暴风体育公司的其他股东发送了《关于转让股权的通知》,告知其他股东股权转让事宜并限期30日答复。

(20)截至2018年12月14日,该30日期限已过,暴风体育公司其他股东均未予答复,应视为其同意《关于转让股权的通知》所涉股权转让事宜。故天津平禄公司要求向冯某转让其股权的请求,已满足《中华人民共和国公司法》及暴风体育公司章程规定的程序性要求,符合法律和双方合同约定。

综上,天津平禄公司要求冯某回购诉争股权的条件已经成就,一审法院判决冯某向天津平禄公司给付股权回购款,处理正确,本院予以维持。故二审法院最终判决:驳回上诉,维持原判。

十、对赌方式的竞合

我们通过解析一个十分具体的问题,作为本书"对赌"篇章的结尾。

前文已述,常见的对赌方式主要有股权回购、金钱补偿、股权补偿三种。对赌协议中,一些投资人为了最大限度地维护自身利益,会选择多于一种的对赌方式。届时对赌条件触发,对赌主体可能需要承担多种给付义务。那么这种外观看来存在"重复计算"之嫌的约定能否被裁判机构所支持呢?司法实践中存在一定的分歧。

(一) 对赌方式竞合被裁判机构支持的"典型模型"

1. 同一投资人的不同轮次投资,约定不同对赌方式

假设同一投资人对于目标公司进行两轮投资,前轮投资采用股权回购对赌,后轮投资采取金钱补偿对赌,后续对赌条件触发,投资人同时向对赌主体主张两种对赌权利。因为两种对赌方式事实上指向的不是同一个/次投资行为,其同时适用,从法律逻辑的角度来看并无问题。

在笔者团队向某投资机构提供的投融资法律服务中,曾采取了与前述类似的交易结构:投资人在前一轮采取老股转让方式投资,对赌方式为股权回购,对赌条件为目标公司未能如期上市;后一轮采取认购新股方式投资,对赌方式为金钱补偿,对赌条件为目标公司年度净利润未达约定金额。因两轮投资均发生于2016年,当时关于对赌方式竞合可参照的案例较少,笔者团队基于谨慎考虑,在两轮投资的交易文件中分别约定了不同的争议解决方式:前轮投资适用仲裁,后轮投资适用诉讼。后续两个对赌条件均

触发,投资人同时向对赌主体(目标公司的创始股东)分别提起了民事诉讼和商事仲裁,其请求均得到了裁判机构的认可。

2. 同一投资人的同一轮次投资,约定不同对赌方式

对赌方式竞合在实践中存在的争议主要集中在同一轮次中存在不同对赌方式的情况。通过分析以下两个案例中裁判机构的不同认定(前一个案例为裁判机构支持不同对赌方式同时适用,后一个案例为不支持),我们可以尝试总结出司法机构倾向于认同的"对赌方式竞合模型"。

最高人民法院〔2019〕最高法民申 5691 号山东宏力艾尼维尔环境科技集团有限公司、天津普凯天吉股权投资基金合伙企业公司增资纠纷中,投资人于 2011 年 11 月以增资方式投资目标公司,并与创始股东开展现金补偿对赌及股权回购对赌:现金补偿即协议 2.3 条款为,"如目标公司 2012 年经审计净利润未达到 4,500 万元(因券商设计规划因素除外),则投资人有权要求创始股东给予现金补偿,补偿金额 = 3,337.835 万元 × (1 − 2012 年净利润/5,000)";股权回购即协议 3.1 条款为,"除去不可抗力,目标公司在 2014 年 12 月 31 日前因任何其他事件导致不能在中国境内 A 股市场公开发行并上市的,投资人有权在该事件发生后提前要求创始股东回购股权,回购价格按照投资成本加计同期贷款利息确定"。后续目标公司既未达到预期净利润,又未能如期上市,投资人同时主张两项对赌权利。该案二审法院山东省高级人民法院并未就股权回购、金钱补偿并用的合理性展开论述,仅根据两项对赌约定均合法有效,支持了投资人行使对赌权利的诉讼请求。对赌主体(创始股东)提起再审,称投资人要求其同时承担金钱补偿责任和股权回购责任,属相互矛盾,因为"股权回购相当于撤回出资且失去股东身份,进而以股东身份为前提的金钱补偿也就失去依据"。再审法院最高人民法院对此认为不构成矛盾,并驳回了再审申请,其论证逻辑在于:第一,金钱补偿条件触发在前,股权回购条件触发在后,两者适用条件和约定的行权时间并不相同。金钱补偿条件成就之时,案涉股权回购条件尚未成就,投资

人仍为目标公司的股东,故不存在对赌主体所述"矛盾";第二,即使同时支持股权回购与金钱补偿,投资人的投资回报率也并不过高。

在〔2017〕京01民初814号深圳前海盛世圣金投资企业(有限合伙)与徐某某等股权转让纠纷中,投资人于2015年8月以增资结合老股转让的方式投资目标公司,并与目标公司及创始股东开展现金补偿对赌与股权回购对赌。其对赌的主要逻辑在于:首先,为目标公司约定了业绩指标,如"目标公司2015年实际实现的扣除非经常性损益的税后净利润低于2015年承诺净利润",其后果为,"投资人有权选择:(1)要求创始股东受让投资人持有的目标公司的部分股权:应受让的股权比例=投资人的实际持股比例×(1-2015年实际扣除非经常性损益的税后净利润÷2015年承诺净利润)×(1-投资人的实际持股比例)创始股东按照10%/年的利息标准向投资人支付股权对价,应付股权对价=应受让的股权比例×投资款×10%×(目标公司收到投资款之日至创始股东方实际支付股权对价之日的总天数÷365);或者,(2)要求创始股东中的任意一方或多方向投资人无偿转让所持有的目标公司的部分股权作为补偿:股份/权补偿比例=投资款/【2015年度实际扣除非经常性损益的税后净利润×15.87(PE倍数)】×100%"。其次,为目标公司约定了挂牌时间指标,如目标公司在2016年12月31日之前未在全国中小企业股份转让系统或其他交易所挂牌,其后果为,投资人有权要求创始股东回购其所持目标公司股权,回购价款为投资人的投资款加上自投资款到账之日至投资人收到回购或受让款之期间的利息,利息按照投资款乘以每年10%的利率计算。后续目标公司未能达到承诺净利润,又未能如期挂牌,投资人主张创始股东应支付股权回购款及"业绩补偿折价款"(也即,将创始股东因目标公司业绩指标未完成而需向投资人补偿的股权折价)。本案法院仅支持了投资人股权回购权的行使,未支持其余对赌权利,其主要逻辑在于:第一,投资人要求目标公司创始股东进行业绩补偿,需保持目标公司股东身份不变,但是投资人要求回购股权,实质是退出目标公司,不再拥有股东身份,两者存在一定矛盾;第二,业绩对赌条件触发的补偿方式之(1)实际就是一种"股权回购",与目标公司未能如期挂牌的股权回购方式存在一定的重合,这说明目标公司未如期挂牌的法律后果中已经包含了对投资人的业绩补偿,这与投资人要求创始股东承担的2015年业绩补偿,存在重复计算。

通过上述两个案例的对比分析,可以从以下几个方面考虑不同对赌方式并行的可行性:

第一,对赌方式与股东身份。如本书"对赌概述"部分所述,相对方通过主张回购权,可以达到退出目标公司的目的,但通过主张金钱补偿或股权补偿,相对方将仍"留在目标公司";而在《九民纪要》中,最高院提出一种思路,将金钱补偿视为一种"定向分红",分红需以股东身份为基础——如此一来,如若"金钱补偿"与"股权回购"竞合,当且仅当金钱补偿对赌的条件触发在前时,相对方才得以先取得补偿款,后交付股权并取得股权回购款;反之则不成立。对于"股权补偿"与"股权回购"竞合的情形,《九民纪要》中并未明确规定,笔者认为当股权回购对赌触发在前时,鉴于投资人行使股权回购权的通常目的就在于以一定对价"退出目标公司",如其判断投资目的无法实现并退出目标公司后仍有权通过"0元受让"取得目标公司股权(即股权补偿)再次成为目标公司股东,不免存在动机上的前后矛盾,不符合常识。

当股权补偿对赌条件触发在前、股权回购触发在后时,笔者认为,无论认可其可以并行与否,都将面临一定的问题,故需要结合个案进行考量。如认为可以并行,对赌主体应针对己方无偿转让的股权再次按照回购价格购买,相当于相对方名为取得了股权补偿,实则取得了金钱补偿(即前述〔2017〕京01民初814号案件中所谓的"业绩补偿折价款")——是否可以仅靠对赌协议中的一般约定,推定出对赌主体有既愿意承担股权补偿,又愿意以回购价款为计算标准、替代性地承担金钱补偿的意思?这应结合具体案件进行判断。如认为不能并行,则又与对赌协议之约定的文义相悖——该约定并不显然违反相关法律强制性规定。而如采取"折中说",也将面临一些问题,例如认为股权回购的对象不包含相对方已基于股权补偿对赌取得的股权,则相对方通过主张回购权,仍未完全退出公司,这似与股权回购对赌方式的常见目的相悖。如在笔者代理创始股东(对赌主体)的某股权转让纠纷中,对赌协议中约定了股权补偿和股权回购两类对赌方式:如目标公司 2013 年、2014 年净利润未达到约定指标,则创始股东对投资人分别补偿目标公司 1%、2% 股权;如目标公司未达成新三板挂牌指标,[1]创始股东应回购投资人股权。后续目标公司未能达成业绩指标,股权补偿的实际执行方式是"创始股东向投资人赠与一笔钱款,投资人用该笔钱款认购目标公司新增注册资本",后续目标公司又未如期挂牌,投资人起诉要求创始股东回购其所持全部股权(包含投资人通过"股权补偿"获得的股权)。本案中,针对投资人通过"股权补偿"获得的部分目标公司股权,笔者以该部分股权出资来源于创始股东的赠与,如要求创始股东购买以其赠予款出资的股权则视同对于投资人重复救济,违反了"公平原则"为由抗辩,获得了法院的支持。一审判决书相关表述为"……(投资人所持目标公司的一部分股权)实际系来源于创始股东对投资人的补偿,为兼顾投资人与创始股东之间的利益平衡,故对该……不再计入股权回购款"。由此可见,对赌方式竞合问题也不能完全遵循一定的模式而"想当然",还是需要结合个案情况、法律逻辑、商业常识进行综合考虑。

第二,是否具有"多种对赌方式并存"的真实意思。上述〔2017〕京 01 民初 814 号案件是"裁判机构明确不支持多种对赌方式并存"的典型案例,读者如仔细研究其案件背景中各方签署的对赌协议内容就不难看出:其"对赌方式"与"对赌条件"对应的较为混乱。当目标公司未达到业绩指标时,投

---

[1] 截至 2022 年 9 月,本案二审正在审理中,为保护当事人利益,暂不公开案号及详细案情。不同于一般对赌条件,本案中的股权回购条件为"因目标公司或创始股东重大过错,目标公司未能在 2016 年 12 月 31 日前新三板挂牌",故对于"重大过错"的理解成为本案最主要的争议焦点。但因该焦点与本部分内容无关,故不展开论述。

资人既可以主张股权回购,也可以主张股权补偿;当目标公司未如期挂牌,投资人可以主张股权回购——这似乎包含了一种投资人认同其通过行使回购权,就可以同时救济目标公司的估值因业绩不达标、挂牌不及时所产生的减损的意思。遵循类似逻辑进行裁判的案例又如广东省广州市中级人民法院〔2021〕粤01民终1354号广州星海国政二号投资合伙企业、刘某某合同纠纷中,法院同样是依据对赌协议中约定的某一对赌条件触发后,相对方既可以主张股权回购又可以主张金钱补偿,认定两种对赌方式只能由相对方"二择其一"。而在对赌方式并存被法院支持的案例中,各项对赌方式往往对应不同的对赌条件,泾渭分明,又或是明确约定各对赌方式"可以并存",①传达了对赌各方明确的意思表示,从而易于为裁判机构所接受。

第三,多种对赌方式复合计算出的相对方收益率是否"过高"。关于这个问题,司法实务中仍多有争议。在笔者看来,读者仍可以参考本书"回购价款"部分对于"综合收益能否高于民间借贷利率上限"问题的论述进行理解。如在前文〔2019〕最高法民申5691号案件中,最高院虽然同时支持了股权回购对赌与金钱补偿对赌的适用,但在对于其"是否过高"进行判断时,仍需要先将金钱补偿款分摊到投资人投资入股至其股权回购条件成就之日的期间中,再加上股权回购款中的"投资收益"部分,估算出其每年的投资回报率(即"回购价款"章节所述的所谓"综合收益")——以该综合收益为基础,再进一步判断其是否过高的问题。在该案的判决书中,最高院并未说明判断"过高"的标准具体是什么。

(二) 总结及建议

综上所述,笔者倾向于认为多种对赌方式的同时适用是可行的,但这需

---

① 如在〔2018〕京01民终8570号周某某与黄某某等合同纠纷案件的二审判决书中,北京市第一中级人民法院即结合对赌各方在相关协议中约定股权回购款与业绩补偿款不存在包含关系,认定对赌主体同时承担股权回购义务及金钱补偿义务。

要在理解不同对赌方式本质之异同的基础上,以符合一系列前置条件为前提。根据相关案例及笔者自身的认知,笔者提供一种较为理想化的"典型模式"如下,供需要设置类似方案的读者参考。但应注意,个案中仍会存在难以被量化的特殊情况,绝不能僵化套用:

第一,股权回购触发条件的触发时间始终应安排在多种对赌方式的最后。

第二,不同对赌方式应对应不同的、彼此独立的对赌条件。

第三,不同对赌方式应存在明确的"不相包含关系",如约定于不同条款、不同协议中,或/并明确约定"彼此不相包含"。

第四,依据多种对赌方式如同时触发,则相对方可获得的综合收益,参考法定民间借贷利率上限,判断相关约定是否存在被认定为"过高"的风险。

上海天赋动力股权投资基金管理有限公司与吴某某、上海手乐电子商务股份有限公司等合同纠纷案

案件要点：

1.《投资协议》对业绩补偿和股权回购两项权利的行使分别约定了不同的适用条件，两项权利独立存在。

2. 业绩补偿款与回购股权款均具有损害赔偿责任的性质，两项请求能否同时得到支持，应当根据原告诉请目的和实际损失综合进行考量。

3. 法院认为(虽然业绩补偿触发在前，股权回购触发在后，但是)《投资协议》约定的股权回购价格的计算方式，已经充分考虑了对赌主体违约行为[①]给投资人造成的损失的弥补，故投资人同时主张支付业绩补偿及股权回购不尽合理。

诉讼背景：

原告天赋动力与被告吴某某、克恩顿创投中心、案外人上海弗元投资管理中心(有限合伙)(三方均为目标公司的原股东)、被告手乐电子(目标公司)签订《投资协议》，约定由原告受让案外人2.2222％的公司股权。各方同时在协议中约定了对赌条款，包括以公司净利润指标为条件的业绩补偿条款和以公司成功上市为条件的股权回购条款。

目标公司后续由于经营情况不佳，业绩指标和上市情况均未达到投资协议的约定要求，故原告向三被告发送了《关于要求回购股份的通知函》，但

[①] 读者可关注到，本案法院将未达成对赌条件理解为对赌主体的一种"违约行为"，将支付对赌价款理解为一种"损害赔偿责任"。

三被告均未回应。原告遂向法院提起诉讼,请求判令三被告按照投资协议约定的价格共同向原告支付业绩补偿款,并共同向原告支付股权回购款及相应罚息。

裁判索引:

上海市浦东新区人民法院一审并作出〔2020〕沪0115民初93539号民事判决书。

主要问题:

一审法院:(1)原告同时主张支付业绩补偿款及股权回购款的诉讼请求能否得到支持?(2)原告主张目标公司承担业绩补偿及股权回购义务的诉讼请求能否得到支持?

事实认定:

一审法院查明事实如下:

(1)原告天赋动力系天赋新三板转板Pre-IPO精选组合私募股权投资基金管理人。2017年12月28日,原告与被告吴某某、克恩顿创投中心、案外人上海弗元投资管理中心(有限合伙)、被告手乐电子签订《投资协议》,合同约定:原告作为基金管理人代表其旗下发行的"天赋新三板转板Pre-IPO精选组合私募股权投资基金"(私募投资基金备案编码为SX6921)拟按本协议约定对被告手乐电子进行投资。天赋动力以1,000万元受让案外人上海弗元投资管理中心(有限合伙)所持有的被告手乐电子813,008股股份,每股价格为12.3元,占总股本的2.2222%。

(2)《投资协议》第九条约定:被告手乐电子完成以下经营业绩:至2017年12月31日,实现经审计后扣除非经常性损益的净利润为3,000万元;至2018年12月31日,实现经审计后扣除非经常性损益的净利润为5,000万元;2019年净利润保持不低于30%的年化增长率,即至2019年12月31日,实现经审计后扣除非经常性损益的净利润不低于6,500万元(含本数)。

(3)《投资协议》第十条约定:被告手乐电子年度实际经营业绩低于约

定承诺业绩的85％,即2017年度扣除非经常性损益的净利润低于2,550万元,2018年度扣除非经常性损益的净利润低于4,250万元,2019年度扣除非经常性损益的净利润低于5,525万元,被告手乐电子当期的估值根据以下公式进行调整:当年度调整后的估值V＝E\'X(P/E值),其中E\'为当期实际净利润,E为当期承诺净利润,P为本轮融资整体估值,即45,000万元。

(4) 各方依据约定进行目标公司的估值调整,原告有权选择以所持被告手乐电子股份或者实际控制人以现金进行补偿:以现金方式补偿的,补偿现金金额＝甲方投资金额－甲方持有目标公司股份×V;上述股份补偿或现金补偿,被告吴某某及实际控制人应当在原告提出书面请求后20日内完成相应的股份过户手续或现金支付,每逾期一日应当承担未支付金额每日5‰的滞纳金;被告吴某某、克恩顿创投中心、手乐电子对于协议项下的业绩承诺及补偿义务承担连带责任。

(5)《投资协议》第十一条约定:当出现以下情况时,原告有权要求三被告回购原告所持有的全部公司股份:

"11.1.1:被告手乐电子未能在2019年12月31日之前申报上市材料,或未能在2020年12月31日前实现上市的;

11.1.2:在2019年12月31日前的任何时间,被告手乐电子或被告吴某某、克恩顿创投中心明确表示放弃上市安排或者工作;

11.1.3:某一年度当期实际经营业绩低于第九条承诺净利润的70%……"

(6) 股份回购价格应以以下较高者确定:

"11.2.1:原告的全部实际投资额及自从实际缴纳出资日起至被告实际支付回购价款之日按12%单利的年收益水平计算的利息与投资本金之和:回购价格＝原告实际投资额X(1＋NX12%),N为回购时点对应的原告投资期,即N＝原告所持有目标公司股份的总天数/365;

11.2.2:回购或转让时原告所持有股份/股份所对应的公司净资产。公司净资产的认定标准，以最近一年经原告和被告手乐电子共同认可的具有证券从业资格的会计师事务所出具的年度审计报告为准，若没有上一年度经审计的年度报告的，则原告可聘请会计师事务所对被告手乐电子审计，并以该等给会计师事务所出具的审计报告为准，审计费由被告手乐电子承担"。

(7) 11.3：股份回购或转让均应以现金形式进行，全部股份回购款应在投资方发出书面回购要求之日起 30 个工作日内全额支付给原告，原告应在收到全部转让款项之日起 15 个工作日内协助完成股转系统证券确权及工商变更手续，回购不影响原告方获得回购完成之日前应当取得的所有股息和红利。

(8) 11.4：如果被告对原告的股份回购行为受到法律的限制，三被告应确保其他原股东作为收购方，以其从公司取得的分红或从其他合法渠道筹措的资金收购投资方持有的公司股份。

(9)《投资协议》23.7 约定：各方应就其违反协议项下的义务所产生的任何直接损害和损失（不包括间接损害和损失），向其他方承担违约责任，并按照协议第二十二条规定赔偿。

(10)《投资协议》对"上市"的释义为乙方（原告称此处系合同条款笔误，应为丙方）实现在国内资本市场上市的行为，包括直接在境内（指上海或深圳证券交易所所在主板、中小板以及创业板）公开发行股票或通过上市公司重大资产重组实现借壳上市。

(11) 2017 年 12 月 28 日，原告与案外人上海弗元投资管理中心（有限合伙）、被告手乐电子签订《股份转让协议》以及《股份转让协议的补充协议》，约定原告同意受让案外人持有手乐电子 813,000 股股份（即占总股本的 2.2222%），该股份转让的价款为 9,999,900 元，每股价格为 12.30 元。

(12) 2017 年 12 月 29 日及 2018 年 1 月 5 日，原告与案外人上海弗元投资管理中心（有限合伙）通过全国中小企业股份系统完成了股份转让及股权转让款支付，原告成为被告手乐电子股东，持股数 813,000。

(13) 被告手乐电子 2019 年度报告(公告编号为 2020-015)显示：被告 2019 年归属于挂牌公司股东的扣除非经常性损益后的净利润为 14,091,958.17 元。被告手乐电子未能于 2020 年 12 月 31 日前实现在国内资本市场上市的行为【包括直接在境内(指上海或深圳证券交易所所在主板、中小板以及创业板)公开发行股票或通过上市公司重大资产重组实现借壳上市】。原告为本案诉讼实际支出律师费 20 万元。

法院观点：

一审法院的裁判观点如下：

(1) 涉案《投资协议》系当事人真实意思的表示，合法有效，当事人理应恪守。从《投资协议》的内容看，该协议的回购条款及业绩补偿条款系就企业未来不确定目标能否实现基于各自商业判断而对权利义务进行的一种约定，该协议既涉及目标公司实际控制人、股东与投资方对赌，也涉及目标公司与投资方对赌。

(2) 关于被告吴某某、克恩顿创投中心支付业绩补偿及股权回购义务。《投资协议》第十条"估值调整和补偿"约定原告享有主张现金补偿的权利，第十一条"股份回购及转让"约定了原告享有主张股权回购的权利，《投资协议》对两项权利的行使分别约定了不同的适用条件，两项权利独立存在，协议并没有特别约定仅能择一行使，但无论是支付业绩补偿还是回购股权均具有因违约行为承担损害赔偿责任的性质，应当综合进行考量。

(3) 《投资协议》约定的股权回购价格的计算方式，已经充分考虑了对被告违约行为给原告投资造成的损失的弥补。故原告同时主张被告吴某某、克恩顿创投中心支付业绩补偿及股权回购不尽合理。现原告明确坚持主张回购股权，故对原告要求被告吴某某、克恩顿创投中心支付业绩补偿款的诉讼请求，本院不予支持。

(4) 关于原告主张的股权回购款，本院认为，被告手乐电子未能在 2020 年 12 月 31 日前实现在上海或深圳证券交易所所在主板、中小板以及创业板公开发行股票或通过上市公司重大资产重组实现借壳上市,已符合回购条件,原告主张被告吴某某、克恩顿创投中心按照自实际缴纳出资日起至2020年12月4日,按12%单利的年收益水平计算的利息与投资本金之和承担回购义务,并据此计算截至2020年12月4日的回购款金额为13,509,439.79元,原告该项主张具有相应的合同依据,亦于法不悖,本院予以支持。

(5) 关于原告主张的股权回购款罚息,其性质系弥补因被告吴某某、克恩顿创投中心未按约支付股权回购款给原告造成的资金占用损失。现原告以诉讼方式明确要求被告回购股权,故原告以本案开庭之日作为股权回购款罚息的起算时间并无不当,本院予以确认。

(6) 原告主张以《投资协议》约定的业绩补偿款滞纳金标准计算股权回购款罚息,缺乏相应的合同依据,本院将计算标准调整为按全国银行间同业拆借中心发布的同期贷款市场报价利率(LPR)计算。

(7) 关于被告手乐电子支付业绩补偿款及股权回购义务。原告未能举证证明被告手乐电子目前有足以补偿投资人的可分配利润,亦未能证明手乐电子已完成相应的减资程序,该情形下,若被告手乐电子承担支付业绩补偿款或股权转让款的义务,将损害被告其他股东和外部债权人的利益,与公司法关于股东不得抽回出资的强制性规定相悖。故对原告该部分诉请,本院不予支持。

(8) 关于原告主张的律师费。《投资协议》中并未对律师费用的承担予以明确约定,且原告亦未举证证明该律师费系《投资协议》中约定的"直接损害和损失"及诉讼过程中的必要费用,故对原告的该项主张本院不予支持。

综上,一审法院判决如下:

(1) 被告吴某某、上海克恩顿创业投资中心(有限合伙)应于本判决生效之日起10日内支付原告上海天赋动力股权投资基金管理有限公司股权回购款13,509,439.79元。

(2) 被告吴某某、上海克恩顿创业投资中心(有限合伙)应于本判决生效之日起10日内支付原告上海天赋动力股权投资基金管理有限公司股权回购款罚息【以应付未付股权回购款13,509,439.79元为基数,按全国银行间同业拆借中心发布的同期贷款市场报价利率(LPR)自2021年6月28日起计算至判决生效之日止】。

(3)驳回原告上海天赋动力股权投资基金管理有限公司的其余诉讼请求。

PE/VC 本土化过程中的探索与发展
——作为"舶来品"的特殊权利条款解读

一、特殊权利条款概述

(一) 特殊权利条款的含义

前面我们对创业投资相关协议中的先决条件、股东资格、承诺与保证、对赌(业绩补偿、股权回购/赎回)等条款结合司法实务进行了分析与解读，但投资协议的核心条款当然不只如此。

通过阅读美国风险投资协会(The National Venture Capital Association, NVCA)的创业投资标准合同文本，除了对赌相关的"赎回权"(Redemption Rights)外，我们还可以从中看到诸如反稀释权(Anti-dilution Provisions)、优先清算权(Liquidation Preference)、优先购买权(Right of First Refusal)、共同出售权(Right of Co-Sale；亦称为随售权，Tag along)、拖售权(Drag Along)等极富特色的条款。投资人通过前述权利，可以拥有诸如优先于公司创始股东或其他投资人受让股权、取得分红等权利。作为投资人溢价出资所取得的"特权"，这些权利及对应条款在实务中常被称为"投资人特殊权利""特殊权利条款"(下文中沿用该表述)，并时常被约定在名为"股东协议"或"投资协议之补充协议"等交易文件中，少数情况下也会直接约定在投资协议中。为免混淆，下文中将包含投资人特殊权利条款的协议统称为"股东协议"。

在"创业投资"这一概念传入国内的数十年来，各种特殊权利逐渐为业内人士所知。与"对赌"这一含有浓重本土特色的概念不同，多种投资人特殊权利在股东协议中的常见表述仍较多地保留了其发源地的"原汁原味"，在司法实践层面激起的讨论也远不如"对赌"来得多——但这绝不意味着其他特殊权利条款不像"对赌"那么重要。相反,投资人在支付投资款,成为目标公司股东后的权益及其投资退出的目的,很大程度上要靠这些特殊权利的行使才有机会实现。这也要求投资协议的起草者不能生硬照搬,而需要结合个案中投资人的特殊需求及当地法律环境进行适当的调整,以免出现"水土不服"。

在展开讨论各种投资人特殊权利的具体内容及常见问题前,我们首先需要明确一个问题,即"特殊权利条款"在国内司法实践中的认可度。

(二)国内司法实践对于特殊权利条款效力的认可程度

在公开的诉讼案件法律文书中,司法部门围绕(除对赌外的)特殊权利条款作出判决的案件较少,甚至对于部分特殊权利,公开渠道至今难以查到相关司法案例。究其原因,笔者理解主要有以下三方面:第一,专业投资机构较为完善的特殊权利条款约定,使得部分围绕该等条款的潜在纠纷可以通过非诉讼方式解决;第二,关于特殊权利,国内相关法律规定、案例体系的不完善,使得投资主体在提起相关诉讼/仲裁时较为慎重;第三,国内相对成熟的"对赌"司法观点及案例体系,使得投资人更倾向于将对赌权利的主张作为商事争议解决的突破口,甚至在协议中将各项特殊权利条款的违约后果均归于"对赌主体承担对赌义务/责任"。

单从法理上考虑,笔者认为在民商法领域,投资人特殊权利只要满足"具备民事行为能力、意思表示真实、不违反法律及行政法规强制性规定/公序良俗"的"三要素",[1]即可产生法律效力——实践中也确实存在类似案例。如在北京市第三中级人民法院〔2019〕京03民终6335号林某与北京北

---

[1] 《民法典》第一百四十三条规定:"具备下列条件的民事法律行为有效:(一)行为人具有相应的民事行为能力;(二)意思表示真实;(三)不违反法律、行政法规的强制性规定,不违背公序良俗。"

科创新投资中心（有限合伙）股权转让纠纷中，投资人以增资方式投资于目标公司，股东协议中约定了随售权、反稀释权、优先清算权、回购权等特殊权利条款。各方约定的对赌条件之一为：如目标公司未于2016年12月31日前完成新三板挂牌（以取得全国中小企业股份转让中心同意挂牌函的日期为准），则投资人有权要求创始股东回购其所持目标公司股权。后续目标公司未能如期挂牌，投资人起诉要求创始股东回购。创始股东一审败诉后，在上诉中提出：股东协议中的"特殊权利条款"违反了法律强制性规定，导致协议无效。

二审法院并未认同创始股东的前述理由，明确认定股东协议中约定的投资人特殊权利并不违反法律及行政法规的强制性规定，故有效。法院作出该种认定，依据的是当时尚具法律效力的《最高人民法院关于适用〈中华人民共和国合同法〉若干问题的解释（一）》第四条"合同法实施以后，人民法院确认合同无效，应当以全国人大及其常委会制定的法律和国务院制定的行政法规为依据，不得以地方性法规、行政规章为依据"。前述司法解释虽已随着《合同法》的废止而失效，但其理论实质被《民法典》继承，并在司法实践中被裁判机构所广泛认同。

由此可见，在少数可查到的公开案例中，相关法院并未对特殊权利条款抱有偏见，而是在现有法律体系下，仍将其归为民事主体间意思自治的范畴进行考量。这为特殊权利条款的实际执行奠定了良好的司法基础。

（三）"写进公司章程"是否为特殊权利条款可执行性的必要条件

1. 问题的提出

我们知道，特殊权利条款的有效性与可执行性是两个完全不同的问题。各种特殊权利条款的域外法系之渊源决定了，即使其效力在中国法下不存在明显瑕疵，其能否被强制执行仍然是个值得探讨的问题。

　　实践中有一种较为普遍的观点认为，如果能够将特殊权利条款都写进目标公司的公司章程，就可以保证其执行力。这种观点的理论依据主要有两点：其一，认为公司章程的效力高于股东协议，两者冲突时应以公司章程为准，故不在章程中规定，就会使投资人特殊权利落为"一纸空文"；其二，基于《公司法》中"但书"条款的规定，认为需要将异于《公司法》规定的股东权利写进公司章程，才能产生对抗法定一般情形的效力——例如，《公司法》第七十一条规定了有限公司股东优先于公司外部主体享有对公司股权的"优先购买权"，其"但书"条款为"公司章程对股权转让另有规定的，从其规定"，部分人士据此认为必须在公司章程中规定投资人特殊的"优先购买权"（如不止优先于外部主体、还可优先于创始股东受让股权），才能产生法律效力及执行力。

　　对于这种观点，笔者并不完全认可。首先，法律并未要求在公司章程中规定投资人特殊权利或股东权利。相关法律法规虽未对"公司章程"进行明确定义，但根据《公司法》第二十五条之规定，法律仅要求有限公司章程应包含以下几项内容：公司名称和住所；公司经营范围；公司注册资本；股东的姓名或者名称；股东的出资方式、出资额和出资时间；公司的机构及其产生办法、职权、议事规则；公司法定代表人。从前述内容上来看，公司章程更侧重于对公司基本情况及内部治理规则的规定，并不必须包含作为股东的投资人的权利。其次，公司章程的法律效力并不必然高于股东协议。公司章程作为目标公司的"宪法"，规范公司组织形式和行为准则，对公司、股东、董事、监事、高级管理人员具有约束力，其受到《公司法》规制，而实践中股东协议的签署主体通常包括了目标公司、投资人及其当时的全部/部分股东，主要约定投资人、创始股东和/或管理团队之间的权利与义务，其主要受到《民法典》规制。两者不存在法律意义上必然的"高下之分"。进一步而言，在创业投资的语境下，即使目标公司的公司章程规定了特殊权利条款，鉴于投资人通常在目标公司持股比例较小，创始股东也有可能利用对目标公司股东会/董事会的表决权控制修改公司章程,使得投资人的特殊权利难以实施——此时如认为公司章程效力更高,则将使得投资人的权益易于受到损害。

2. 案例分析

在相关案例中,我们可以获知司法部门对于目标公司章程及股东协议的法律效力之关系,及其对于外部第三方的对抗性所秉持的观点。

相关案例如四川省高级人民法院〔2019〕川民终953号新华文轩出版传媒股份有限公司、福州市都视之光文化传播有限公司股东出资纠纷中,裁判机构运用了一种"内外有别"原则来确定股东协议约定与公司章程规定冲突时的认定标准。在本案中,目标公司及股东、外部投资人先后签署或通过了若干份相互冲突的投资协议、股东会决议、公司章程,主要为:2012年5月28日,目标公司各股东签订了《增资协议》,对于目标公司新增注册资本及各股东认购金额、出资期限作出了约定;2012年5月29日,目标公司修改章程,将出资期限相较《增资协议》约定延后了约一年半;2013年4月15日,目标公司各股东形成《第五次股东会会议决议》,对增资方式(新增注册资本不变,引入外部投资人,由原股东向投资人转让一部分股权)、出资时间进行了变更①;2013年8月29日,各股东又形成《第六次股东会决议》,该决议载明各股东认缴出资金额与《增资协议》一致,只对《增资协议》的出资期限进行了延展,形成了章程修正案并在工商部门进行了备案。后续,已缴纳出资款的股东起诉要求未缴纳出资款的股东履行出资义务,并承担相应的违约责任。各方争议焦点为,对于股东出资义务的约定,究竟以哪份协议/决议/章程为准。

面对数份不同类型的文件相冲突的局面,本案二审法院四川省高级人民法院在判决书中解释了使用"内外有别"原则进行认定的基本思路:"司法

---

① 判决书中并未言明该次股东会决议是否修订公司章程并进行工商备案。结合判决书文义及查询目标公司的工商登记信息,笔者推测应该是没有进行过的。

实践中，处理公司纠纷，应当区分公司内部关系与外部关系，分别适用实质要件与形式要件。当公司内部之间发生争议的，以实质要件为主进行认定；当公司外部之间产生争议的，则以形式要件为主进行认定。《第五次股东会会议决议》和《第六次股东会会议决议》及相应章程修正案的内容相矛盾和冲突，因本案纠纷发生在公司股东之间，系公司内部关系，因此，应当探究股东真实意思表示，适用反映股东真实意思表示的约定来确认各股东的权利和义务。"根据这种观点，不论是协议还是决议、章程，也无论是否在工商部门进行过备案，当相关争议仅涉及公司内部时，仅需考虑各方的真实意思表示，而无需考虑各份文件的外在表现形式。

本案中，看似应当以时间发生最晚且在工商部门进行了备案的《第六次股东会决议》及章程修正案为准，然而法院结合相关证据（相关董事会决议、目标公司与股东的邮件往来），认定《第六次股东会决议》及章程修正案的制定及工商登记/备案手续"目的是为了避免公司因股东未按原章程约定期限出资而被工商行政管理部门处罚……并非各股东关于出资问题的真实意思"。据此，本案法院最终认定《第五次股东会会议决议》中关于出资时间的约定优先于发生在其前后的两份公司章程及相关决议、协议，是各股东及目标公司关于相关问题真实、最终的合意。根据《第五次股东会会议决议》的内容，法院最终认为相关股东的出资期限尚未届至，从而驳回了已出资股东的诉讼请求及上诉请求。

按照这种逻辑，其实我们还可以设想一种场景：假设在本案中，提起诉讼的并非已出资的股东，而是目标公司的某一外部债权人，①此时如目标公司股东以"《第六次股东会决议》及章程修正案并非其真实意思"或"已通过

---

① 如出现这种情况，则该外部人员的主要法律依据或为《最高人民法院关于适用〈中华人民共和国公司法〉若干问题的规定（三）》第十三条第二款："公司债权人请求未履行或者未全面履行出资义务的股东在未出资本息范围内对公司债务不能清偿的部分承担补充赔偿责任的，人民法院应予支持；未履行或者未全面履行出资义务的股东已经承担上述责任，其他债权人提出相同请求的，人民法院不予支持。"

《第五次股东会会议决议》对出资时间进行变更"进行抗辩,就将面临"保护善意第三人"原则①的限制。如目标公司股东无法证明外部债权人明知或应知公司股东内部另有约定,则包含投资人在内的公司股东仍应受到在工商部门备案的《公司章程》(即《第六次股东会决议》对应的章程修正案修正后的公司章程)所规定的出资期限所规制——笔者理解,这就是类似案件中司法机关所强调的"内外有别"原则的真意。

对于前段论证逻辑,相关案例还可见于时隔较远的上海市第二中级人民法院〔2014〕沪二中民四(商)终字第330号奇虎三六零软件(北京)有限公司与蒋某某、上海老友计网络科技有限公司、胡某请求变更公司登记纠纷中,二审法院明确指出,虽然目标公司已经将"董事一票否决权"(本案中意为对于目标公司创始股东转让股权等事项,必须经投资人委派董事同意,通过董事会决议才可进行)写进公司章程,后续目标公司创始股东违反公司章程规定及相关股东协议约定向第三方转让了目标公司股权,但是因为该条款并未体现在工商登记版本的公司章程中,且无其他证据证明受让方(外部第三人)应当知晓,故目标公司内部章程的特别规定不得对抗该外部主体。

由此一来,对于"投资人特殊权利是否有必要写进公司章程"这一问题的解答,就受相关特殊权利是否有对抗(当时的)公司股东②之外的主体利益的需求所影响。例如,③对于作为投资人特殊权利的"优先购买权",如站在公司股东的角度,其与《公司法》规定的有限责任公司股东的优先购买权确实存在不同(优先顺位不同),但是如果站在公司外部主体的角度(如意向受让方),不论是法定的还是作为投资人特殊权利的优先购买权,均为优先于外部主体自身受让目标公司股权的权利,外部主体知晓该项投资人特殊

---

① 可见于《公司法》第三十二条规定:"公司应当将股东的姓名或者名称向公司登记机关登记;登记事项发生变更的,应当办理变更登记。未经登记或者变更登记的,不得对抗第三人";《民法典》第六十五条规定:"法人的实际情况与登记的事项不一致的,不得对抗善意相对人。"

② 该处"股东"也包含投资人自身。

③ 关于各种特殊权利条款的分析,将在后文的各条款分论中详细展开论述。

权利与否,对自身利益并不产生影响;即使站在后轮投资人的角度,基于商业惯例,前轮投资人的"优先购买权"通常也不会对其产生对抗效力——在这种情况下,笔者理解,将该特殊权利条款写进公司章程就不是必须的。而例如对于"随售权"条款,因其通常涉及对于外部第三方应当以一定比例受让投资人所持目标公司股权的约束,①故笔者理解需要将其写进公司章程,才能最大程度地确保顺利执行;其他特殊权利条款也可以比照这种逻辑进行认定。

3. 小结

综上所述,笔者虽不完全认同"将特殊权利条款写进目标公司章程即可以保证其执行力"的观点,但在相关司法案例相对较少的当下,如此不失为一种较为谨慎的做法。② 而当确实未写进章程而发生争议时,投资人也应认识到自身权利并不完全受"是否写进公司章程"的限制,应在确保交易文件中已经约定清楚的前提下,积极行使自身的权利。

在实务中,另一件值得关注的事情是,基于各地工商部门对于公司章程备案文本的要求不一,有时并非投资各方"不愿"完善公司章程,而是客观上确实无法做到。这种情况下,部分公司会选择由各股东表决通过一个不在工商备案的公司章程(内部章程),而仅在工商备案一个符合当地工商模板要求的公司章程(外部章程),并在内部章程中规定其效力优先于外部章程。这种情况下,内部章程如无《公司法》规定的无效、可撤销等情形,其对公司内部股东仍具公司章程应有的规制作用,并有机会对抗后轮投资人,但却无法对抗善意第三人,即投资人的权益仍旧无法获得完整的保护。针对这种情况,一些投资人会采取较为迂回的方式保障其权利行使,如在相关协议中约定如创始股东不配合投资人行使特殊权利,则承担违约责任,甚至直接触

---

① 对该权利的解读详见后文"拖售权与随售权"部分。
② 从交易方案安排/文件起草的角度,对于"哪种/类特殊权利会涉及外部主体利益"的判断,具有一定的主观性,难以非常确定地保障投资人的利益。

发"对赌条件",投资人有权行使股权回购权并退出目标公司——这或许也是当下特殊权利条款相关司法案件中部分对赌纠纷占据压倒性数量优势的原因之一。

笔者在接下来的将就投资人特殊权利条款中与"投资退出"关系较为紧密的几种主要条款或权利展开论述。

丁某某、湖北远东卓越科技股份有限公司与武汉信用基金管理有限公司股权转让纠纷案

案件要点：

挂牌公司发行股票时，新三板系统针对相关投资协议中特殊条款的约定出台了专门的监管规定。但该规定不属于法律、行政法规的禁止性规定，违反该规定并不必然导致投资协议无效。

诉讼背景：

原告武信基金公司与被告湖北远东公司（目标公司）与签订《股份认购合同》，约定：原告同意以人民币625万元认购公司本次非公开发行的股票125万股。同日，原告与被告丁某某（目标公司原股东）、目标公司签订《补充协议一》，约定被告丁某某为现金补偿和股权回购条款的对赌义务人。后对赌条件触发，原告武信基金公司向丁某某发出《股权回购通知书》，要求丁某某在收到通知后一个月内付清全部回购价款；丁某某也出具《承诺函》，表示其愿意按照《补充协议一》的约定履行股权回购义务，但并未如期履行。

原告遂向一审法院提起诉讼，请求判令丁某某立即回购武信基金公司持有的湖北远东公司股份，并支付相应股份回购款及违约金；并请求判令湖北远东公司承担连带清偿责任。一审法院判决支持了原告的诉讼请求，两被告辩称《补充协议一》违反了全国中小企业股份转让系统有限责任公司于2018年10月25日发布并实施的《关于挂牌公司股票发行有关事项的规定》第16条"挂牌公司股票发行认购协议及相关补充协议中签订有业绩承诺及补偿、股份回购等特殊投资条款的，相关协议应当经过挂牌公司董事会与股东大会审议通过"的规定，故上诉请求判令案涉协议无效。

裁判索引：

湖北省武汉市江岸区人民法院一审并作出〔2019〕鄂0102民初1836号民事判决书；湖北省武汉市中级人民法院二审并作出〔2020〕鄂01民终2140号民事判决书。

主要问题：

一审法院：(1)案涉《补充协议一》的效力如何？(2)股权回购款及违约金如何计算？(3)目标公司的责任如何认定？

二审法院：(1)《补充协议一》的效力？(2)股东丁某某应支付的股权回购款数额如何计算？

事实认定：

一审法院查明事实如下：

(1)2016年11月4日，湖北远东公司发布《第二届董事会第五次会议决议公告》，审议通过《关于湖北远东公司股票发行方案的议案》，并确定"公司本次股票发行拟以每股4.38元(含4.38元)－5元(含5元)的价格向不确定对象投资者发行不超过2,000万股(含2,000万股)，募集资金不超过1亿元(含1亿元)，本次发行募集资金扣除发行费用后全部用于补充公司流动资金及偿还公司短期借款"。

(2)2016年11月23日，湖北远东公司发布《2016年第二次临时股东大会决议公告》，审议通过《关于湖北远东公司股票发行方案的议案》，并确定"本次股票发行以每股4.38元(含4.38元)－5元的价格(含5元)向不确定对象投资者发行不超过2,000万股(含2,000万股)，募集资金不超过1亿元(含1亿元)，本次发行募集资金扣除发行费用后全部用于补充公司流动资金及偿还公司短期借款。本次发行前的滚存利润由发行后的股东按持股比例共享。投资者以现金方式认购本次发行的股份"。

(3)2017年1月9日，湖北远东公司(甲方、股票发行方)与武信基金公司(乙方、股票认购方)签订《湖北远东卓越科技股份有限公司股份认购合同》(以下简称《股份认购合同》),约定:甲方拟在全国股转系统发行人民币普通股不超过 2,000 万股(含 2,000 万股),乙方同意按照本合同规定的条款和条件认购甲方本次定向发行的股份。

(4)《股份认购合同》约定了认购数量和认购方式:乙方同意以人民币现金方式认购公司本次非公开发行的股票 125 万股;甲方同意乙方作为本次非公开发行的认购方,向乙方发行股票 125 万股,每股面值人民币 1 元。认购价格:每股价格为人民币 5 元。认购款总金额:乙方同意本次认购股票的总金额为人民币 625 万元整。支付方式:本协议生效后,乙方按照甲方在全国中小企业股份转让系统网站(××)上披露的股票发行认购公告规定的时间、方式将本协议约定的认购款项汇入甲方指定的银行账户。

(5)《股份认购合同》约定,本协议应于各方授权代表正式签署并盖章后,并取得甲方董事会、股东大会依法定程序就本次股票发行事宜的决议批准方能生效。因本协议引起的或与本协议有关的任何争议,应由各方协商解决;协商解决不成的,提交合同签订地有管辖权的人民法院诉讼解决。本协议签订地为湖北省武汉市江岸区。合同还约定了其他内容。

(6)《股份认购合同》签订同日,湖北远东公司(甲方、远东股份或公司)还与武信基金公司(乙方)、丁某某(丙方)签订《补充协议一》。

(7)《补充协议一》约定了现金补偿条款:

1.1:丙方向乙方保证,2017 年的年度保证净利润应至少达到 6,800 万元、分红至少达到 2,448 万元,乙方分红至少达到 36 万元,本条所述"年度保证净利润"是指远东股份在承诺期(即 2016 年度、2017 年度)内可以实现的合并报表中归属于母公司所有者的扣除非经常性损益后的净利润。

1.2:远东股份的年度实际净利润,以具有证券从业资格的会计师事务所审计的公司 2016 年度、2017 年度合并财务报表中归属于母公司所有者的税后净利润,与上述净利润扣除非经常性损益之后两者之间较低者。

2.1:若远东股份在 2016 年度、2017 年度两个年度中的任一会计年度的年度实际净利润未达到前述承诺的年度保证净利润,则丙方将以现金形式对"乙方分红"给予及时、充分、有效地补偿。其计算公式为:年度现金补偿金=(1-考核当年经审计年度实际净利润/考核当年年度保证净利润)×"乙方分红"。

2.2:丙方承诺,如远东股份未能完成前述承诺的年度保证净利润及分红指标且丙方无法在规定时间内及时予以现金补偿的,则在乙方仍然持有公司股权的情况下,丙方应当使公司的股东大会通过在法律允许的范围内尽量分红的决议,以保障丙方当年度从公司实际分得的利润不低于应向乙方补偿的金额,并无条件同意由公司将该部分利润中相当于应给予乙方补偿金额的部分直接支付给乙方用于补偿。

2.3:丙方未能按上述条款将相关年度现金补偿及时足额支付给乙方,则乙方就应付未付的金额向丙方按日5‰收取应支付补偿价款的违约金。

(8)《补充协议一》约定了股权回购条款:

3.1:如遇有以下情形,且乙方未能将其所持有股权全部转让给第三方的情况下,乙方有权要求丙方回购其持有远东股份的全部或部分股权,回购方式为丙方受让乙方向其转让的远东股份股权。乙方有权在知晓下述情形发生后立即提出回购要求,丙方应无条件予以配合执行:

"远东股份2016年度、2017年度任一年度的实际净利润及分红未能达到年度保证净利润及分红的70%。股权回购或受让总价款应为乙方认购金额按年投资收益率10%复利计算的收益与投资本金之和。股权回购之前远东股份已向乙方分配的红利和丙方支付的现金补偿将从上述回购价格中扣除;股权回购之时应分配但未分配给乙方的红利,将不在上述回购价格之外另行给予分配)具体计算公式如下:回购或受让总价款=乙方认购金额×(1+10%)n-远东股份历年累计向乙方实际支付的股息和红利-丙方支付的现金补偿(其中:n=投资年数,投资年数按照实际投资天数除以365计算)。"

3.2：乙方应在远东股份相关年度审计报告出具之日起一个月内，以书面方式向丙方明示是否据此行使回购权。乙方明示放弃行使回购权的，乙方即不得再以该情形为由在任何时点要求据此行使回购权。

3.3：丙方应在收到乙方"股权回购"的书面通知当日起一个月内付清全部回购价款。超过上述期限不予回购或未付清回购价款的，每逾期一日应将其应予支付的回购价款按照日5‰向乙方支付违约金。

3.4：乙方有权选择：如果本协议中约定的回购情形发生且丙方逾期不予回购的，则各方一致同意，远东股份应于有关回购期限届满之日起一个月内通过股东大会决议，进行滚存利润分配，将应支付给丙方的滚存利润中相当于乙方实现其回购情形下的所有权益之金额直接支付给乙方……

（9）《补充协议一》其他相关条款约定如下：

4.4：按照《认购合同》的约定，乙方按5元/股的价格认购125万元，认购金额为625万元。2015年9月21日，乙方已支付的500万元视为已按照《认购合同》的约定支付股权认购款，差额部分125万元丙方承诺于年月日前向乙方予以补足并将此款项汇入乙方指定的收款账户内，乙方无需向丙方返还上述125万元认购款且相应权益归乙方享有。如丙方未按承诺将上述差额部分125万元支付至乙方，导致乙方不能按照《认购合同》按期足额向甲方支付认购款，甲方承诺不向乙方追究违约责任，丙方逾期天不向乙方补足的，乙方有权终止《认购合同》及本补充协议。

4.5：根据本协议4.4条之约定，乙方指定的125万元收款账户如下：收款人名称为武汉盛世博扬投资管理有限公司……

7.3：本协议经甲、乙、丙三方正式签字、盖章后，与《认购合同》同时生效。

（10）2017年1月12日，湖北远东公司发布《股票发行认购公告》，确定缴款起始日为2017年1月16日，缴款截止日为2017年1月23日16点30分；2017年1月23日16点30分前，认购人需将本次股票发行认购资金存入公司股票发行入资指定账户,如在缴款期限内,认购人未缴纳股份认股款的,视为认购人放弃本次股份认购;缴款账户名为湖北远东卓越科技股份有限公司……

(11) 2017年1月23日,湖北远东公司发布《股票发行投资者变更及延期认购公告》,将《股票发行认购公告》中投资者及认购股份数进行变更,其中认购对象包含武信基金公司,其认购数量为125万股,认购金额为625万元。该公告还将《股票发行认购公告》中的缴款截止日延后至2017年2月16日16点30分。

(12) 2017年2月14日,湖北远东公司向案外人武汉盛世博扬投资管理有限公司转账125万元。2月15日,武信基金公司向湖北远东公司上述指定账户转账625万元(附言:定增款)。

(13) 武信基金公司自认丁某某曾于2017年6月16日支付现金补偿款8.25万元,并出具情况说明一份,载明有武汉信用基金管理有限公司将与湖北远东卓越科技股份有限公司之间的流水往来说明如下:

"① 2016年4月21日,武信基金向远东转账500万元(股权增资款);② 2017年1月14日,远东、武信基金签订《股份认购合同》;远东、武信基金、丁某某签订《认购合同补充协议一》;③ 2017年2月13日,博扬向武信基金支付625万元;④ 2017年2月14日,远东转125万元到博扬(增资款差额补偿部分)远东转500万元到武信基金(增资款退款);⑤ 2017年2月15日,武信基金转625万元到远东(股权增资款)。"

(14) 2018年,湖北远东公司披露的《2017年度报告》中第三节会计数据和财务指标摘要"盈利能力"中本期归属于挂牌公司股东的扣除非经常性损益后的净利润为42,926,859.84元。

(15) 2018年4月18日,湖北远东公司发布《关于2017年度利润分配预案的公告》。7月16日,湖北远东公司发布《第二届董事会第十七次会议决议公告》,审议通过《关于终止实施对2017年度利润进行现金分配的议案》。同日,湖北远东公司发布《关于终止 2017 年度利润分配的公告》。

(16) 2018 年 4 月 26 日,武信基金公司向丁某某发出《股权回购通知书》,要求其在收到通知后一个月内付清全部回购价款,回购款计算公式为:回购或受让总价款＝武信基金公司认购金额(625 万元)×(1＋10％)n－远东历年累计向武信基金公司实际支付的股息和红利－丁某某支付的现金补偿(17 年收到 8.25 万元现金补偿),其中:n＝投资年数,投资年数按照实际投资天数除以 365 计算)。根据《补充协议一》的约定,武信基金公司股权认购款实际缴付之日为 2017 年 2 月 15 日,该日为计算起始日。

(17) 2018 年 5 月 10 日,丁某某出具《承诺函》,表明其作为湖北远东公司的法人、实际控制人,确认及承诺如下:截止本承诺函出具日,本人已知悉武信基金公司依据 2017 年武信基金公司与湖北远东公司、本人签订的《补充协议一》第三条"股权回购"条款第 3.1 款、第 3.2 款、第 3.3 款之约定要求本人对其履行股权回购义务。本人确认及承诺,本人愿意在《补充协议一》约定的期限内按时履行股权回购。若违反本承诺,本人愿意承担相应法律后果。

(18) 丁某某向湖北远东公司出具《委托付款函》,委托湖北远东公司代其于 2018 年 9 月 30 日向下列单位支付人民币 30 万元:收款单位为武信基金公司……湖北远东公司代其向武信基金公司支付上述欠款后,即视为丁某某向湖北远东公司的借款。湖北远东公司亦出具《情况说明》,表示其于 2018 年 9 月 30 日收到丁某某关于委托支付 30 万元回购款的委托支付函,丁某某向公司借款 30 万元作为其回购武信基金公司的回购款,经研究决定由公司直接将该款支付到武信基金公司指定账户作为丁某某回购武信基金公司的回购款。2018 年 9 月 30 日,湖北远东公司向武信基金公司转账 30 万元。

二审期间,各方当事人均未提交新证据且对一审判决查明事实均无异议,二审法院对一审查明的事实予以确认。

法院观点：

一审法院的裁判观点如下：

（1）湖北远东公司、丁某某辩称《补充协议一》约定违反了新三板系统发布的相关规定及挂牌公司股票发行认购协议及补充协议，有业绩承诺、补偿认购条款应经过挂牌公司的股东会通过，本案协议没有经过法定程序应认定为无效。

（2）根据《中华人民共和国合同法》第五十二条"违反法律、行政法规的强制性规定的合同无效"及《最高人民法院关于适用〈中华人民共和国合同法〉若干问题的解释（一）》第四条"合同法实施以后，人民法院确认合同无效，应当以全国人大及其常委会制定的法律和国务院制定的行政法规为依据，不得以地方性法规、行政规章为依据"的规定，湖北远东公司、丁某某所述依据不属于全国人大及其常委会制定的法律和国务院制定的行政法规，也不属于法律禁止性规定，不构成认定《补充协议一》无效的依据，故一审法院对湖北远东公司、丁某某的抗辩观点不予采纳。

（3）湖北远东公司与武信基金公司签订的《股份认购合同》，湖北远东公司与武信基金公司、丁某某签订的《补充协议一》均系各方当事人真实意思表示，内容合法，应受法律保护。武信基金公司依约缴纳了股份认购款，但湖北远东公司2017年度的实际净利润（即42,926,859.84元）未能达到合同所约定的年度保证净利润（即6,800万元）的70%，丁某某依约应回购武信基金公司持有的湖北远东公司125万股股份并向武信基金公司支付股权回购款。

（4）《补充协议一》第四条中明确约定差额部分125万元由丁某某承担，并且约定武信基金公司无需向丁某某返还上述认购款，相应权益归武信基金公司享有。虽然该款项支付主体是湖北远东公司，湖北远东公司亦辩称系支付错误，但是从丁某某委托湖北远东公司向武信基金公司支付了30万元及其他款项的支付习惯来看，结合该125万元款项的支付节点及支付账户,包括后期合同履行过程中,湖北远东公司从未提出异议的情况,可以推知该部分款项是系丁某某委托湖北远东公司支付。

(5) 此外,湖北远东公司于2017年1月23日发布的《股票发行投资者变更及延期认购公告》中明确武信基金公司认购股份数量为125万股,认购金额为625万元,该公告还将《股票发行认购公告》中的缴款截止日延后至2017年2月16日16点30分;武信基金公司于2017年2月15日向湖北远东公司的指定账户转账625万元,已依约履行付款义务。因此,丁某某向武信基金公司回购的价款本金应当以625万元作为认购金额进行计算。

(6) 结合《补充协议一》第三条中关于股权回购款的计算公式"回购或受让总价款=乙方认购金额×(1+10%)n—远东股份历年累计向乙方实际支付的股息和红利—丙方支付的现金补偿(其中:n=投资年数,投资年数按照实际投资天数除以365计算)",投资年数应自武信基金认购款缴款之日起(即2017年2月15日)至丁某某应支付股权回购款之日止(即2018年6月10日),共计480天,股权回购款=6,250,000元×(1+10%)480/365—82,500元=7,002,082.03元。武信基金公司主张丁某某支付股权回购款698万元符合合同和法律规定,一审法院予以支持。

(7) 2018年4月26日,武信基金公司向丁某某发函要求其履行全部股权回购义务。2018年5月10日,丁某某向武信基金公司发函,表示已知悉武信基金公司要求其履行回购义务并承诺会按期支付股权回购款。按照《补充协议一》中"丙方应在收到乙方'股权回购'的书面通知当日起一个月内付清全部回购价款。超过上述期限不予回购或未付清回购价款的,每逾期一日应将其应予支付的回购价款按照日5‰向乙方支付违约金"的约定,丁某某应支付自2017年6月11日起至股权回购款实际清偿之日止的违约金,以698万元为基数,按照每日5‰的标准计算。

(8) 湖北远东公司于2018年9月30日向武信基金公司转账30万元,应优先冲抵2017年6月11日至2018年9月30日期间的违约金1,661,240元

(6,980,000元×476×0.05‰)。故湖北远东公司应支付截至2018年9月30日的违约金1,361,240元,2018年10月1日起至股权回购款实际清偿之日止的违约金,应以698万元为基数,按照每日5‰的标准计算。

(9) 关于湖北远东公司的责任认定。根据《补充协议一》第三条的约定,湖北远东公司应于回购期限届满之日起一个月内通过股东大会决议,进行滚存利润分配,并将应支付给丁某某的滚存利润中相当于武信基金公司实现其回购情形下的所有权益之金额直接支付给武信基金公司。故湖北远东公司应当在应支付给丁某某的滚存利润中的相当于股权回购款及相应违约金的范围内向武信基金公司承担连带清偿责任。

据此,一审法院判决如下:

(1) 丁某某于判决生效之日起10日内向武信基金公司回购武信基金公司持有的湖北远东公司125万股股份,并支付股份回购款698万元。

(2) 丁某某于判决生效之日起10日内向武信基金公司支付截至2018年9月30日的违约金1,361,240元,并支付2018年10月1日起至股权回购款实际清偿之日止的违约金(以698万元为基数,按照每日5‰的标准计算)。

(3) 湖北远东公司在应支付给丁某某的滚存利润中以上述第一、二内容中所确定的金额为限承担连带清偿责任。

(4) 驳回武信基金公司的其他诉讼请求。

二审法院的裁判观点如下:

(1) 湖北远东公司、丁某某主张的《补充协议一》无效之依据不是法律、行政法规,且不是效力性禁止性规定,不能构成认定《补充协议一》无效的依据,一审法院认定《补充协议一》有效并无不当。

(2)《补充协议一》第四条中明确约定差额部分125万元由丁某某承担,并且约定武信基金公司无需向丁某某返还上述认购款,相应权益归武信基金公司享有。一审法院根据丁某某委托湖北远东公司向武信基金公司支付其他款项的支付习惯,结合支付节点及支付账户,以及湖北远东公司在后期合同履行过程中从未提出异议的客观情况,认定湖北远东公司支付的125万元系代丁某某支付并无不当。湖北远东公司关于错误支付的抗辩没有事实和法律依据。湖北远东公司就该125万元可另行主张权利。

(3)武信基金公司于2017年2月15日向湖北远东公司的指定账户转账625万元,履行了认购股份的付款义务。丁某某应依约按认购金额625元履行回购义务。一审法院按《补充协议一》约定的股权回购款计算公式认定丁某某应支付的股权回购款为698万元符合合同约定和法律规定。

(4)2018年4月26日,武信基金公司向丁某某发函要求其履行全部股权回购义务。2018年5月10日,丁某某向武信基金公司发函,表示已知悉武信基金公司要求其履行回购义务并承诺会按期支付股权回购款。按照《补充协议一》中"丙方应在收到乙方'股权回购'的书面通知当日起一个月内付清全部回购价款。超过上述期限不予回购或未付清回购价款的,每逾期一日应将其应予支付的回购价款按照日5‰向乙方支付违约金"的约定,丁某某应支付自2017年6月11日起至股权回购款实际清偿之日止的违约金,以698万元为基数,按照每日5‰的标准计算。

(5)湖北远东公司于2018年9月30日向武信基金公司转账30万元,应优先冲抵2017年6月11日—2018年9月30日期间的违约金1,661,240元(6,980,000元×476×0.05‰)。一审法院认定湖北远东公司应支付截至2018年9月30日的违约金数额为1,361,240元,2018年10月1日起至股权回购款实际清偿之日止的违约金,应以698万元为基数,按照每日5‰的标准计算,处理得当,本院依法予以确认。

综上,丁某某、湖北远东公司的上诉请求均不能成立,应予驳回;一审判决认定事实清楚,适用法律正确,应予维持。故判决如下:驳回上诉,维持原判。

刘某某与邹某某、广东高瓷科技股份有限公司证券回购合同纠纷案

案件要点：

挂牌公司发行股票时，新三板系统针对相关投资协议中特殊条款的约定出台了专门的监管规定。该规定虽是部门规章性质，不属于法律、行政法规的禁止性规定，但由于新三板市场影响大，故如违反相关规定，投资协议约定的特殊条款可能因被认定为违反公序良俗而无效。

诉讼背景：

原告刘某某与被告高瓷公司（新三板挂牌公司）签订了数份《股权认购协议书》，分多次认购了高瓷公司的股份，并履行了出资义务。同时，原告与被告就所有股份认购事项均达成了回购协议：如被告高瓷公司约定期限内未启动主板上市相关工作或启动后被交易所驳回，乙方可要求甲方全额回购其所认购股份；协议载明邹某某（甲方）是公司实际控制人。

后被告高瓷公司未能如期启动主板上市相关工作导致回购条件被触发，双方就股权回购协议的效力和履行发生争议，原告起诉要求被告高瓷公司、邹某某连带支付股权回购款及利息。一审法院经审理后认为与原告进行对赌的主体实际上是被告高瓷公司，现其未完成减资程序，故原告的诉讼请求不予支持。原告对此不服，上诉称对赌主体应是公司实际控制人邹某某，并请求二审法院撤销一审判决。

裁判索引：

茂名市茂南区人民法院一审并作出〔2020〕粤0902民初2684号民事判决书；广东省茂名市中级人民法院二审并作出〔2021〕粤09民终249号民事

判决书。

主要问题：

一审法院：原告是否可要求被告回购其所认购股份？

二审法院：（1）与原告刘某某订立"对赌协议"的相对方主体是谁？（2）"对赌协议"是否有效？

事实认定：

一审法院查明事实如下：

（1）被告高瓷公司企业类型为股份有限公司（非上市、自然人投资或控股），被告邹某某为该公司的自然人股东。2016年6月，被告高瓷公司经股东会决议定向增发股份1,388,889股。同年8月，案涉增发股票在全国中小企业股份转让系统公开转让，股票代码：838399。

（2）2016年11月15日，被告高瓷公司为甲方（发行人）与原告刘某某为乙方签订《与广东高瓷科技股份有限公司股权认购协议书》，主要约定：

① 乙方同意认购甲方股票11万股，每股价格12元，总金额132万元；

② 除本协议另有约定或者法律另有规定外，任何一方未履行本协议项下的义务或者履行义务不符合本协议的相关约定，守约方均有权要求违约方继续履行或者采取补救措施，并要求违约方按照本协议投资金额的0.5%承担违约责任；

③ 在本协议约定的期间内，如任何一方当事人未能行使其在本协议项下的任何权利，不得视为其放弃该项权利，亦不影响其在日后行使该项权利；

④ 本协议经甲方法定代表人或授权代表签字并盖章及乙方本人签字，并且本次股票发行相关事宜获得甲方董事会、股东大会依法定程序审议通过后生效；

⑤ 本协议涉及的各具体事项及未尽事宜，可由各方在不违反本协议规定的前提下重新订立具体协议或补充协议，重新订立具体协议或补充协议与本协议具有同等的法律效力。

(3) 合同签订后，原告于 2016 年 11 月 28 日在建行通过转账方式将股权转让款 132 万元支付被告邹某某。被告高瓷公司于 2016 年 11 月 28 日出具《收据》给原告收执，《收据》内容为：今收到刘某某交来股权新购款 132 万元。同日，被告高瓷公司出具一份《股权证明书》给原告，该证明书载明持股人为刘某某，持股数量为 11 万股，时间为 2016 年 11 月 28 日。

(4) 随后，被告高瓷公司为甲方与原告刘某某为乙方签订《股权回购协议》，约定：

① 甲方是高瓷公司实际控制人，于 2016 年 11 月 15 日和乙方签订股权认购协议书，认购数量 11 万股，每股价格 12 元，总金额 132 万元；

② 甲方承诺其所控制高瓷公司在 2018 年 12 月 31 日前启动主板上市工作，并向深圳证券交易所或上海证券交易所申请递交相关资料，如超出上述期限，甲方未启动主板上市相关工作或启动后被交易所驳回，乙方可要求甲方全额回购所认购股份，甲方不得以任何理由拒绝。双方一致同意回购总金额为乙方最初认购股权总金额。

(5) 2016 年 11 月 30 日，被告高瓷公司为甲方(发行人)与原告刘某某为乙方签订第二份《与广东高瓷科技股份有限公司股权认购协议书》，由原告认购被告高瓷公司股票 5 万份，该协议书内容与前一份协议书内容除认购基本情况有所不同外，其余内容一致。本次协议书认购基本情况为：乙方认购甲方股票数量为 5 万股，每股价格 12 元，总金额 60 万元。

(6) 合同签订后，原告于 2016 年 12 月 2 日在建行通过转账方式将股权认购款 60 万元支付被告邹某某。被告高瓷公司于 2016 年 12 月 7 日出具《收据》给原告收执，《收据》内容为：今收到刘某某交来股权认购款 60 万元。同日，被告高瓷公司出具一份《股权证明书》给原告，该证明书载明持股人为刘某某，持股数量为 5 万股，时间为 2016 年 12 月 7 日。

(7) 随后，被告高瓷公司为甲方与原告刘某某为乙方签订《股权回购协议》，约定：

①甲方是高瓷公司实际控制人,于2016年11月30日和乙方签订股权认购协议书,认购数量5万股,每股价格12元,总金额60万元;

②甲方承诺其所控制高瓷公司在2018年12月31日前启动主板上市工作,并向深圳证券交易所或上海证券交易所申请递交相关资料,如超出上述期限,甲方未启动主板上市相关工作或启动后被交易所驳回,乙方可要求甲方全额回购所认购股份,甲方不得以任何理由拒绝。双方一致同意回购总金额为乙方最初认购股权总金额。

(8) 2016年12月27日,原告在建行其名下账户通过转账方式将84万元支付给被告邹某某。2017年1月17日,被告高瓷公司出具一份《收据》给原告收执,收据内容为:今收到刘某某交来股权认购款84万元。2017年1月19日,被告高瓷公司出具一份《股权证明书》给原告,该证明书载明:持股人刘某某,持股数量7万股。

(9) 2017年5月21日,原告为乙方与被告高瓷公司为甲方就原告认购的股票事宜重新签订《与广东高瓷科技股份有限公司股权认购协议书》,主要约定:甲方系依法设立并合法有效存续的股份有限公司,股票已在全国中小企业股份转让系统挂牌并可协议转让,乙方为合格投资者,具有投资全国中小企业股份转让系统挂牌公司的资格;甲方拟定发行不超过187.4万股股票,并拟定股票发行方案,乙方同意按照本次股票发行方案认购甲方发行的股票26万股;原告向被告高瓷公司认购股票每股价格12元,总金额312万元。该协议除上述内容外,其余内容与2016年11月15日原、被告签订的协议一致。

(10) 2017年6月30日,被告就与刘某某签署的认购协议等事项提请股东大会审议。同日,被告高瓷公司召开2017年第二次临时股东大会,会议经审议一致通过《关于〈公司2017年第一次股票发行方案〉的议案》《关于公司与认购对象签署附生效条件认购协议的议案》。

(11) 2017年7月5日,被告邹某某认为其代公司收取原告股权认购款不符合财务制度,于同日分别将150万元、162万元股权认购款退还给原告,原告于同日将150万元、162万元转入被告高瓷公司在中国银行账户。

(12) 2018年12月7日,原告为乙方与被告高瓷公司为甲方签订《股权回购补充协议》,约定主要内容:甲方是高瓷科技股份有限公司实际控制人,乙方是该公司股东,于2017年6月30日通过定向增发认购高瓷科技股权,认购数量26万股,认购款金额为312万元;甲、乙双方同意将原股权回购协议期限延长至2019年12月31日;本协议为双方原签订回购协议补充部分,具有同等的法律效力。

(13) 另查明,粤开证券股份有限公司于2020年8月19日出具《联讯证券茂名股票明细对账单》,该单落款显示:经核查,我司客户刘某某(客户号*)于2017年4月20日在我司开立股转A账户(股东卡账号*),该账户在我司开立至2020年1月2日从未持有高瓷股份(股票代码838399)股票,于2020年1月3日托管转入高瓷股份(股票代码838399)股票26万股。

二审法院对一审判决查明的事实予以确认,并另查明:

(14) 刘某某、陈某、杨某某、熊某、茂名市鸿运设备有限公司5名投资人同时认购了高瓷公司本案中发行的股票。

(15) 根据一审法院审理的〔2020〕粤0902民初2685号陈某诉高瓷公司、邹某某证券回购合同纠纷案中当事人举证的证据和查明的事实显示:2017年8月18日,国融证券股份有限公司出具了《关于广东高瓷科技股份有限公司股票发行合法合规性意见》及一份关于被告高瓷公司的《股票发行情况报告书》。《关于广东高瓷科技股份有限公司股票发行合法合规性意见》第十三条"主办券商发表关于发行对象是否存在对赌协议等特殊条款的意见"中的表述为:"主办券商核查了高瓷科技本次股票发行的《股票发行方案》《认购公告》《认购协议书》、认购对象的声明等资料,发行人与发行对象签署的《股权认购协议书》中不存在任何有关以公司、公司股东或发行对象为承诺人,以公司未来某时点的业绩指标为标准,由公司或公司股东对本次发行对象给予股权或现金补偿或由发行对象对公司或公司股东给予股权或现金补偿的估值调整以及其他有关对赌的特殊条款内容。综上，主办券商认为，高瓷科技本次发行不涉及对赌、估值、业绩承诺及补偿、股份回购、反稀释等特殊条款。"

(16) 2017 年 8 月 18 日，北京大成（深圳）律师事务所出具了《关于广东高瓷科技股份有限公司定向发行股票合法合规定性之法律意见书》；该法律意见书第十条"本次发行不涉及估值调整条款"中的表述为："根据发行人出具的书面声明，并经本所律师核查《股票发行方案》《认购公告》《认购协议书》及相关董事会决议、股东大会决议文件，在本次发行过程中发行对象与公司、公司控股股东、实际控制人邹某某等之间不存在有关业绩承诺及补偿、股份回购、反稀释、对赌性质的协议或安排情形。本所律师认为，本次发行中签署的相关股票发行认购协议不存在估值调整条款。"

法院观点：

一审法院的裁判观点如下：

(1) 原告与被告高瓷公司双方签订的《与广东高瓷科技有限公司股权认购协议书》《股权回购协议》《股权回购补充协议》是双方当事人的真实意思表示，没有违反法律、行政法规的强制性规定，应属有效。

(2)《中华人民共和国公司法》第三十五条规定："公司成立后，股东不得抽逃出资。"第一百四十二条规定："公司不得收购本公司股份。但是，有下列情形之一的除外：（一）减少公司注册资本；……"据此可以看出，投资方请求目标公司回购股权的，人民法院应当依据《中华人民共和国公司法》第三十五条关于"股东不得抽逃出资"或者第一百四十二条关于股份回购的强制性规定进行审查。

(3) 经审查，目标公司未完成减资程序的，人民法院应当驳回其诉讼请求。本案中，被告高瓷公司在定向增发股票时原告认购到该公司股票 26 万份，现原告要求被告回购其股权退还认购款，经本院审查……被告高瓷公司未完成减资程序,故原告诉请被告高瓷公司支付股权回购款及股权回购款占用期间的利息,没有事实依据和法律依据,本院不予支持。

(4)从案涉的所有协议来看,订立协议的双方分别为原告刘某某与被告高瓷公司并不是原告刘某某与被告邹某某,且本案股权转让款由原告支付给被告高瓷公司,原告主张被告高瓷公司与被告邹某某之间存在财务混同情形,被告邹某某应承担民事责任,与事实不符,本院不予支持。

(5)原告起诉称2019年度被告高瓷公司已向其支付了4万股股权回购款48万元及该款利息,但没有提供证据证实,被告不予认可,本院不予采信。

综上,一审法院判决如下:驳回原告刘某某的诉讼请求。

二审法院的裁判观点如下:

(1)本案所涉的股权回购协议及补充协议,约定了如当高瓷公司在某日期前不能启动主板上市工作则必须回购投资方刘某某所认购的高瓷公司股份,该回购协议属于实践中的"对赌协议"。

(2)关于与刘某某订立"对赌协议"的相对方主体。在本案所有的《股权回购协议》及《股权回购补充协议》上,协议首部"甲方"一栏都只写明为邹某某,且协议中明确记载了"邹某某(甲方)是公司实际控制人""甲方承诺:甲方是高瓷公司实际控制人",而公司成为其本身的控制人并不符合逻辑。事实上,邹某某正是高瓷公司的法定代表人和持股比例最高的股东。因此,从股权回购协议的内容上判断,应当认定与刘某某订立本案"对赌协议"的合同相对方的主体是邹某某个人。一审判决对此认定不当,应予纠正。

(3)本案具有"对赌"性质的《股权回购协议》及《股权回购补充协议》是否有效,是该协议能否履行的前提。

(4)首先,可以认定签订上述协议是刘某某与邹某某的真实意思表示。同时,在司法实践中,对于投资方与目标公司的实际控制人订立的"对赌协议",如果没有其他法定的无效事由,一般应认定为有效并支持实际履行。

(5)本案特殊在于,作为目标公司的高瓷公司是在全国中小企业股份转让系统即"新三板"挂牌交易的公司。该"新三板",是经国务院批准,依据我国证券法设立的全国性证券交易场所,其股票交易面向的是不特定对象。而且,"新三板"受我国证监会监管,建立了相应的市场规则和监管体系。故判断涉案"对赌协议"是否有效,除了审查是否符合当事人的意思自治原则和有无法定无效事由之外,还应当从市场监管规则以及市场秩序和投资者保护等因素进行考量。

(6)全国中小企业股份转让系统于 2016 年 8 月 8 日颁布实施的《挂牌公司股票发行常见问题解答(三)——募集资金管理、认购协议中特殊条款、特殊类型挂牌公司融资》[简称解答(三)]中载明:

"二、挂牌公司股票发行认购协议中签订的业绩承诺及补偿、股份回购、反稀释等特殊条款(以下简称"特殊条款")应当符合哪些监管要求?

答:挂牌公司股票发行认购协议中存在特殊条款的,应当满足以下监管要求:(一)认购协议应当经过挂牌公司董事会与股东大会审议通过。(二)认购协议不存在以下情形:1.挂牌公司作为特殊条款的义务承担主体。2.限制挂牌公司未来股票发行融资的价格。……(三)挂牌公司应当在股票发行情况报告书中完整披露认购协议中的特殊条款;挂牌公司的主办券商和律师应当分别在'主办券商关于股票发行合法合规性意见''股票发行法律意见书'中就特殊条款的合法合规性发表明确意见。"

(7)本案涉及的股权回购协议,属于上述解答(三)中的特殊条款。但根据查明的案件事实,涉案股权回购协议,并没有提交高瓷公司的董事会与股东大会进行审议,更未在股票发行情况报告书中披露过任何有关回购股份条款的信息;而且,也没有如实向主办券商和律师告知该回购协议,以致国融证券股份有限公司和北京大成(深圳)律师事务所分别在"主办券商关于股票发行合法合规性意见""股票发行法律意见书"中作出了"本次发行不存在股份回购等特殊条款"的意见。

(8) 对此,《中华人民共和国证券法》第十九条规定:"发行人报送的证券发行申请文件,应当充分披露投资者作出价值判断和投资决策所必需的信息,内容应当真实、准确、完整。"可见,在高瓷公司该次股票发行认购中,没有遵守如实披露信息的法定义务,也违反了以上解答(三)对于股票发行存在特殊条款时的监管要求。由此产生的后果是,不能确保高瓷公司的股权真实清晰,对投资者股权交易造成不确定的影响,则损害了非特定投资者合法权益、市场秩序与交易安全,不利于金融安全及稳定,违背了公共秩序。

(9) 尽管解答(三)属于部门规章性质,但因其经法律授权并为证券行业监管基本要求,且"新三板"是全国性的交易场所,社会影响面大,应当加强监管和交易安全保护,以保障广大非特定投资人利益;故违反此解答(三)的合同也因违背公序良俗而应当认定为无效。据此,综合考量各种因素,本案《股权回购协议》及《股权回购补充协议》应当认定为无效合同,而不具有法律约束力。

(10) 承前所述,本案《股权回购协议》及《股权回购补充协议》被确认无效后,刘某某所认购的高瓷公司股份属于合同法规定"不能返还或者没有必要返还"的情形。因此,刘某某要求邹某某和高瓷公司回购其认购的高瓷公司股份的诉讼请求,不能成立,不应获得人民法院的支持。

综上所述,刘某某的上诉请求不能成立,应予驳回;一审判决认定事实清楚及适用法律虽有瑕疵,但裁判结果正确,本院在纠正瑕疵后予以维持。故二审法院判决如下:驳回上诉,维持原判。

二、反稀释条款

(一) 内涵及核心要素

1. 反稀释条款与对赌条款

通常情况下,创业投资人对于目标公司的投资相较于创始股东而言,属于溢价投资。完成溢价投资后,投资人往往较为在意是否出现目标公司后轮融资价格低于本轮价格,导致己方利益受损的情况。但融资价格并不受投资人主观意志转移,而是受到目标公司经营情况、行业前景、市场环境等一系列客观因素影响。基于这种考量,"反稀释条款"成为投资人维护自身利益的一种较好的选择。通过主张反稀释权,投资人得以按照一定的计算公式,通过从目标公司或创始股东处获得金钱补偿或股权补偿的方式,降低自身因目标公司估值降低而承受损失的风险。[1]

因此我们可以发现:反稀释条款的底层逻辑和"对赌"其实有一些相似,均为以某一具有不确定性的事件为契机,进行"估值调整",其估值调整的方式(股权补偿、金钱补偿)也十分类似,因此不难想见,两者在司法实践中所面临的主要问题应当也是类似的。两者的主要区别在于,目标公司后轮融资估值的降低,通常还不致使投资人判断自身投资失败,从而希望退出持股,故而不论从理论上还是实践中都很少看到单纯因后轮融资估值降低

---

[1] 对于反稀释权的内涵,另外补充两点:第一,反稀释条款中的"稀释",在创业投资的语境中,通常指"每股价格"的稀释,而非指持股比例的"稀释",仅在较少情况下存在投资人保持股权比例不降低的"反稀释条款",读者应注意甄别;第二,据笔者所知,反稀释条款通常只对抗后轮投资者以认购新股方式投资目标公司的情形,而对于后轮投资人以从创始股东处受让目标公司股权的情形,另有诸如"随售权""优先购买权"等特殊权利条款加以制约。

而触发股权回购的"反稀释"约定,投资人实现"反稀释"通常仅止于从创始股东或目标公司处获得金钱补偿与股权补偿。

2. 反稀释条款的分类

对反稀释条款的分类,通常是根据其金钱补偿或股权补偿数额的"计算公式"进行的:常见的有"完全棘轮法"与"加权平均法"(又称"加权棘轮法")两种。之所以名为"棘轮",是源于经济学家杜森贝提出的"棘轮效应":人的消费习惯形成之后有不可逆性,即易于向上调整,而难于向下调整,尤其是在短期内消费是不可逆的(简言之,即"由俭入奢易,由奢入俭难")。[①]其中"完全棘轮"意为,如后轮估值(以下简称"新低估值",新低估值对应轮次称为"后轮融资",并非仅指本轮融资的后一轮)较本轮估值为低,则本轮估值自动转化为新低估值,目标公司或创始股东以金钱或股权方式向投资人补足其差额。完全棘轮法是国内创业投资领域常见的反稀释权实现方式。以下为一个以"股权补偿"方式进行的完全棘轮反稀释条款:

> 投资协议签署日后,如公司以低于本次交易的公司估值即人民币×亿元作为后续融资前公司估值("新低估值",该轮以新低估值进行的融资以下称"低价融资")进行融资(包括但不限于发行任何新增注册资本或可转换为公司股权的权利凭证,但公司为实行董事会批准的员工激励计划而新增不超过本次交易后公司全部股权5%的情形除外),投资方有权要求创始股东以零对价的价格向投资方转让公司股权("额外股权")以调整投资方届时所持公司股权比例,使得投资方就其所持的所有公司股权所支付的每单位注册资本价格相当于按照新低估值计算所得的公司每单位注册资本价格,转让额外股权的比例=(投资方在本次交易中支付的股权转让价款和增资价款÷新低估值)—投资方届时已持有的公司股权比例。

---

① 参见中国服务贸易指南网,http://tradeinservices.mofcom.gov.cn/article/zhishi/jichuzs/201808/66853.html。

如根据中国法律规定或政府部门的要求,投资方不得以零对价认购/购买任何额外股权,或根据投资方的判断该等额外股权的认购/转让以零对价进行可能对投资方造成不利影响,则公司及/或创始股东(视投资方选择而定)应以投资方确定的价格进行额外股权的发行/转让,并就投资方为该等额外股权的认购/转让而向公司及/或创始股东支付的款项在投资方支付该等款项之日起5个工作日内对投资方进行全额补偿。

如投资方行使本协议约定的反稀释权利,应以书面形式通知公司和/或创始股东。公司和/或创始股东应于其收到上述通知后10个工作日内与投资方签订股权转让协议、增资协议或达成类似安排(如适用),并且公司及其他股东应共同采取一切必要的措施(包括但不限于签署任何必要的协议、文件),促成公司办理相应的变更手续,完成相应的注册资本和股权调整。公司或创始股东应于低价融资完成之日或之前实施完成上述事项。公司应承担投资方为行使反稀释权利所支付的全部费用、税款和成本,创始股东对此承担连带责任。

完全棘轮条款的特点在于理解与操作均较为简便,故其被广泛沿用。但与此同时,其不考虑后轮融资时新增注册资本[1]的多少,而仅考虑其价格高低,这意味着即使后轮投资人仅以新低估值认购较少的注册资本对应股权,也将导致享有"反稀释权"的前轮投资人(假设其前轮认购了较多新增注册资本对应股权)获得较多金钱补偿或股权补偿。这使得该种反稀释方式受到一些学者关于其"公平性"的质疑。[2] 有鉴于此,实践中有时创始股东、目标公司会要求通过限制完全棘轮条款的适用期限、触发估值,又或通过约定附条件失效、例外情形等方式平衡各方利益。

---

[1] 为了表述简洁,本部分在作相关论述时均假设目标公司为有限责任公司。诸位读者应知在实践中,创业投资并不受公司类型所限。

[2] See Constance E. Bagley and Craig E. Dauchy, *The Entrepreneur's Guide to Business Law* (2nd Edition), South-Western College/West, 2002, pp. 461.

与之相对,"加权平均法"是一种综合考虑本轮及后轮的估值、新增注册资本数额等因素进行反稀释的方式。据笔者观察,其在国内创业投资中出现的频率并不如"完全棘轮法"高。常用的加权平均法计算公式[①]为"P2＝P1×(A＋B)/(A＋C)"。其中:P2 为经反稀释调整后的股权价格,P1 为调整前的股权价格,B 为后轮融资时如按调整前的股权价格可购得的注册资本(对应股权),C 为后轮融资时实际新发行的注册资本。这个公式的本质是在计算 P1 与后轮融资时每股价格的加权平均数,两者价格的"权重"分别为本轮估值所对应股权、新低价格所对应股权占后轮融资后股权总数的比例——以该加权平均数作为本轮融资股权价格的"调整后价格",本轮投资人得以根据该"调整后价格"与 P1 的差额,获得金钱补偿或股权补偿。

根据对前文公式中"A"的定义不同,加权平均法又有广义、狭义之分:狭义加权平均将 A 定义为"目标公司在本轮前已发行的股权"加上"本轮新发行的股权"(可简单理解为"本轮融资后目标公司的注册资本"),而广义加权平均将 A 定义为不仅包含前述股权,还包含行使期权或认股权可获得的股权,以及可转换证券转换后可得的股权等以本轮融资后为时点所可知的所有股权。不难看出,广义加权平均中的"A"数值通常会更大,导致最终得出的加权平均数"P2"更大,创始股东或目标公司需承担的差额补足义务(即"反稀释"条件触发后的股权补偿或金钱补偿义务)就更轻。故而,在大部分情况下,对于创始股东及/或目标公司而言,广义加权平均的计算方式会比狭义方式更加有利——对于投资人而言则相反。当且仅当目标公司并无期权、认股权、可转换证券等安排时,广义方式与狭义方式才完全相同。以下为某投资交易文件以加权平均方式约定的"反稀释条款",其使用的是"广义加权平均法":

[①] 这个公式可以见于 NVCA 组织起草的创业投资标准合同文本之《投资条款清单》(Term-Sheet)中。鉴于美国有较完善的"优先股"制度,该条款中有较多关于"优先股"的表述。因两国的法律制度不同,该条款在本土化时,用语通常有所变化,但其底层逻辑是一致的。

如果目标公司在合格的首次公开发行前发行新股、可转换证券(为员工期权行使已预留的股份及经董事会批准及投资人同意,因收购、银行融资、设备租赁而发行的股份除外,简称"后续融资")且发行价格低于本协议中约定的投资人本次投资的购买价格,则投资人本次投资的购买价格将按照加权平均的方式调整,以包括股票期权、承诺和可转换证券在内的股份根据完全稀释原则计算。反稀释调整后的每股购买价格＝投资人本次投资的每股购买价格×(后续融资前的目标公司股本＋按照投资人本次投资的每股购买价格计算的、后续融资额可购买的目标公司新发股份)/(后续融资前的目标公司股本＋按照后续融资实际每股购买价格计算的、后续融资额可购买的目标公司新发股份)。投资人有权根据反稀释调整后的每股购买价格调整其所持目标公司股份比例,以使投资人所持目标公司股份比例达到以其增资款按调整后的每股购买价格所可以认购的比例("反稀释调整后的权益比例")。

为实现本条以上所述投资人反稀释调整后的权益比例,将由创始股东以人民币 1 元的名义价格或其他法律允许的最低价格向投资人转让调整所需的股份,或由创始股东以现金形式补偿投资人并同意投资人用于对目标公司的增资,具体方式应由投资人选择确定,创始股东对此承担连带责任。在该调整完成前,目标公司不得实施该次发行新股、可转换证券或认股权证或授予股票期权。

反稀释权赋予了投资人灵活调整自身入股价格的权利,但是通常而言,这种权利也不应当是毫无限制的。为此,大多数反稀释条款均会约定一些"例外情形",常见的如:目标公司因员工股权激励而新增注册资本;本轮投资前已发行的或者经投资人同意后发行的可转换债权、认股权证、期权等金融工具实际转换/行权而新增注册资本;新增注册资本不超过本轮投资后公司股权若干比例等。目标公司和创始股东可以通过争取合理的"例外情形",使得本轮投资人的引进不致成为目标公司持续发展的阻碍。

（二）反稀释条款司法实践

在笔者看来，反稀释条款与对赌条款的内在实质有共通之处。通过以下案例，我们可以对反稀释条款的相关司法观点有所了解。

广东省深圳市南山区人民法院〔2018〕粤 0305 民初 692 号上海屹和投资管理合伙企业（有限合伙）与吴某某股权转让纠纷中，前轮投资人以老股转让方式受让创始股东股份，投资目标公司（企业类型为股份有限公司）。投资款支付后，前轮投资人与创始股东签订《补充协议》，作出了两项"反稀释"约定：其一，鉴于目标公司拟以发行新股方式引入另一投资人（"后轮投资人"），为使得前轮投资人在后轮融资发生后，持股比例不被稀释，创始股东应在目标公司完成新三板挂牌后 6 个月内向前轮投资人补偿 21.85 万股；第二，目标公司完成新三板挂牌、且选择做市交易当天起 3 个月内，其市值不低于前轮投资人投资时的目标公司估值 3.6 亿元，若低于该估值，创始股东承担估值调整股份补偿责任。后续目标公司完成新三板挂牌并选择做市交易，其在约定期限内的估值并未低于 3.6 亿元，创始股东也并未向前轮投资人进行前述第一项股份补偿。挂牌成功近一年半时，目标公司执行了资本公积转增股本的方案，以资本公积金向当时的全体股东每 10 股转增 10 股。前轮投资人认为，因创始股东未如期对其进行反稀释补偿（针对前述第一项补偿 21.85 万股），导致其未取得资本公积转增股本的股份收益，故创始股东需向其补偿共计 43.7 万股股票。前轮投资人据此提起诉讼。

本案法院在审查相关协议、股东大会决议、公司公告等材料后认为，双方关于反稀释的约定"系双方当事人真实意思表示，内容未违反法律、行政法规的强制性规定，对双方当事人具有法律约束力"，如创始股东依约在目标公司挂牌后 6 个月内补偿前轮投资人 21.85 万股，前轮投资人在正常情况下会获得目标公司资本公积转增的 21.85 万股股票，故两者存在法律上的因果关系。且经查明，创始股东名下的目标公司股份远超43.7万股，具备履行能力。法院据此判决创始股东向前轮投资人补偿目标公司43.7万股股票。该判决作出后，前轮投资人申请执行，南山区人民法院出具〔2018〕粤0305执4575号执行裁定书，将创始股东名下持有的43.7万股股票过户登记至投资人名下。

在前述案例中，最终执行的虽然并非针对"每股价格"，而是针对"持股比例"的反稀释条款，但从结果而论，对于创始股东在某种情况下需无偿对投资人进行股份补偿的反稀释约定，因其约定清楚，不违反法律、行政法规强制性规定，最终获得了裁判机构的认可。该案例中反稀释条款约定的义务承担主体是持有目标公司股票的创始股东，故其股份补偿在执行层面并无法律上的障碍。可以预见，如果约定由目标公司定向增发新股进行补偿或进行金钱补偿，则大概率将面临与由目标公司担任对赌主体类似的问题。对于该问题，可以参考本书"如何选择对赌主体（上）"等部分进行理解。

（三）总结

综上所述，笔者认为，反稀释条款的执行在目前的司法实践中并不存在明显障碍。股东协议各方主体在对条款本质理解的基础上，通过对触发条件、计算公式、执行方式等核心要素的明确约定，即可达到条款应有的效力。

另外补充两个细节性问题：

第一，关于股权补偿的税务承担，据笔者观察，实践中一些股东协议的反稀释条款中并不会对股权补偿执行时的税务承担作出约定，而仅约定为应以"0元转让""1元转让"或"法律允许的最低价格"转让。当创始股东为自然人时，即使其股权补偿行为没有收益或只有1元收益，根据国家税务总局发布的《股权转让所得个人所得税管理办法（试行）》，股权转让收入明显偏低且无正当理由的，主管税务机关可以核定股权转让收入，即会对创始股东产生额外税负;对于这一规定,各地的税务部门在实践中口径并不完全统一。因此,一些股东协议的协议主体出于谨慎考虑,会在反稀释条款中约定相关税费的承担主体,以免因届时股权转让税负过高而发生争议。

第二,投资人的反稀释权,理论上而言确实有可能与其之前轮次投资人的诸如优先购买权、随售权等权利(如有)相冲突,故视具体情况,可能需要各轮投资人之间协商沟通,并在股东协议中将相关特殊权利条款的适用优先级进行明确约定。

苏州华信善达力创投资企业(有限合伙)与千城智联(上海)网络科技有限公司公司决议纠纷案

案件要点：

股东会决议中由部分股东作为补偿义务主体的"反稀释"约定，系股东内部达成一致的特别约定，如表决方式和程序符合章程及公司法的规定即为有效。

诉讼背景：

原告华信投资系被告千城公司的股东，持股20%。为了解决千城公司的资金短缺问题，千城公司形成股东会决议（12月28日决议）：各股东同意按照目前的股权比例，向千城公司出借款项；并约定了"债转股"的特殊情形。此次股东会决议同时达成了"反稀释"的特别约定：如发生华信投资对千城公司持股比例低于20%情况，由第三人深圳隆徽、宁波佳益（千城公司的原股东）向华信投资以股权无偿转让的方式承担差额补足责任。

12月29日，千城公司形成股东会决议（本案系争12月29日决议），此次决议内容主要是千城公司的增资事项：公司注册资本增加900万元全部由第三人上海坤翼公司认缴。后上海坤翼公司完成了增资款缴纳和股东变更登记，原告华信投资的股权由20%变为16.97%。

原告华信投资认为12月29日决议违反公司法相关规定而无效，故向一审法院起诉，请求判令12月29日决议不成立，并恢复注册资本及股东出资额、持股比例。一审法院判决驳回原告的诉讼请求，原告不服，上诉称上海坤翼公司擅自作了增资的变更登记后，导致其股权比例被稀释，故系争

12月29日决议与12月28日决议相矛盾。

裁判索引：

上海市长宁区人民法院一审并作出〔2020〕沪0105民初3449号民事判决书；上海市第一中级人民法院二审并作出〔2020〕沪01民终11611号民事判决书。

主要问题：

一审法院：系争12月29日股东会决议的效力如何？

二审法院：目标公司12月29日股东会决议是否存在不成立的情形？

事实认定：

一审法院查明事实如下：

(1) 2001年7月26日，千城公司注册成立。后经多次股权转让，2018年7月18日，千城公司作出章程修正案，华信投资、上海坤翼、深圳隆徽、宁波佳益分别持有千城公司20%、45%、20.15%、14.85%的股权。

(2) 2018年12月28日，千城公司形成股东会决议（注：即12月28日决议）：

① 为了解决千城公司目前的资金短缺问题，各股东同意按照目前的股权比例，向千城公司出借款项，借款总金额为2,000万元。借款期限自2019年1月10日至2020年1月9日。

② 各股东向千城公司借款金额分别如下：其一，上海坤翼，持股比例45%，借款金额：900万元；其二，深圳隆徽，持股比例20.15%，借款金额：403万元；其三，华信投资，持股比例20%，借款金额400万元；其四，宁波佳益，持股比例14.85%，借款金额：297万元。

③ 所有借款应当于2019年1月11日前执行完成。

④ 债转股的特殊情形：各股东同意，如发生以下任何一种情形，实际借款股东的借款将作为其对千城公司的增资款，并且按照实际借款金额进行增资：其一，如任何一方股东未在2019年1月11日之前将全部借款金额汇

入千城公司的银行账户……其二,如在借款期限到期之日,千城公司未向股东履行还款义务……

⑤ 特别约定:全体股东一致同意并保证,在上述"债转股"情况下,如发生华信投资对千城公司持股比例低于20%情况,股权差额部分由深圳隆徽向华信投资以无偿转让千城公司股权的方式补足,同时宁波佳益对上述股权差额补足承担无限连带责任,且宁波佳益优先以向华信投资无偿转让千城公司股权的方式承担补足责任……

(3) 2018年12月29日,千城公司形成股东会决议(注:即系争12月29日决议):千城公司注册资本由5,038万元增至5,938万元,增加900万元,全部由上海坤翼认缴,出资方式货币。公司增加注册资本后,各股东的持股比例如下:上海坤翼53.34%、深圳隆徽17.09%、华信投资16.97%、宁波佳益12.60%。同日,千城公司依据上述股东会决议修订了公司章程。

(4) 2019年1月16日,千城公司向上海市长宁区市场监督管理局申请注册资本变更和章程备案登记,上海市长宁区市场监督管理局于同月17日准予变更登记并予以备案。

(5) 2018年12月29日,李某某向千城公司转账29.5万元,未附加信息及用途。庭审中宁波佳益陈述,该款项系李某某代表宁波佳益向千城公司出借,12月28日决议中约定的剩余款项,宁波佳益未向千城公司出借。

(6) 2019年1月4日,上海坤翼向千城公司转账90万元,备注借款。同年10月22日,上海坤翼向千城公司转账510万元,备注投资款。2020年3月30日,上海坤翼向千城公司转账80万元,备注投资款;同年3月26日,上海坤翼向千城公司转账220万元,备注投资款。

(7) 一审法院审理中,华信投资、深圳隆徽均确认,其并未按照12月28日决议向千城公司出借款项。

(8)《千城公司章程》第八条规定,公司股东会由全体股东组成,是公司的权力机构,依照《公司法》行使下列职权:"……⑦ 对公司增加或者减少注册资本作出决议……⑩ 修改公司章程……对前款所列事项股东以书面形式一致表示同意的,可以不召开股东会会议,直接作出决定,并由全体股东在决定文件上签名。

(9) 千城公司曾于 2019 年 5 月向上海市静安区人民法院提起诉讼,要求上海坤翼返还公司公章、证照等。后千城公司以双方已协商解决为由撤回该案起诉。

二审法院经审理,对一审法院认定事实予以确认。

法院观点:

一审法院的裁判观点如下:

(1) 根据《最高人民法院关于适用若干问题的规定(四)》第五条的规定,股东会存在下列情形之一,当事人主张决议不成立的,人民法院应当予以支持:① 公司未召开会议的,但依据公司法第三十七条第二款或者公司章程规定可以不召开股东会或者股东大会而直接作出决定,并由全体股东在决定文件上签名、盖章的除外;② 会议未对决议事项进行表决的;……⑤ 导致决议不成立的其他情形。本案中,华信投资以系争 12 月 29 日决议未通知其他股东、未实际召开,也未进行表决等为由主张该决议不成立。

(2) 一审法院认为,根据千城公司章程,股东可以对增资事项以及章程修改作出书面决定,是否召开股东会并不影响涉案股东会决议的效力,故即使涉案股东会决议上关于召开股东会的时间、地点等均非真实,均不直接影响涉案股东会决议。华信投资、深圳隆徽、宁波佳益对于系争 12 月 29 日决议上签章的真实性均予以认可,但认为该签章系受到上海坤翼的胁迫出具的空白签字页,其对增资的决议内容并不知情。故本案的争议焦点为股东在单独签字页上的签章能否视作其就系争股东会决议内容作出了确认的意思表示。

(3) 当事人对自己提出的诉讼请求所依据的事实,应当提供证据加以证明,当事人未能提供证据或者证据不足以证明其事实主张的,由负有举证证明责任的当事人承担不利的后果。

（4）根据12月28日决议，各股东应在2019年1月11日前完成对千城公司的借款。华信投资、深圳隆徽、宁波佳益虽主张对系争12月29日决议不知情，直至2019年1月17日千城公司进行变更登记之后才知晓上述决议的存在，但华信投资与深圳隆徽、宁波佳益均未按照12月28日决议内容在规定期限内向千城公司出借或全额出借款项，各方并未按照12月28日决议内容履行。

（5）华信投资虽主张其在该决议作出之前即知晓无法向千城公司出借资金，但决议中明确华信投资向千城公司借款400万元，华信投资亦未提供充分有效的证据证明其在决议作出前已明确告知千城公司或其他股东其无法出借款项。

（6）华信投资及深圳隆徽、宁波佳益虽主张系受到上海坤翼胁迫出具空白签字页，并表示该空白签字页系用于此后可能出现的债转股决议。但华信投资此说法不合常理，且未能举证证明上海坤翼存在胁迫的行为。

（7）即便如华信投资所述，系争股东会决议系利用预留的空白签字页制作，华信投资作为千城公司的股东，应对基本的商业风险、法律风险有所了解，其应该明白在空白页上签章可能造成的法律风险。华信投资亦未能举证证明其对于该些空白文件的签章不是针对系争股东会决议的内容，而是针对其他材料。故对华信投资的上述主张，法院实难采信。

（8）至于千城公司在〔2019〕沪0106民初21003号案件中诉称上海坤翼未按照12月28日决议履行且擅自利用持有公章之便进行注册资本的变更，因该案并未经过实体审理，且千城公司在本案中予以否认，故上述陈述无法单独作为认定本案事实的依据。

（9）此外，华信投资还提出系争股东会决议没有对应的增资协议、签署的决议份数与先前决议不一致、未加盖骑缝章等，均不能导致股东会决议不成立的后果。

综上,一审法院认为,华信投资所提供的证据尚不足以证明系争股东会决议并非其真实意思表示,应承担举证不能的不利后果。据此,判决如下:驳回华信投资的诉讼请求。

二审法院的裁判观点如下:

(1) 华信投资认为,其提前在系争12月29日决议的单独签字页上盖章签字,该次股东会决议未经过表决,也与2018年12月28日股东会决议等其他证据相矛盾,故应认定不成立。

(2) 本案中,千城公司章程中就书面签署公司决议事项进行了规定。系争12月29日决议内容为坤翼公司对千城公司进行增资,依据公司章程规定可以以书面签署的方式决议。同时系争12月29日决议由千城公司的全体股东在单独签字页上分别加盖公章和法定代表人或合伙执行事务委派代表签字进行确认,表明表决程序已经完成。

(3) 华信投资作为私募企业,应当清楚在空白页上签字可能造成的法律风险。华信投资将留有公司盖章及合伙执行事务委派代表签字的空白文件预留在千城公司供公司使用。而该空白文件的使用用途注明为"股东会决议签署页",系争12月29日决议单独签字页的使用用途与之一致,故华信投资应自行承担其该行为可能造成的法律后果。华信投资称其提前出具空白签字页不能视为其对系争12月29日决议作出确认的意思表示的上诉理由,本院不予采信。

(4) 华信投资应对其在系争12月29日决议单独签字页盖章及负责人签字的行为承担相应法律责任,同理深圳隆徽、宁波佳益亦应就两公司在系争决议上的签字盖章行为承担相应法律责任。因此本院认为,千城公司全体股东在系争12月29日决议上加盖各自公司印章及负责人签字的行为足以表明全体股东已对增资事项进行了表决,并达成一致意见。

(5) 坤翼公司于2019年1月4日向千城公司转账90万元款项的备注为借款,华信投资据此认为坤翼公司系在履行12月28日决议,说明系争12

月 29 日决议于 2019 年 1 月 4 日前并未形成。二审法院认为，坤翼公司在一审中称其在转账凭证上的备注内容系笔误，且坤翼公司在本案诉讼前向千城公司支付剩余增资款的付款凭证上备注内容均为投资款，故仅凭坤翼公司上述 2019 年 1 月 4 日转账凭证上的备注内容尚不足以证明 2019 年 1 月 4 日之前不存在系争 12 月 29 日决议的事实成立，华信投资该项上诉理由不能成立，应不予采信。

（6）李某某于 2018 年 12 月 29 日向千城公司转款 29.5 万元，但在转款凭证上并未附加信息及用途，无法证明千城公司收取该笔款项时知晓李某某系在履行 12 月 28 日决议约定的出借款项义务，故李某某向千城公司转款 29.5 万元亦不能当然认定 2019 年 1 月 4 日前不存在系争 12 月 29 日决议的事实成立。

（7）华信投资称其于 12 月 28 日决议形成之前已告知千城公司其不会投资债权（即其不会出借款项给千城公司），千城公司对此不予认可，华信投资没有提供证据加以证明。华信投资明知其不能投资债权的情况下，仍在 12 月 28 日决议盖章确认其负有向千城公司出借款项义务，显然自相矛盾。

（8）各方当事人均认可 12 月 28 日决议第五条"特别约定"即是对华信投资持股比例反稀释作出的特别约定，故华信投资在因坤翼公司对千城公司的单方增资造成其持股比例低于 20% 的情况下，有相应的救济途径，因此华信投资的合法权益事实上并不会因为履行系争 12 月 29 日决议而遭受到侵害。

（9）关于坤翼公司是否存在擅自利用持有千城公司公章的便利进行增资股权变更登记问题。华信投资认为坤翼公司于 2019 年 1 月 4 日以后控制千城公司公章主要依据的是，千城公司曾向上海市静安区人民法院提起以坤翼公司为被告的公司证照返还纠纷一案中千城公司提交的民事诉状以及相应证据，但是千城公司撤回了该案诉讼，千城公司在该案中所诉称的事实及相应证据均未经过法院实体审理及认定，千城公司所称事实并无法院判决予以确定,华信投资仅依此提出该项上诉主张,显然依据不足,应不予采信。

(10) 同理,华信投资认为坤翼公司于2019年1月16日擅自进行了增资股权变更登记的上诉理由,亦不予采信,应不予采信。

综上所述,本案系争12月29日决议不存在我国《公司法司法解释(四)》第五条第一款第(一)项所规定不成立的情形,华信投资的上诉请求不能成立,故判决如下:驳回上诉,维持原判。

上海接力天使创业投资有限公司与
邹某某、蒋某某合同纠纷案

案件要点：

投资协议中同时约定了股权回购和反稀释条款，股权回购义务人以投资人股权被稀释为由要求重新对股权回购事宜进行商讨，系意欲阻却股权回购义务的履行，法院不予支持。

诉讼背景：

原告接力天使公司与案外人合复公司（目标公司）、两被告邹某某、蒋某某及其他股东共同签订《增资协议》以及《增资协议之补充协议》，约定原告出资 500 万元向合复公司进行股权投资，成为合复公司新股东并获得公司 2.6667％的股权；同时，《补充协议》明确了股权回购条款的相关内容。

股权回购条件被触发后，原告与两被告重新协商一致并签署《股权回购协议书》，约定由两被告回购原告所持合复公司 2.6667％股权，并于协议签署后的 24 个月内按约付清回购款。嗣后，两被告未按约支付回购款，故原告向法院起诉，请求判令两被告按照协议书约定共同向原告支付股权回购款本金、利息及相应违约金。

裁判索引：

上海市杨浦区人民法院一审并作出〔2020〕沪 0110 民初 9575 号民事判决书。

主要问题：

一审法院：（1）案涉《增资协议》及《补充协议》约定的股权回购条款效力如何？（2）股权被稀释是否影响回购义务的履行？

事实认定：

一审法院查明事实如下：

（1）2013年12月，包括原告接力天使公司在内的5家"新投资方"与包括两被告邹某某、蒋某某在内的合复公司7位原股东签订《增资协议》及《补充协议》。

（2）各方在《增资协议》中约定：

① 合复公司截至协议签署日的注册资本为1,000万元，合复公司及7位原股东一致同意新增注册资本250万元，新增注册资本全部由新投资方按照本协议约定的条款和条件认购；

② 本次增资完成后，合复公司注册资本总额为1,250万元……本次增资每1元注册资本对应的实际出资额为15元；其中，原告以500万元认购新增注册资本333,333元，占增资完成后合复公司总股本的2.6667%；

③ 本次增资过程中，新投资方向合复公司投入的总出资额为3,750万元，高于公司新增注册资本的部分计为合复公司资本公积金；合复公司承诺于新投资方金额到位后30个工作日内完成相关工商变更登记手续……

（3）为进一步明确、补充《增资协议》，各方在《补充协议》中明确：合复公司本轮融资前估值为1.5亿元，本轮融资总额为3,750万元……

（4）《补充协议》约定了股权回购条款：

① 各方一致同意，若出现自投资完成之日起3年内，合复公司实现的销售额、净利润低于前述管理层作出的业绩预测指标50%的重大偏差，或合复公司在信息披露过程中存在有意隐瞒、误导、虚假陈述或涉嫌欺诈、提供信息材料与实际发生重大偏差等5种事项时，全部或部分新投资方有权共同或单独要求包括两被告在内的创业者通过适当的安排赎回其持有的合复公司全部或部分股权，赎回价格为新投资方总出资额与按10%年利率计算的利息之和。

② 如据此计算的赎回金额低于按新投资方股权比例折算的公司账面

净资产的份额，则以较高者为实际回购金额。

③ 合复公司实际支付的赎回金额应扣除新投资方取得的分红；如发生前述可赎回情形，新投资方应在投资完成之日起 51 个月内提出股权赎回要求；协议各方可在投资完成之日起 48 个月后的 3 个月内，经过协商达成新的股权回购协议；新投资方提出赎回要求时，创业者应该通过适当安排履行回购义务。

④ 如创业者在新投资方提出赎回要求的当年不能全部履行赎回义务，则合复公司自当年起将未分配利润全部用于分红，且创业者将获得的可分配利润用于补偿给提出赎回要求的新投资方，直至本款的赎回义务履行完毕。

(5)《补充协议》约定了反稀释条款：

① 在合复公司进行新的股权融资计划时（对核心员工进行股权激励除外），新投资方有权要求以同等条件相应增加投资以确保其在公司原有股权比率不因新的投资而减少；

② 任何方式引进新投资者（对核心员工进行股权激励除外），应确保新投资者的投资价格不得低于《增资协议》新投资方的投资价格；

③ 如新投资者根据某种协议或者安排导致其最终投资价格或者成本低于《增资协议》新投资方的投资价格或者成本，则目标公司创业者应将其间的差价返还新投资方，或无偿转让部分股权给新投资方，直至《增资协议》新投资方的投资价格与新投资者投资的价格相同。

(6) 2013 年 12 月 24 日，原告向合复公司支付投资款 500 万元。

(7) 根据企业信用信息公示报告显示，原告于 2013 年 12 月 25 日认缴并实缴 333,333 元注册资本，并经市场监管局变更登记成为合复公司股东。

(8) 2018 年 2 月，原告与两被告签订《股权回购协议书》，确认原告出资 500 万元，持有合复公司 2.6667% 股权；经各方重新协商一致后决定，由两被告按本协议的约定回购原告所持合复公司的 2.6667% 股权：

① 两被告于本协议签署后6个月内付清回购款的,回购价格为450万元;

② 两被告于本协议签署后6—12个月以内付清回购款的,则回购价格调整为500万元;

③ 两被告于本协议签署后12个月以后至24个月以内支付回购款的,则回购价格为:(以500万元为回购价格基数确定)未付回购款及未付回购款自本协议签署后第366天起(第13个月起)至回购款全款付清之日期间按每日0.04‰计算所得利息之和;

④ 两被告应于本协议签署后24个月之内按上述约定付清回购款,超过24个月未付清回购款的,视为违约,两被告应自第25个月(第731日)起,按未付回购款金额每日1‰计付违约金直至全部付清为止……

(9) 2018年5月14日,合复公司注册资本由1,250万元变更为1,500万元,原告相应持股比例变更为2.2222%。

(10) 原告为实现本案债权聘请律师并发生律师费损失3万元、财产保全担保保险费损失8,000元。

法院观点:

一审法院的裁判观点如下:

(1) 依法成立的合同,对当事人具有法律约束力,当事人应当按约履行己方义务。原告根据《增资协议》及《补充协议》于2013年12月出资500万元认购合复公司333,333元注册资本,持有合复公司2.6667%的股权。在出现符合约定的赎回情形时,两被告于2018年2月与原告签订《股权回购协议书》,承诺回购原告持有的合复公司全部股权。为促使两被告尽快向原告支付股权回购款,协议书中对两被告付款时间节点、股权回购总价款、利息、违约金等均作出明确约定,该约定系双方真实意思表示,未违反法律强制性规定,当属有效。

(2) 现两被告超过24个月未支付股权回购款,按照《股权回购协议书》

的约定,两被告的回购价格应包括500万元回购价格基数、自协议签署后第13个月(即2019年3月1日)起按每日0.04%标准计算至全部回购款付清之日期间的利息、以及自协议签署后第25个月(即2020年3月1日)起按每日1‰标准计算至全部回购款付清之日期间的违约金。经计算,以500万元为基数,按每日0.04%的利率标准,自2019年3月1日起算至2020年2月29日的利息为73万元。现原告自愿将2020年3月1日起的利息及违约金标准下调至年利率24%,于法不悖,可予支持。

(3)两被告辩称,《股权回购协议书》中约定的回购标的为原告持有的合复公司2.6667%股权,但现原告仅持有合复公司2.2222%股权,故双方应重新协商股权回购价款等事宜。

(4)从《股权回购协议书》的签订时间来看,其签订于2018年2月,两被告承诺的回购款指向的标的即当时原告持有的合复公司全部2.6667%股权;从《补充协议》中的反稀释条款来看,包括两被告在内的合复公司创业者,负有保证原告等投资者的投资价格不得低于原告《增资协议》中的投资价格,即保证原告投资不被稀释的义务。

(5)因此,虽然因新投资人的投资导致原告持有的合复公司股权比例相应下调至2.2222%,但该比例股权对应原告500万元投资款的事实并未发生变化,两被告据此要求与原告重新协商股权回购事宜,并以此理由意欲阻却《股权回购协议书》的履行,依据不足。

(6)原告因本案诉讼产生的财产保全担保保险费损失属于诉讼必要费用,两被告亦应赔偿。因《股权回购协议书》中并未明确约定律师费损失属于违约方的赔偿范围,故对原告主张律师费损失3万元的诉讼请求,本院依法予以驳回。

据此,一审法院判决如下:

(1)被告邹某某、蒋某某应于本判决生效之日起10日内支付原告上海接力天使创业投资有限公司股权回购款500万元,以及截至2020年2月29

日的逾期付款利息 73 万元。

（2）被告邹某某、蒋某某应于本判决生效之日起 10 日内支付原告上海接力天使创业投资有限公司违约金（以 500 万元为本金，以年利率 24％为标准，自 2020 年 3 月 1 日计算至实际付清日止）。

（3）被告邹某某、蒋某某应于本判决生效之日起 10 日内赔偿原告上海接力天使创业投资有限公司财产保全担保保险费损失 8,000 元。

（4）驳回原告上海接力天使创业投资有限公司其余诉讼请求。

三、随售权与拖售权

（一）随售权与拖售权的内涵及异同

如本书"投资退出对于 PE/VC 的重要性"部分所述，创业投资的退出方式可简单分为"上市退出""收并购退出""回购退出""清算退出"等。投资人特殊权利中的随售权与拖售权就是主要基于"收并购退出"思路作出的约定。创业投资者往往希望通过这种约定，在公司未公开发行上市前即取得更有可能使得外部第三方购买其股权的"便利地位"。为了使得这种"便利"不落于空谈，创业投资者在实践中围绕随售权、拖售权及相关权利形成了一系列的操作方式。

对于前述两种权利，实践中存在形形色色的中文称呼，但从其英文名称可看出实质含义：随售权（Tag along）是投资人被动"跟随"的权利，有时又被称为共同出售权（共售权）、跟随出售权等，其所指代的通常是一种当某股东（通常是公司创始股东）向第三人出售目标公司股权时，投资人有权以同等条件优先或同时向该第三人出售股权的权利；拖售权（Drag along）是投资人主动"拖带"的权利，有时又被称为拖带权、拖带出售权、强制出售权、领售权等，通常指一种当投资人拟向第三人出售目标公司股权时，其有权要求目标公司某股东（通常是公司创始股东，有时也包含前轮投资人）也将己方所持股权以同等条件向该第三方出售的权利。

两种权利虽然均为投资人谋求向第三方出售所持目标公司股权的约定，但其底层逻辑、实施细节及在中国法下的法律效力、强制执行力均存在一定的区别，笔者将在下文分别进行论述。

(二) 随售权条款

1. 底层逻辑及典型条款分析

笔者理解,投融资各方主体设置随售权条款背后的常见逻辑(或者说适用情景)主要有以下几种:第一,(通常情况下)作为大股东的创始股东拥有比作为小股东的创业投资者更高的议价能力,更有机会在公司上市前就以一个较好的估值将全部或一部分股权出售给第三方并"变现",从而平衡非上市公司低流动性带来的风险,所以作为小股东的投资人希望"搭乘"这种变现的机会,降低因公司迟迟无法上市、己方投资得不到收益的风险;第二,投资人希望通过设置"随售权"条款限制创始股东的"套现"行为,防止因公司实际控制人、核心管理团队的变动所带来的重大经营风险——在这种情况下,随售权条款通过与"服务期与竞业限制"(其详细解读可见本书"承诺与保证"部分)、投资人优先购买权、创始人股权转让限制等条款相配合,使得创始股东无法在目标公司上市前无代价地、过于自由地转让其所持股权;第三,创始股东出于公司利益或自身利益的考量,有时会主张对于投资人"随售"的范围进行限定,如根据投资人所持股权的多少决定其享有随售权的份额比例,又或约定在员工股权激励等特殊情况下创始股东转让股权时投资人不得行使随售权。

基于以上逻辑,各投资机构在通用表述的基础上,结合自身理解及项目实际情况设置随售权条款。如在以下条款中,我们可以看到随售权及其与相关权利对于投融资各方利益进行调节的作用:

> 创始股东拟向一个或多个主体直接或间接转让其直接或间接持有的公司股权的情况下(但前提条件是,该股权转让不违反本协议"创始股东股权转让限制"条款),如果创始股东履行本协议"优先购买权"条款约定的程序后仍有部分出售股权未被优先购买权利人优先购买,则

未行使优先购买权的优先购买权利人("跟随出售权利人")有权(但非义务)要求与创始股东一同按照转让通知中载明的条款和条件向拟议受让方转让该跟随出售权利人持有的一定比例的公司股权("跟随出售权"),每一跟随出售权利人有权跟随出售的最大公司股权数额等于:

(1)出售股权中未被优先购买权利人依据"优先购买权"条款购买的剩余部分总额乘以(2)该跟随出售权利人届时持有的公司股权数再除以(3)创始股东与该跟随出售权利人届时持有的公司股权总数。

如果任何跟随出售权利人选择行使其跟随出售权,则其应于优先购买期届满后10日内(以下称跟随出售期),向创始股东交付选择行使跟随出售权的书面通知,注明其选择跟随出售的公司股权数量。拟转让股东应当促使拟议受让方同意该跟随出售权利人上述捆绑出售;如果拟议受让方不愿意以转让通知中载明的条款和条件购买任何跟随出售权利人拟跟随出售的公司股权,则除非创始股东购买该跟随出售权利人拟跟随出售的公司股权,创始股东不得向拟议受让方转让剩余的出售股权。

如果跟随出售权利人未于优先购买期届满后10日内向创始股东交付选择行使跟随出售权的书面通知,则视为该跟随出售权利人放弃跟随出售权。

尽管有前述约定,各方同意,本条的约定不适用于为实施董事会通过的任何员工股权激励计划而进行的公司股权转让或员工持股平台的合伙份额的转让或员工持股平台的增资行为。同样,本条的约定不适用于因员工股权激励计划而进行的公司股权回购或员工持股平台合伙份额的回购行为。

在上述条款及对应的股东协议中,投资人以随售权条款为核心,为自己的相关权益设置了三条"防线":

第一,通过"创始股东股权转让限制"条款,限制创始股东通过出售或处置股权"套现"以及选择向何方主体出售或处置股权的自由。具体为,约定公司上市之前,未经多数投资方事先书面同意,创始股东不得直接或间接将其持有的公司股权出售、转让、质押、设置其他权利负担或以其他方式进行处置(为实施董事会通过的任何员工股权激励计划而发生的股权转让除外)。

第二,通过"优先购买权"条款,使得即使多数投资方事先书面同意创始股东出让股权,如果投资人较为看好目标公司的发展前景,则有权优先于外部主体及创始股东受让目标公司股权,获得提高持股比例的便利地位。具体为,约定公司上市之前,创始股东如有意向一个或多个主体直接或间接出让其持有的全部或部分公司股权,或在任何时间创始股东直接或间接持有的公司股权被非自愿地转让给任何主体,则创始股东应向各投资方发出记载出售股权明细、拟议受让方的身份、出售股权的价格以及拟议转让的所有其他条款和条件的书面通知,由各投资方在约定期限内行使优先购买权。

第三,通过"随售权"条款,使得即使多数投资方事先书面同意创始股东出让股权,且投资人不愿行使"优先购买权",投资人也得以将己方所持股权随创始股东一同出售给受让方,完成其所持部分股权的退出套现。

综上所述,通过设置随售权及相关条款,创始股东的每次(拟)对外转让股权都将成为投资人增加或减少在目标公司持股的契机。投资人通过相关权利的行使,得以尽可能地减少因投资非上市公司股权带来的风险。

2. 司法实践

随售权条款的核心内容通常在于,投资人享有跟随出售的权利,转让股权的创始股东有促成受让方优先购买或同时购买投资人所持目标公司股权的义务。在目标公司为有限责任公司的前提下,这种约定本身并不与《公司法》及相关法律法规相违背。以下仅简单讨论一种比较特殊的情形:如在上述随售权条款范例中,创始股东在取得投资人放弃优先购买权的通知后,无视其随售权,径而将自己持有的股权转让给外部第三方,这种情况下投资人可以向创始股东主张违约责任,但投资人能否主张股权转让无效呢?

对于这个问题，可参考本书"特殊权利条款概述"部分所谈到的"内外有别"原则进行解读。如果随售权及相关权利并未完整地写进公司章程并在工商管理部门备案，则不得对抗善意第三人。笔者认为根据《最高人民法院关于适用〈中华人民共和国公司法〉若干问题的规定（三）（2020修正）》第二十七条①的精神，并结合《民法典》第三百一十一条②规定，应当适用传统物权法中的"善意取得"规则对第三人的权益进行判断，即除非投资人可以证明该第三人明知或应知前述"随售权"及相关约定（比如公司章程已在工商备案，该第三人已经获知了含有相关约定的公司章程或股东协议文本内容等），或第三人以不合理价格受让，又或是存在其他明显不属"善意"或违反法律强制性规定（目标公司为有限责任公司且前述受让未经投资人放弃优先购买权）的情形，该第三人应可合法取得相应股权，投资人无权主张股权转让无效。

由此可见，如果投资人希望"随售权"条款发挥对抗外部第三人的效力，较简便的方式是将其写进公司章程并进行工商备案。如实际操作中因当地工商行政管理部门的窗口要求而不可行，也可通过在股东协议中约定违约责任的间接方式约束创始股东擅自对外转让的行为，亦可在收到创始股东发出的行使优先购买权通知并获知意向受让方后立即向该意向受让方寄送表明己方享有"随售权"的沟通函及相关证明文件，从而使得该外部第三方不符合"善意取得"的法律要件。

---

① 《最高人民法院关于适用〈中华人民共和国公司法〉若干问题的规定（三）》第二十七条第一款规定："股权转让后尚未向公司登记机关办理变更登记，原股东将仍登记于其名下的股权转让、质押或者以其他方式处分，受让股东以其对于股权享有实际权利为由，请求认定处分股权行为无效的，人民法院可以参照民法典第三百一十一条的规定处理。"

② 《民法典》第三百一十一条规定："无处分权人将不动产或者动产转让给受让人的，所有权人有权追回；除法律另有规定外，符合下列情形的，受让人取得该不动产或者动产的所有权：（一）受让人受让该不动产或者动产时是善意；（二）以合理的价格转让；（三）转让的不动产或者动产依照法律规定应当登记的已经登记，不需要登记的已经交付给受让人。受让人依据前款规定取得不动产或者动产的所有权的，原所有权人有权向无处分权人请求损害赔偿。当事人善意取得其他物权的，参照适用前两款规定。"

（三）拖售权条款的底层逻辑与司法实践

1. 底层逻辑

拖售权是一种相较于随售权更有"侵略性"的权利，即投资人强制被拖售人（通常是公司创始股东，有时也包含前轮投资人）跟随己方一同出售目标公司股权的权利。相比随售权，拖售权条款在创业投资中出现的频率相对较低，且被拖售人往往更加希望对拖售人的行权附加一系列的限制，如对其适用条件、拖售价格、交易对手等进行约定，以防止相关利益被投资人过于轻易或不公平地剥夺。笔者认为，设置拖售权条款的常见逻辑主要为：第一，使得投资人即使并非目标公司控股股东，也可以通过享有拖售权，获得与潜在的并购投资者议价的资格；第二，在一些特殊情况下，如目标公司已发展到了业务较为成熟的阶段，投资人可能改变"创业投资"的思路，转而希望控制目标公司，此时通过拖带创始股东股权并一同转让于投资人某关联方的操作方式，即可将目标公司的控制权"收入囊中"；第三，即便投资人有前述种种诉求，创始股东与各轮投资人之间的利益牵制也使得各方常常很难认同由某一轮投资人享有足以拖带目标公司其他所有股东的拖售权，故而拖售权条款往往会被加以限制。

实践中，基于投资各方的谈判地位、利益诉求之不同，会产生表现形式各异的拖售权条款。以下试举两例：

范例1

自下述时点较早者：(1) 股权交割日满五(5)年公司未能在经投资者认可的证券交易所或证券监督管理机关提交首次公开发行申报材料，或(2) 任何时点，第三方拟购买公司的全部或50%以上股权或全部或大部分的资产或业务（统称为"整体出售"，不论是设计为兼并、重组、资产转让、股权转让或者其他交易）且该第三方对公司的整体估值超过人民币 20 亿元时,则投资者有权向公司、创始人和公司其他股东发出书面通知,表明其同意该等整体出售,并要求创始人和公司股东(1) 同意整体出售,并以与投资者相同的方式就其持有的所有股权进行投票;(2) 避免就此次整体出售行使任何否决权,或采取任何其他行为否决或阻碍整体出售交易的执行与完成;(3) 按照投资者的指示签署和递送所有相关文件并采取其他支持此次整体出售的行动;(4) 如果是以股权转让的方式整体出售,投资者以外的其他股东应按与投资者相同的条件向第三方转让其持有的所有公司股权。投资者以外的其他股东应当按照投资者的指示行事,并配合完成整体出售。如有任何投资者以外的其他股东违反本条的约定,则投资者有权要求该等股东向投资者补偿投资者本有权通过该次整体出售而获得的全部收益,或者(对于以股权转让的方式整体出售)要求该等股东按照与整体出售一致的条件和价格购买投资者本可通过整体出售而出售的股权。对投资者根据本条拟出售的公司股权,相同条件下,创始人有优先购买权。

本条款整理自[①]创业板上市公司慧博云通科技股份有限公司(股票代码 301316)首次公开发行股票并在创业板上市招股说明书。根据招股书的披露,在该拖售权条款对应的融资轮次(该轮称为"本轮",前一轮称为"前轮",后一轮称为"后轮")之前,目标公司及创始股东并未与前轮投资人约定拖售权条款,故本轮拖售权条款所约束的"投资者以外的其他股东"指目标公司的创始股东及前轮投资人。值得关注的是,在后轮融资对应的股东协议中也约定了拖售权条款,其行使条件与本轮类似(涉及目标公司上市时间、拖售价格),但约束的对象及表现形式不同:后轮拖售权条款中仍然约定了除后轮投资人以外股东(包含本轮投资人及前轮投资人)对于拖售权行使的配合义务,但是删除了除创始股东以外的股东(即本轮及前轮投资人)

---

① 笔者对于其中的代称性表述进行了简化,便于读者理解其意思。

因未履行配合义务而需要承担的违约责任条款。如此一来,单从股东协议的内容来看,在前轮次的投资人并不能拖带在后轮次的投资人出售股权——与此同时,后轮投资人对于本轮及前轮投资人的拖售权也因删除了明确的违约责任条款而并不有力。

在下述的拖售权条款中,投资人拖售权的行权受到了更加严格的限制:

范例 2

如持有公司 2/3 以上表决权的股东(其中必须包括多数投资方)(以下合称为"拖售方")与任何第三方("收购方")就下列任何事项达成一致:(1) 公司与其他公司合并且公司股东在新设公司或者存续公司中不拥有控股地位;或(2) 收购方收购公司股权导致公司实际控制权发生变更;或(3) 公司出售或以其他方式处置核心资产(包括但不限于核心知识产权),则拖售方有权要求公司届时的其他股东("被拖售方")同意并配合完成该等交易("拖带出售"),届时公司所有股东均应:(1) 同意或应促使其委派的董事在公司董事会会议上同意该等拖带出售交易;(2) 签署和递交所有必要的文件及采取其他必要的行动以完成该等拖带出售交易;(3) 如果届时该拖带出售被设计为股权转让交易,应按与拖售方相同的条件向收购方转让其持有的所有公司股权。

在拖带出售的情况下,拖售方的拖售权将不受限于本协议中优先购买权、跟随出售权、优先认购权的约定,且其他股东应放弃行使其法定或约定的优先认购权、优先购买权、跟随出售权、异议股东回购权、一票否决权。

如因某一或多个被拖售方/其提名的董事之原因导致前述拖带出售交易无法完成的,则该等被拖售方有义务按照收购方提出的同等条款和条件购买拖售方拟在该拖带出售交易中出售的公司股权、资产或业务。

若拖带出售发生在本协议签订的 3 年之内,约定的转让价格应不低于本轮投后估值的 5 倍;若拖带出售发生在本协议签订的 3 年之后,则由股东会另行决议批准(需经持有公司 2/3 以上表决权的股东(其中必须包括多数投资方)同意)。

以上条款整理自笔者参与审阅的某公司 A 轮融资项目交易文件。在以上条款中,发起"拖售"的主动权未必完全掌握在投资人手中,而是需要经作为控股股东的创始股东同意才有可能发动拖售。由此可见,"拖售权"仅指一种客观的"条款模式",在不同个案中会存在不同的表达。

2. 司法实践

拖售权条款在司法实践中的争议同样主要体现在其能否实际执行上。不同于前文随售权条款"司法实践"部分所讨论的问题,笔者认为拖售权条款中的第三人并不存在讨论其是否为"善意"的必要性。其原因在于,面对"随售权"条款,外部第三人确实有可能因为不知晓存在这类条款约定,从而面临骤然"被要求"受让一部分非其交易对手所持目标公司股权的处境。而在拖售权条款语境下,外部第三人的交易目的本就在于受让包含创始股东、投资人所持股权在内的目标公司全部或大部分股权(或以其他方式取得目标公司的控制权),即这笔收购交易如不建立在该第三人"明知"拖售权条款的前提下,则无法成立。

如此一来,问题就进一步转为"投资人是否有权要求被拖售人向第三方履行转让股权的义务"。对于这个问题,《民法典》第五百二十二条对于合同主体向第三人履约作出了明确规定:"当事人约定由债务人向第三人履行债务,债务人未向第三人履行债务或者履行债务不符合约定的,应当向债权人承担违约责任。法律规定或者当事人约定第三人可以直接请求债务人向其履行债务,第三人未在合理期限内明确拒绝,债务人未向第三人履行债务或者履行债务不符合约定的,第三人可以请求债务人承担违约责任;债务人对债权人的抗辩,可以向第三人主张。"

拖售权的本质,正是要求被拖售方向外部第三方(股权受让方)履行转让股权的债务,符合《民法典》规定的情形。根据前述规定,被拖售方不履行对第三人承担的债务的,拖售方甚至第三人(如有约定)可以向被拖售方请求承担违约责任;而根据《民法典》第五百七十七条[1]规定,承担违约责任的方式之一就是要求违约方"继续履行"。同时我们也应当认识到,该种履行并非单向的给付,第三方也承担向被拖售方给付价款的对待给付义务。基于前段论述,拖售人主张被拖售人向第三方转让股权的逻辑前提即是第三方知情并同意向被拖售方支付价款,故而第三方对于其对待给付义务理应不持异议。继而,对于被拖售人向第三方转让股权所面临的公司其他股东优先购买权等问题,也可以通过在拖售权条款中约定其他股东的配合义务(包括但不限于放弃优先购买权,作出董事会决议、股东会决议)等方式得到一定程度上的解决。

综上所述,笔者认为在合同约定明确且相关条件均已触发的基础上,拖售方通过提起诉讼/仲裁要求被拖售方向意向受让方转让股权,该受让方向被拖售方按照合同约定支付价款,从而实现对于拖售权条款的强制执行——这在理论上并无明显瑕疵。

然而,虽然新闻报道中不乏相关主体行使拖售权事件的曝光,上市公司公告中也曾见对拖售权条款行使状况的披露,但在国内的诉讼实践中,围绕拖售权展开的公开案件却极为罕见。[2] 笔者通过公开信息检索仅获知,某学者论文[3]曾引述了一个拖售权的诉讼案例(和解结案),然而笔者并未找到该案例的原始出处。按照该论文的转述,该案例中,某香港投资机构投资于一家上海公司,并在股东协议中约定了拖售权条款:投资人有权要求创始股东以与投资人向第三方转让股权的同样条件,将所持股权转让给该第

---

[1] 《民法典》第五百七十七条规定:"当事人一方不履行合同义务或者履行合同义务不符合约定的,应当承担继续履行、采取补救措施或者赔偿损失等违约责任。"
[2] 关于此类案件较为少见的原因,笔者在"特殊权利条款概述"部分已进行了分析与推测。
[3] 侯利宏:《私募股权投资中投资人几个特殊权利在中国法下的运用》,《西南政法大学学报》2013年第2期。

三方。后因创始股东不配合拖售，投资人通过向上海某法院起诉的方式主张权利。创始股东抗辩理由主要为：第一，中国法律未对拖售权明确规定；第二，拖售权对其不公平。2008年10月底，法院敦促当事人和解，创始股东最终同意将自己所持有的股权与投资人一同转让给第三方。法院的观点为：尽管中国法律对此无明确规定，但拖售权的约定应该是能够强制执行的；针对创始股东声称该拖售权条款不公平的观点，法院认为同样的价格、条款、条件既适用投资人也适用于创始股东，因此股东协议中拖售权的约定不存在不公平。该法院的观点与笔者前述观点基本一致，均认为拖售权有效且可强制执行。

四、优先清算权

（一）优先清算权的内涵

创业投资语境下，当我们谈及"优先清算权"时，通常指投资人享有一种要求目标公司在某种情形下进行清算，向现有股东分配清算财产，且投资人得以优先于其他股东获得前述分配的权利。通过基本概念可知，该权利的重点在于"公司应进行清算的情形"及"清算财产分配顺位"两个要素。对于这两个要素的司法认定，构成了优先清算权在司法实践层面面临的主要问题。以下分别进行探讨。

（二）优先清算权条款要素解读

1. 公司清算情形（"清算事件"条款）

（1）底层逻辑及典型条款分析

在公司清算情形条款中，除《公司法》第一百八十三条及相关条款所规定的法定清算之情形[1]外，投资人通常会要求约定一些"清算事件"（有时也表述为"视为清算事件"，以强调其与法定情形的不同；下文统一使用"清算

---

[1] 《公司法》第一百八十三条规定："公司因本法第一百八十条第（一）项、第（二）项、第（四）项、第（五）项规定而解散的，应当在解散事由出现之日起十五日内成立清算组，开始清算。有限责任公司的清算组由股东组成，股份有限公司的清算组由董事或者股东大会确定的人员组成。逾期不成立清算组进行清算的，债权人可以申请人民法院指定有关人员组成清算组进行清算。人民法院应当受理该申请，并及时组织清算组进行清算。"

事件"这一名称,因法定情形存在法律明确规定,[①]笔者认为在此外进行特别讨论的意义并不大),其内涵为即使目标公司并未出现法定情形(股东会决议解散、营业期限届满未续期、依法被吊销营业执照/责令关闭/被撤销、公司僵局等),也需要在"清算事件"发生时进行清算,使投资人得以退出目标公司。该条款有时会作为"优先清算权"条款的一部分,有时也会单独列出,以诸如"强制清算权"等外观出现。如以下条款:

> 各方同意,公司合格首次公开发行完成前如发生以下事项("清算事件")之一的,公司应进行清算,该等清算事件的所得应按上述约定的优先顺序进行分配:
>
> ① 因任何事件(除本协议另有约定的外)导致创始股东直接或间接合计持有的公司股权比例低于50%或创始人丧失对公司的实际控制权;
>
> ② 在单一交易或一系列交易中公司全部或实质性全部资产或业务(包括但不限于房产、设备等有形资产,以及商标、专利、域名等无形资产)被直接或间接出售、转让或以其他方式处置;
>
> ③ 在单一交易或一系列交易中公司全部或实质全部的知识产权独家许可或排他许可给任何第三方;或
>
> ④ 创始股东未能在本协议约定的回购期限内按回购价格回购投资方的全部股权。

在以上条款中,投资人约定"清算事件"的主要逻辑是防止目标公司在经营中发生控制权的变化、主要资产的变动,因为这些变动易于导致投资人通过公司上市、股权被收购等方式溢价退出目的的落空。与此同时,"清算事

---

① 《公司法》第一百八十条规定:"公司因下列原因解散:(一)公司章程规定的营业期限届满或者公司章程规定的其他解散事由出现;(二)股东会或者股东大会决议解散;(三)因公司合并或者分立需要解散;(四)依法被吊销营业执照、责令关闭或者被撤销;(五)人民法院依照本法第一百八十二条的规定予以解散。"第一百八十二条规定:"公司经营管理发生严重困难,继续存续会使股东利益受到重大损失,通过其他途径不能解决的,持有公司全部股东表决权百分之十以上的股东,可以请求人民法院解散公司。"

件"条款中还约定了如创始股东对赌失败且无力支付回购价款的情形——"清算事件"条款在这种情况下发挥了一定的兜底作用,具体表现为:假如股东协议中的"创始股东股权转让限制""优先购买权""随售权""对赌"等一系列条款均未能发挥应有的作用,投资人尚存通过清算目标公司并优先受偿从而挽回一部分损失的可能性。该条款在促进交易各方沟通、提供解决思路方面的作用毋庸置疑,但是如果清算事件发生后目标公司仍不进行清算,投资人是否有可能通过法律途径强制进行这种清算呢?

(2) 司法实践

笔者经研究认为,"清算事件"条款在当前的中国法下未必能够发挥出其原本拟达到的强制作用。其根本原因在于,投资人在中国法律下缺乏可以因"清算事件"而强制公司清算的(直接)法律途径。因缺乏相关较为契合的案例支撑,笔者依据法律法规及法理,并结合相关案例作出以下分析与解读,供诸位读者参考。

我国《公司法》对于公司清算[①]制度的相关规定主要为公司"应在解散事由出现之日起十五日内成立清算组,开始清算",[②]即明确规定公司解散后方可进行清算。结合《最高人民法院关于适用〈中华人民共和国公司法〉若干问题的规定(二)(2020 修正)》第二条[③]及《最高人民法院关于审理公司强制清算案件工作座谈会纪要》第五条[④]来看,如公司债权人或股东拟通过

---

① 为免混淆,此处"清算"不包含破产清算。
② 见《公司法》第一百八十三条。
③ 《最高人民法院关于适用〈中华人民共和国公司法〉若干问题的规定(二)(2020 修正)》第二条规定:"股东提起解散公司诉讼,同时又申请人民法院对公司进行清算的,人民法院对其提出的清算申请不予受理。人民法院可以告知原告,在人民法院判决解散公司后,依据民法典第七十条、公司法第一百八十三条和本规定第七条的规定,自行组织清算或者另行申请人民法院对公司进行清算。"
④ 《最高人民法院关于审理公司强制清算案件工作座谈会纪要》五、关于强制清算的申请规定:"……同时,申请人应当向人民法院提交被申请人已经发生解散事由以及申请人对被申请人享有债权或者股权的有关证据。公司解散后已经自行成立清算组进行清算,但债权人或者股东以其故意拖延清算,或者存在其他违法清算可能严重损害债权人或者股东利益为由,申请人民法院强制清算的,申请人还应当向人民法院提交公司故意拖延清算,或者存在其他违法清算行为可能严重损害其利益的相应证据材料。"

"公司强制清算"的非诉讼程序向法院提出申请,其前提之一便是提供公司已经发生解散事由的证据;仅在公司发生解散事由而不如期清算或违法清算①的情况下,债权人或股东才可向法院申请"公司强制清算"。由此,优先清算权条款中所约定"清算事件"的可操作性问题便转为"投资人能否通过股东协议约定或公司章程规定的方式强制使得目标公司解散"的问题。

根据《公司法》第一百八十条②第(一)项的表述,公司解散原因中确实包含"公司章程规定的其他解散事由"。对法律条文进行文义解释,"公司章程规定的营业期限届满或者公司章程规定的其他解散事由出现"与"股东会或者股东大会决议解散"并列为公司解散原因,这似乎可以理解为:"清算事件"只要被写进公司章程,一旦事件发生则公司自然解散,公司应当在解散事由出现之日起15日内成立清算组,开始清算。如怠于清算,则投资人作为公司股东有权申请人民法院指定清算组进行清算。然而笔者认为,这种看似可行的操作可能面临实务中的困难。

首先,根据《公司法》第一百八十一条,"公司有本法第一百八十条第(一)项情形的,可以通过修改公司章程而存续。依照前款规定修改公司章程,有限责任公司须经持有三分之二以上表决权的股东通过,股份有限公司须经出席股东大会会议的股东所持表决权的三分之二以上通过"——对该法条进行理解,则即使"清算事件"发生,公司亦并非一定解散。进一步的问题是,公司能否在"清算事件"发生后再通过事后股东会决议修改章程的方式不解散?还是只能在"清算事件"发生前事先修改公司章程并使得公司存续?《公司法》并未给予明确的说明。但在以下案件中,最高院得出了"在公

---

① 《最高人民法院关于适用〈中华人民共和国公司法〉若干问题的规定(二)》第七条规定:"公司应当依照民法典第七十条、公司法第一百八十三条的规定,在解散事由出现之日起十五日内成立清算组,开始自行清算。有下列情形之一,债权人、公司股东、董事或其他利害关系人申请人民法院指定清算组进行清算的,人民法院应予受理:(一)公司解散逾期不成立清算组进行清算的;(二)虽然成立清算组但故意拖延清算的;(三)违法清算可能严重损害债权人或者股东利益的。"

② 见《公司法》第一百八十条。

司超过经营期限而未续期的情况下,股东不得未经股东会决议解散而申请对公司进行强制清算"的结论。

最高人民法院〔2021〕最高法民申 2310 号陕西汽车实业有限公司、陕西万方汽车销售服务有限公司申请公司清算案件中,目标公司章程所载的营业期限届满且未续期,公司股东向法院申请清算公司,一、二审法院均不予认可,前述股东向最高院申请再审。最高院最终驳回再审申请,并在再审裁定书中表述:"公司解散清算是公司清算机关以终止公司法律人格为目的而依法进行的具有确定法律后果的行为。虽然根据万方销售公司(目标公司)章程的规定,该公司的营业期限已经届满,但是双方当事人认可该公司治理机构及治理状态均属正常,公司内部对是否延长经营期限、是否解散并未形成决议。万方销售公司亦不存在被吊销企业法人营业执照、责令关闭或者被撤销的解散事由。根据《最高人民法院关于适用〈中华人民共和国公司法〉若干问题的规定(二)》和《最高人民法院关于审理公司强制清算案件工作座谈会纪要》的相关规定,人民法院受理公司清算案件的前提是公司已经解散并怠于清算,因本案中并无万方销售公司解散的法律事实,二审法院裁定不予受理陕汽公司的清算申请并无不当。"前述论证的重点在于最高院根据"公司内部对是否延长经营期限、是否解散并未形成决议"认定不存在解散事由,其含义为即使发生《公司法》第一百八十条第(一)项的"公司营业期限届满"情形且公司尚未修改章程,在公司作出产生明确结论(或修改章程,或解散公司)的股东会决议前,也不能够认定公司当然解散。

该案例虽仅对应公司"营业期限届满未续期"的解散情形,而未涉及《公司法》第一百八十条第(一)项的"公司章程规定的其他解散事由",但笔者认为类似逻辑可以套用在后一情形中——即使"清算事件"发生,公司仍有可能通过修订章程而存续。故仅"清算事件"发生并不必然导致公司解散的后果,股东无权直接申请强制清算,此种情况下仍需股东会决议公司解散作为前置条件。

那么,如遵循这种逻辑,投资人是否有可能在股东协议中约定其他股东(假如目标公司发生"清算事件"时并不存在本轮之后的投资人)均已提前作出"清算事件"发生时同意解散公司的意思表示呢?笔者对于该路径仍然不十分看好。正如本书"如何选择对赌主体(上)"部分所述,最高院在《九民纪要》中已经表述了"不介入公司自治"的司法观点,对于"清算事件"发生时股东会决议解散公司的事项,笔者认为同样属于"公司自治"范畴,司法或将选择不进行干预。

综上所述,在关于"清算事件"的明确法律规定、司法案例出现之前,笔者仍倾向于通过(投资人)在股东协议中约定其他股东的配合公司解散、清算义务及对应违约责任,或/并通过约定清算不成则创始股东对投资人所持股权进行回购等方式,尽量减少因"清算事件"发生但在中国法下无法强行清算公司的风险:如在"清算事件"条款中增加诸如"如因公司股东的不配合或其他主客观原因导致清算事件发生后公司未进行清算程序,则……"等违约责任或类似表述。

2. 清算财产分配顺位(狭义的"优先清算权"条款)

(1) 底层逻辑及典型条款分析

当"清算事件"作为"强制清算权"等条款被单独列出时,"优先清算权"条款往往仅包含"清算财产分配顺位"的内容,故笔者将其理解为狭义的"优先清算权"条款。投资人希望通过该条款在公司清算时享有优先于创始股东甚至前轮投资者获得清算财产的权利。如以下条款(与前文"清算事件"范例条款配套):

> 如在公司合格首次公开发行完成前,公司发生清算、解散或者终止(无论是否自愿)等法定清算事由或任一清算事件时,公司应进行清算,公司全部财产及该等清算事件的全部所得在根据中国法律的规定支付清算费用、职工的工资、社会保险费用和法定补偿金、缴纳所欠税款、清偿公司所欠第三方债务后的剩余财产(合称可分配清算财产),应按下

列方案和顺序进行分配：

① 投资方有权优先于公司其他股东以现金方式获得下述金额之总和（"投资方清算优先金额"）：(a) 投资方在本次交易中支付的投资额即人民币×万元，(b) 按照每年6%的利率（单利）计算的投资收益（计算期间为投资方支付投资款之日至其全额取得投资方清算优先金额之日，对于不满一年的期间，按实际经过的时间占365日之比例折算），以及(c) 投资方所持全部股权上已宣布但未分配的股息和红利，如果可分配清算财产不足以支付本轮全体投资方清算优先金额的，则可分配清算财产应在本轮投资方之间按各投资方清算优先金额的相对比例进行分配；

② 如可分配清算财产在按照上述第(1)项足额进行分配后仍有剩余，则剩余部分应在公司届时全体股东（包括投资方）之间按其各自届时在公司的实际持股比例进行分配。

若任何情况下由于中国法律的限制或政府部门的要求，导致公司进行清算程序后无法按照以上约定进行分配或者分配方案、顺序无法直接实行，则公司创始股东应在依法分配取得相应的剩余财产后30个工作日内，按照各自持有公司股权的相对比例将相应分得的剩余财产支付予投资方，以使投资方获得足额的投资方清算优先金额。

在部分股东协议中，视各方谈判地位的不同，投资人还可能要求在优先清算权条款中约定由创始股东在法定清算情形或"清算事件"发生后保证补足投资人通过清算实际所获清算财产与所谓"投资方清算优先金额"的差额部分。

(2) 司法实践

狭义"优先清算权"条款在司法层面的可执行性问题，其核心在于判断这种清算顺位的约定是否因违反法律规定而无效。《公司法》第一百八十六条第二款对公司清算顺序规定为，"公司财产在分别支付清算费用、职工的工资、社会保险费用和法定补偿金，缴纳所欠税款，清偿公司债务后的剩余财产,有限责任公司按照股东的出资比例分配,股份有限公司按照股东持有的股份比例分配。"通常的优先清算权条款中,投资人与创始股东仍是按照出资/股份比例分配的,只是投资人分配顺位在先,这是否构成对《公司法》第一百八十六条第二款后半段的违反?以及即使构成明显违反(如约定不按持股比例分配清算财产),是否属于因违反法律强制性规定而导致条款无效的情形?

进一步而言,对于法律规定中"有限责任公司按照股东的出资比例分配,股份有限公司按照股东持有的股份比例分配"属于效力性强制性规定还是管理性强制性规定的认定结果,直接影响了"优先清算权"条款的有效性。[①] 对于效力性强制性规定与管理性强制性规定之区分的司法观点,可见于《九民纪要》第 30 条。根据其表述,对于"涉及金融安全、市场秩序、国家宏观政策等公序良俗的;交易标的禁止买卖的,如禁止人体器官、毒品、枪支等买卖;违反特许经营规定的,如场外配资合同;交易方式严重违法的,如违反招投标等竞争性缔约方式订立的合同;交易场所违法的,如在批准的交易场所之外进行期货交易"的强制性规定,"应当"认定为效力性强制性规定;"关于经营范围、交易时间、交易数量等行政管理性质的强制性规定","一般应当"认定为管理性强制性规定。

回到公司清算财产分配顺序的话题上,《公司法》第一百八十六条第二款其实表达了两个意思:一是公司财产应当先"支付清算费用、职工的工资、社会保险费用和法定补偿金,缴纳所欠税款,清偿公司债务",才能用于股东分配;二是股东内部应按出资比例/持股比例分配。笔者理解,对于前者,因为涉及劳动者、中介机构、外部债权人、国家社会保障体系的利益,应当属于"效力性强制性规定";对于后者,仅涉及内部股东的利益分配问题,

---

① 《最高人民法院关于适用〈中华人民共和国合同法〉若干问题的解释(二)》第十四条规定:"合同法第五十二条第(五)项(注:该条规定了合同无效的法定情形)规定的'强制性规定',是指效力性强制性规定。"该司法解释已于 2021 年 1 月 1 日废止,但"只有违反效力性强制性规定才必然导致合同无效"这一思路已贯穿相关司法实践。

并不对所谓"金融安全、市场秩序、国家宏观政策等公序良俗"产生影响所损害,应当属于"管理性强制性规定",故即使对其突破,也不必然使得相关约定无效。①

近年来,相关司法案例也确实传达出了类似的观点,为投资人在股东协议中约定"优先清算权"条款增添了一些底气。如在浙江省嘉兴市中级人民法院〔2020〕浙04民终2163号国广传媒发展有限公司、浙江华策影视股份有限公司合同纠纷案件中,华策公司、国广公司共同设立目标公司(合资公司)。对于清算分配事项,《合作协议》约定"华策海宁公司解散或清算时,在清偿全部债务后,应优先保障华策公司取得其投资额人民币1,200万元(含华策公司历年累计股权分配在内),剩余部分由华策公司、国广公司根据股权比例享有"。后华策公司起诉要求确认前述"优先清算权"条款约定有效,华策公司一审胜诉后国广公司提起上诉,二审法院驳回上诉。对于"优先清算权"条款的效力问题,二审法院认为,"公司法该款②规定……结合最高人民法院《全国法院民商事审判工作会议纪要》第30条关于强制性规定识别的规定,一审认定公司法的规定不属于效力性强制性规定③并无不当……

---

① 最高人民法院《关于当前形势下审理民商事合同纠纷案件若干问题的指导意见》规定:"15.正确理解、识别和适用合同法第五十二条第(五)项中的'违反法律、行政法规的强制性规定',关系到民商事合同的效力维护以及市场交易的安全和稳定。人民法院应当注意根据《合同法解释(二)》第十四条之规定,注意区分效力性强制规定和管理性强制规定。违反效力性强制规定的,人民法院应当认定合同无效;违反管理性强制规定的,人民法院应当根据具体情形认定其效力。

② 此处指代《公司法》第一百八十六条第二款。

③ 一审判决书相关表述为:有限公司清偿债务后的剩余财产性质上属于公司全体股东的共有财产,公司法第一百八十六条第二款规定的有限公司清算剩余财产分配方式不属于纪要第30条规定的情形,所以本院认定公司法第一百八十六条第二款规定的"剩余财产"分配方式不属于效力性强制性规定……《中华人民共和国民法总则》第七十二条第二款规定"法人清算后的剩余财产,根据法人章程的规定或者法人权力机构的决议处理。法律另有规定的,依照其规定。"由此可见,《中华人民共和国民法总则》第七十二条又补充规定了公司清算"剩余财产"分配还可以依据公司章程的规定处理,虽然《合作协议》第6.2条约定的原告优先清算权没有记载在目标公司的公司章程中,但因《合作协议》约定的股东优先清算权为目标公司全部股东之间的约定,且被告也未举证该约定与公司章程的规定相悖。所以,就目标公司股东内部关系而言,《合作协议》约定与公司章程规定有同等法律效力。对于前述论述,读者可以重点关注:第一,关于效力性强制性规定与管理性强制性规定的区分;第二,法院对公司类纠纷解决中"内外有别"原则的运用。

公司的剩余财产,是指公司清偿所有债务包括清算费用、职工工资、社会保险费用、法定补偿金、所欠税款等后的财产,故不存在国广公司所称的损害公司债权人或者第三人合法权益的问题……"此外,本案法院还认定狭义的"优先清算权"条款因不涉及外部债权人的利益,即使未写进公司章程也不影响其效力——这也与本书"特殊权利条款概述"部分笔者关于"写进公司章程是否是特殊权利条款可执行性的必要条件"相关观点是一致的。

又如北京市第三中级人民法院〔2019〕京03民终6335号林某与北京北科创新投资中心(有限合伙)股权转让纠纷案件中,二审法院对于案涉《增资协议》中的优先清算条款(主要内容为:目标公司在分别支付清算费用、职工的工资、社会保险费用和法定补偿金,缴纳所欠税款,清偿公司债务后,投资人在股东分配中优先于其他股东进行分配),认为:第一,该协议约定在支付了法定优于股东之间分配的款项后,股东内部对于分配顺序进行约定并不违反《中华人民共和国公司法》第一百八十六条的规定;第二,只有违反法律、行政法规的效力性强制性规定才导致合同必然无效,案涉协议中所约定的内容不违反法律法规的强制性规定。故二审法院认定案涉"优先清算权"条款是有效的。

前述两个案例中,法院给出了类似的认定。根据笔者理解,虽然法院并未明言即使狭义"优先清算权"条款违反《公司法》第一百八十六条第二款后半段(如约定不按持股比例分配)仍应有效,但也明确认同了前述规定不属于《合同法》第五十二条第(五)项[1]中的"强制性规定",对其违反不必然导致合同约定无效。故笔者理解,在《民法典》适用的当下,即使狭义"优先清算权"条款约定的清算财产分配顺位违反《公司法》第一百八十六条第二款

---

[1] 因《合同法》已废止,目前相关观点主要反映在《民法典》第一百五十三条第一款规定:"违反法律、行政法规的强制性规定的民事法律行为无效。但是,该强制性规定不导致该民事法律行为无效的除外。"

后半段规定,只要该种分配方式不存在诸如"虚假意思表示""违背公序良俗""恶意串通损害他人合法权益"等《民法典》及其他法律法规明确规定的合同无效情形,其约定应当是有效的。

沈某某与程某、郭某等与公司有关的纠纷案

案件要点：

增资协议约定投资人享有优先清算权，系股东内部对公司剩余财产分配所作出的特别约定，不违反法律和行政法规的强制性规定，属有效约定。

诉讼背景：

原告沈某某与被告程某、郭某同为君乾公司原股东。三位原股东先后与被告松禾合伙、箴懿中心签订《增资协议》，约定松禾合伙出资350万元（投后持股10%）、箴懿中心出资350万元（投后持股10%）；同时，协议中为两位新增投资方约定了优先清算权。

后君乾公司召开股东会，决议解散公司并成立被告程某、郭某为代表的清算组。清算程序结束后，君乾公司向工商机关申请注销登记，并提交注销清算报告和股东会决议，该注销清算报告有程某、郭某签名，股东会决议由君乾公司全体股东表决通过。

但原告沈某某对此提出异议，认为"优先清算条款"的适用损害了公司及其本人的利益，被告程某、郭某系违法清算，故起诉请求被告程某、郭某、箴懿中心、松禾合伙对其承担连带赔偿责任。一审法院判决驳回原告的诉讼请求，原告沈某某对此不服，遂提起上诉。

裁判索引：

成都高新技术产业开发区人民法院一审并作出〔2019〕川0191民初7524号民事判决书；成都市中级人民法院二审并作出〔2020〕川01民终9209号民事判决书。

主要问题：

一审法院：全体股东约定的优先清算权条款的效力如何？

二审法院：被告程某、郭某、箴懿中心、松禾合伙在从事目标公司清算事务中是否给公司造成了损失？

事实认定：

一审法院查明事实如下：

(1) 2016年4月，松禾合伙与君乾公司以及君乾公司全体股东沈某某、程某、郭某签订《增资协议》，约定：

① 增资价格：松禾合伙出资350万元，认购公司新增注册资本11.1111万元，占公司注册资本比例10%，本次增资完成后，公司的注册资本变更为111.1111万元。

② 优先清算权：公司发生《公司章程》或公司法下规定的解散事由或进入清算程序……及其他清算事件，公司在按照法律规定支付完清算费用等必要费用后的全部剩余资产应先按投资人增资款本金分配给投资人后，剩余的全额在全体股东中按全体股东的持股比例进行分配。

(2) 2016年5月，箴懿中心与君乾公司以及君乾公司全体股东沈某某、程某、郭某、松禾合伙签订《增资协议》，约定：

① 增资价格：箴懿中心出资350万元，认购公司新增注册资本12.3457万元，占投后公司注册资本比例10%，本次增资完成后，公司的注册资本变更为123.4568万元。

② 优先清算权：公司发生《公司章程》或公司法下规定的解散事由或进入清算程序……及其他清算事件，公司在按照法律规定支付完清算费用等必要费用后的全部剩余资产应先按投资人（箴懿中心、松禾合伙）各自的增资款本金按比例分配给投资人后，剩余的金额在全体股东中按全体股东的持股比例进行分配。

(3) 经由前述增资扩股，君乾公司注册资本变更为123.4568万元；根据君乾公司 2016 年 7 月 26 日章程修正案,股东沈某某、程某、郭某、松禾合伙、篪懿中心分别实缴出资 17.7778 万元、74.0741 万元、6.9136 万元、12.3456 万元、12.3457 万元,所持股权比例分别为 14.4%、60%、5.6%、10%、10%。

(4) 2017 年 4 月 21 日,君乾公司召开股东会,决议解散公司,并成立程某、郭某为代表的清算组,程某任清算组组长。篪懿中心、松禾合伙为此出具《授权委托书》,委托程某代为实施清算。

(5) 2017 年 9 月 8 日,四川安和瑞会计师事务所有限公司根据君乾公司委托出具《君乾公司财务清算专项审计报告》,其中"清查结果"载明,截至 2017 年 8 月 31 日,公司资产总额为 4,523,723.17 元,负债总额－17,191.56 元,所有者权益合计 4,540,914.73 元。

(6) 2017 年 11 月 7 日,君乾公司向松禾合伙转账支付投资款本金 350 万元。

(7) 2018 年 12 月 7 日,君乾公司向工商机关申请注销登记,并提交注销清算报告和股东会决议,该注销清算报告有程某、郭某签名,其中载明"公司的剩余资产 0 万元",该股东会决议由君乾公司全体股东表决通过,其中第二项内容为"一致通过清算小组所做的清算报告"。沈某某对此持有异议,称股东会决议系伪造。当日,工商机关核准君乾公司注销。

(8) 另查明,君乾公司在清算时尚未取得专利权。

二审法院查明的案件事实与一审一致。

法院观点:

一审法院的裁判观点如下:

(1) 股东会决议解散公司,是公司自治行为,其核心是尊重公司的商业判断,维护公司、股东依法作出的自主选择,只有当公司自治机制被滥用或失灵时才能启动司法程序,而且从公司法的规定看,对公司行为的规制着重体现在程序上,至于解散所依据的事实是否属实、理由是否成立,则不属于司法审查的范围。

（2）事物是普遍联系的，但司法关注的联系仅限于因果关系，其他诸如"有关""涉及"等相关性事实，甚至在当事人看来非常重要的事实，并非必然需要纳入争议事实中解决；否则，裁判者就会陷入繁琐细碎的事件泥淖，而不能给出"旁观者清"的客观论断。

（3）就个案解决而言，裁判供给的恰当选择或首要任务应是判断原告的诉讼请求在多大程度上成立，如果能够从结果入手，通过相应的证成途径，得出是否支持原告的诉讼请求，则无需非得按照"主张成立→请求成立"这一逻辑顺序进行裁判，这是务实的选择，而非投机取巧的取舍。

（4）遵循以上处理原则或思路，一审法院对各方诉辩所涉及的事实，按照法律要件事实进行剪裁，并作出认定。

（5）关于沈某某的诉讼请求，究其实质，其两项请求金额735,480元、2,744,520元均是作为股东对公司剩余财产的分配请求，进一步而言，其诉请成立依托于君乾公司确实存在如此多的可供分配剩余财产。至于程某、郭某等提出的沈某某未实际出资，不享有股东权利的辩解，实属罔顾事实，对此无须赘述。

（6）关于优先清算权的问题。股东缴纳的出资既是构成公司财产的基础，也是股东得以向公司主张权益的合法性来源，但公司的有效经营还需要其他条件或资源，因此，对于股东剩余财产分配请求权的行使，我国法律并未禁止股东内部对分配顺序、方式作出特别约定，而且这样的约定并不损害公司债权人的合法权益，亦非规避法律的行为，应属于公司股东意思自治的范畴。

（7）本案中，包括沈某某在内的君乾公司全体股东约定对箴懿中心、松禾合伙投入的投资本金在公司清算且有剩余财产时先行支付，正是股东内部对公司剩余财产分配所作出的特别约定。这是股东各方对各自掌握的经营资源、投入成本及预期收入进行综合判断的结果，是全体股东的真实意思表示，并未损害他人合法权益，也不违反法律和行政法规的强制性规定，属有效约定,各方均应按照约定履行。沈某某对该约定提出的异议不成立,一审法院不予采纳。

(8) 循此而论：2017年11月7日,君乾公司向松禾合伙转账支付350万元,正是履行"优先清算权"约定的行为,当然不具有可责难性。只有在君乾公司剩余财产大于700万元的情况下,沈某某才能实际分得公司剩余财产,也才会存在其主张的损失。

(9) 关于3,500万元的问题。沈某某称,根据《增资协议》关于增资价格的约定,投资人出资350万元,占10%,所以君乾公司的市场价值为3,500万元。对此,有必要重申该"增资价格"约定,……按照该约定所使用词句的惯常含义理解,该10%系投资人所持股权比例,是投资人新增注册资本11.1111万元相对于公司注册资本111.1111万元而言的。沈某某据此径行推导出君乾公司市场价值为3,500万元,匪夷所思,自然不能令人信服。

(10) 关于2,156.73万元的问题。该金额系沈某某综合案内案外诸多因素测算而来,缺乏相应证据直接证明,一审法院属难采信。

(11) 对于沈某某一再提及的知识产权的问题,一审法院认为：

① 当时君乾公司并未取得专利权,所谓"专利"尚停留在申请阶段,继续进行专利申请反而会增加公司支出。

② 公司股东在清算时按照资本多数决的方式决定处分相关财产,甚至包括对无形资产的财务核销,仍系公司商业处置行为,亦应遵守公司自治原则。

③ 公司资产能否变价,不仅取决于资产本身是否具有使用价值,还取决于其交换价值,所谓"有价无市",正是如此。

(12) 但与此同时,还需要说明的是,一审法院不支持沈某某的诉讼请求,不等同于全面认可程某、郭某等人的辩解意见。清算作为公司有序退出的控制性程序,公正价值的考虑更甚于效率,参与各方理当在法律规定的范围内按照既定程序依法行事;唯有如此,方能实现公司清算注销→参与各方权利义务终结。

据此,一审法院判决:驳回沈某某的诉讼请求。

二审法院的裁判观点如下:

(1)《最高人民法院关于适用〈中华人民共和国公司法〉若干问题的规定(二)》第十五条规定:"公司自行清算的,清算方案应当报股东会或者股东大会决议确认;……执行未经确认的清算方案给公司或者债权人造成损失,公司、股东或者债权人主张清算组成员承担赔偿责任的,人民法院应依法予以支持。"第二十三条规定:"清算组成员从事清算事务时,违反法律、行政法规或者公司章程给公司或者债权人造成损失,公司或者债权人主张其承担赔偿责任的,人民法院应依法予以支持。"沈某某二审中明确,其系依据上述法律规定主张清算组成员承担赔偿责任。

(2)依据上述司法解释规定,清算组成员向股东承担赔偿责任的前提是清算组成员在从事清算事务中给公司造成了损失,因此,本案二审的主要争议焦点为程某、郭某、箴懿中心、松禾合伙在从事君乾公司清算事务中是否给君乾公司造成了损失。

(3)君乾公司于2017年4月21日通过股东会决议解散公司并成立清算组,5位股东均为清算组成员,程某任清算组组长,箴懿中心和松禾合伙均委托程某代为实施清算。在清算过程中,君乾公司委托四川安和瑞会计师事务所进行财务清算专项审计,审计结果为截至2017年8月31日,君乾公司资产总额为4,523,723.17元,负债总额-17,191.56元,所有者权益合计4,540,914.73元。该审计报告系由具有相应资质的专业机构作出,对其反映的君乾公司资产状况,本院予以确认。

(4)根据查明的事实,箴懿中心和松禾合伙均系通过增资成为君乾公司股东,各股东在《增资协议》中约定了箴懿中心和松禾合伙享有优先清算权,即君乾公司在支付完毕清算必要费用后剩余财产按增资款本金优先分配给箴懿中心和松禾合伙。该约定系各股东真实意思表示,不违反法律规定,合法有效。

（5）本案箴懿中心和松禾合伙的增资款本金合计 700 万元,已超出君乾公司在 2017 年 8 月 31 日经审计后的剩余资产总额。因此,君乾公司在清算过程中的剩余资产尚无法满足箴懿中心和松禾合伙优先清算权的共同实现。君乾公司 2018 年 12 月 7 日的清算报告载明公司剩余资产为 0 元,与本院查明的君乾公司在处理完毕箴懿中心和松禾合伙的优先清算权后的资产状况相符。

综上,沈某某并未举证证明程某、郭某、箴懿中心、松禾合伙在从事清算事务中给君乾公司造成了损失,应承担举证不能的不利后果。故沈某某的上诉请求不能成立,故二审法院判决如下：驳回上诉,维持原判。

图书在版编目(CIP)数据

以投资退出视角论PE/VC股权投资协议条款设置及争议解决 / 杨敏,于赓琦编著 .— 上海 : 上海社会科学院出版社,2023
 ISBN 978 - 7 - 5520 - 4177 - 4

Ⅰ.①以… Ⅱ.①杨… ②于… Ⅲ.①股权—投资基金—协议—研究 Ⅳ.①F830.59

中国国家版本馆 CIP 数据核字(2023)第 129786 号

以投资退出视角论 PE/VC 股权投资协议条款设置及争议解决

编　　著：	杨　敏　于赓琦
责任编辑：	董汉玲
封面设计：	裘幼华
出版发行：	上海社会科学院出版社
	上海顺昌路 622 号　邮编 200025
	电话总机 021 - 63315947　销售热线 021 - 53063735
	http://www.sassp.cn　E-mail：sassp@sassp.cn
排　　版：	南京展望文化发展有限公司
印　　刷：	上海景条印刷有限公司
开　　本：	710 毫米×1010 毫米　1/16
印　　张：	22.25
插　　页：	2
字　　数：	308 千
版　　次：	2023 年 8 月第 1 版　2023 年 8 月第 1 次印刷

ISBN 978 - 7 - 5520 - 4177 - 4/F • 739　　　　　　定价：98.00 元

版权所有　　翻印必究